技工教育和职业培训"十四五"规划教材
高职高专汽车制造类立体化创新教材

汽车制造工艺设计

(配任务工单)

主　编　陈心赤　李　慧
副主编　徐跃进　刘竞一　张书诚
参　编　刘阳勇　于志刚　黄再霖　杨　谋

机械工业出版社

本书是高职院校汽车制造类专业课教材。全书可分为绪论、汽车零件制造工艺、整车制造四大工艺、汽车装配工艺规程制定、工装夹具设计五部分，按照项目化教学的要求组织内容，并用生动形象的微课视频提高学生对汽车制造工艺设计的深度认知能力。

绪论对汽车制造的基本体系和制造工艺过程做概括介绍。汽车零件制造工艺部分对汽车零件的毛坯制造工艺、机械加工工艺和热处理工艺做了介绍。整车制造四大工艺包含车身冲压工艺、车身焊装工艺、车身涂装工艺和汽车总装工艺四个项目，介绍了整车冲压、焊装、涂装、总装的主要工艺和方法，常用的设备和工具以及生产线的组成等。汽车装配工艺规程制定部分以从事装配工艺编制需要完成的任务为线索，安排了装配系统图制定、装配工艺卡和作业指导书编写、利用尺寸链分析装配精度等内容，并介绍了一个典型的汽车装配生产线——发动机分线的装配工艺过程。工装夹具设计部分介绍了基准和定位的概念、常用定位元件、零件的结构工艺性，并通过实际案例学习简单装配工装夹具的设计、专用机床夹具的设计以及焊装夹具的设计。

全书内容力求贴近企业工作实际，满足培养职业能力的要求。

本书可作为高职院校汽车制造类专业授课教材，也可作为中职院校以及其他相关人员的专业用书。

图书在版编目（CIP）数据

汽车制造工艺设计：配任务工单 / 陈心赤，李慧主编 . —北京：机械工业出版社，2020.10（2024.2 重印）

高职高专汽车制造类立体化创新教材

ISBN 978-7-111-66592-2

Ⅰ.①汽… Ⅱ.①陈…②李… Ⅲ.①汽车–生产工艺–高等职业教育–教材 Ⅳ.① U466

中国版本图书馆 CIP 数据核字（2020）第 179100 号

机械工业出版社（北京市百万庄大街22号　邮政编码100037）
策划编辑：李　军　　责任编辑：李　军
责任校对：张晓蓉　　封面设计：马精明
责任印制：张　博
北京建宏印刷有限公司印刷
2024 年 2 月第 1 版第 5 次印刷
184mm×260mm · 19.25 印张 · 487 千字
标准书号：ISBN 978-7-111-66592-2
定价：59.90 元

电话服务　　　　　　　　　网络服务
客服电话：010-88361066　　机　工　官　网：www.cmpbook.com
　　　　　010-88379833　　机　工　官　博：weibo.com/cmp1952
　　　　　010-68326294　　金　书　网：www.golden-book.com
封底无防伪标均为盗版　　　机工教育服务网：www.cmpedu.com

编委会

主　任：张俊峰（重庆电子工程职业学院）
副主任：翟候军（重庆长安汽车股份有限公司）
　　　　陈红鹰（上汽依维柯红岩商用车有限公司）
　　　　罗永前（重庆电子工程职业学院）
编　委：陈心赤（重庆电子工程职业学院）
　　　　王　勇（重庆电子工程职业学院）
　　　　李　慧（重庆电子工程职业学院）
　　　　邓　璘（重庆电子工程职业学院）
　　　　刘云云（重庆电子工程职业学院）
　　　　徐　计（重庆电子工程职业学院）
　　　　于星胜（哈尔滨职业技术学院）
　　　　杨正荣（贵州装备制造职业学院）
　　　　张书诚（安徽职业技术学院）
　　　　林　波（重庆科创职业学院）
　　　　张　敏（哈尔滨职业技术学院）
　　　　吴厚廷（贵州装备制造职业学院）
　　　　于志刚（成都工业职业技术学院）
　　　　刘阳勇（重庆交通职业学院）
　　　　黄再霖（贵州装备制造职业学院）
　　　　杨　谋（重庆电讯职业学院）
　　　　张玉平（重庆工业职业学院）
　　　　林铸辉（贵州装备制造职业学院）
　　　　张洪书（重庆电讯职业学院）
　　　　张谢源（贵州装备制造职业学院）
　　　　陈廷稳（贵州装备制造职业学院）
　　　　陈　旭（重庆长安汽车股份有限公司）
　　　　张桂乾（重庆长安汽车股份有限公司）
　　　　曹怀宾（重庆长安汽车股份有限公司）
　　　　李　成（重庆电子工程职业学院）
　　　　徐跃进（重庆电子工程职业学院）
　　　　刘竞一（重庆电子工程职业学院）
　　　　谢吉祥（重庆电子工程职业学院）
　　　　陈卫东（重庆电子工程职业学院）
　　　　魏健东（重庆电子工程职业学院）
　　　　赵　军（重庆电子工程职业学院）
　　　　陈双霜（重庆电子工程职业学院）
　　　　姚晶晶（重庆电子工程职业学院）
　　　　刘红玉（重庆电子工程职业学院）
　　　　祖松涛（重庆电子工程职业学院）
　　　　李穗平（重庆电子工程职业学院）
　　　　马良琳（重庆电子工程职业学院）
　　　　李　蕊（重庆电子工程职业学院）
　　　　邓家彬（重庆电子工程职业学院）
　　　　周　均（重庆电子工程职业学院）
　　　　徐凤娇（重庆电子工程职业学院）

丛书序

2019年1月，国务院颁发《国家职业教育改革实施方案》，推进职业教育领域"三全育人"综合改革试点工作，使各类课程与思想政治理论课同向同行，努力实现职业技能和职业精神培养高度融合。建设一大批校企"双元"合作开发的国家规划教材，倡导使用新型活页式、工作手册式教材并配套开发信息化资源。2019年12月，教育部、财政部公布《中国特色高水平高职学校和专业建设计划建设单位名单》后，为了满足重庆电子工程职业学院等双高建设院校的建设要求，我们依托全国职业院校装备制造类示范专业点——重庆电子工程职业学院汽车制造与装配技术专业，联合重庆长安汽车股份有限公司等大型汽车制造企业加快了本系列丛书的开发进度。

本丛书结合汽车整车制造企业的生产全过程，以汽车车身制造技术、汽车整车装配与调试、汽车检测技术和汽车综合故障诊断等课程为主线，以汽车构造、汽车电控系统诊断与调试、汽车制造工艺技术、汽车生产质量管理、汽车制造安全技术和汽车制造物流技术等课程为辅助，以汽车三维设计、汽车数据采集与处理和汽车试验技术等课程为拓展，全面介绍汽车制造过程的冲压、焊接、涂装、总装四大工艺，以及下线检测、整车调试、生产安全、生产技术、质量管控、生产物流等制造知识，同时拓展学生在汽车设计、逆向工程、数据处理和汽车试验等方面的应用知识，为学生今后从事汽车制造中的设计、调试、试验和管理等相关工作打下良好基础。

本丛书主要特色如下：

1. 知识的全面性

在制定本丛书各教材的知识框架时，就将写作的重心放在体现知识的全面性上，因此从各教材提纲的制定到内容的编写都力求将课程所涉及的专业知识全面囊括。

2. 知识的实用性

本丛书由高职院校具有丰富教学经验的教师和汽车制造企业具有丰富工作经验的一线技术人员及管理人员共同编写而成，具有很强的实用性。此外，每个项目中均会根据知识点安排若干个工作过程，让学生从汽车制造实际出发，通过书中的知识点，解决现实中遇到的问题。

3. 知识的灵活性

本丛书中各教材的每一个知识点都匹配了相应的学习任务，学生可以通过不同类型的学习任务，来学习并掌握书中的知识。

4. 知识的直观性

本丛书中各教材的每一类知识点均录制了各种形式的微课视频，学生通过扫描二维码即可观看生动的视频资源来学习相关知识内容。

本丛书根据汽车制造领域（即汽车前市场）的设计、生产、工艺、试验和管理等岗位需求搭建人才培养体系，有效融入了课程思政的育人理念，可作为高职高专院校、应用技术型本科院校、中等职业学校、技工学校的教材，也可作为企业的培训教材，推动汽车制造全产业链的应用技术人才培养。

由于编写经验有限，本丛书难免存在疏漏，欢迎读者提出宝贵意见，以便我们在今后进行补充和改进。

编　者

前言

本书是结合职业教育的特点，为高职院校汽车制造类专业编写的教材。

汽车制造类专业的学生所对应的多个工作岗位，都要求熟悉汽车制造工艺，特别是装配工艺，掌握相关的工艺技术知识，初步具备制定和完善汽车制造工艺，设计简单工装夹具以及控制制造质量、处理工艺技术问题的能力。因此我们开设了"汽车制造工艺设计"这样一门贴近企业工作岗位能力要求，对学生进行职业能力训练，为学生职业发展、从事工艺技术等相关工作打下基础的专业课程。为此编者与汽车制造企业合作，在进行深入走访调研的基础上，结合多年的实践、教学和培训经验，编写了本书，作为"汽车制造工艺设计"和类似课程的教材。

本书从零件毛坯的制造到整车总装，对整个汽车制造工艺过程做了完整的介绍。通过对零件制造工艺、冲压工艺、焊装工艺、涂装工艺、装配工艺和汽车先进制造工艺的认知，对制造工艺文件编制的训练，对工装夹具设计的学习，使学生掌握汽车制造各个工艺过程的基本知识，达到能够设计制作工艺文件、根据现场生产情况进行工艺调整的目的，能依据提供的条件参数设计满足需求的简单辅助工装夹具。

本书力求贴近生产实际，采用汽车制造企业实际工作案例作为本书的学习内容，尽可能地以任务为导向来组织学习内容。

在本书编写过程中参考了相关书籍和文献资料，在此对相关作者表示感谢。

由于编者水平限制，书中可能有疏漏之处，敬请专家和读者批评指正。

编　者

目 录

丛书序
前言

项目1 绪论 1

1.1 汽车设计制造基本体系 2
1.1.1 汽车制造的方式与特点 2
1.1.2 汽车制造的基本体系 3

1.2 汽车设计制造工艺过程 5
1.2.1 汽车生产的制造工艺过程 5
1.2.2 汽车产品生产的性质、纲领和类型 6

1.3 汽车制造工艺技术的发展 8

项目2 汽车零件制造工艺 10

2.1 毛坯制造工艺 11
2.1.1 铸造工艺 12
2.1.2 锻造工艺 16

2.2 机械加工工艺 18
2.2.1 车削 18
2.2.2 铣削 22
2.2.3 磨削 27
2.2.4 钻削及镗削 31
2.2.5 高速加工技术 34

2.3 热处理工艺 36
2.3.1 热处理的概念及特点 36
2.3.2 整体热处理 36
2.3.3 表面热处理 37
2.3.4 化学热处理 37

2.4 典型汽车零件的制造工艺 ·············· 38
2.4.1 曲轴的制造工艺 ·············· 38
2.4.2 连杆的制造工艺 ·············· 40

项目 3 车身冲压工艺 ·············· 44

3.1 冲压工艺的特点和分类 ·············· 45
3.1.1 冲压工艺的特点 ·············· 45
3.1.2 冲压工序分类 ·············· 47

3.2 冲压设备 ·············· 50
3.2.1 冲压机的分类 ·············· 50
3.2.2 冲压生产线 ·············· 58

3.3 冲压模具 ·············· 59
3.3.1 拉深模 ·············· 59
3.3.2 修边模 ·············· 61
3.3.3 翻边模 ·············· 62

3.4 车身冲压材料 ·············· 63
3.4.1 车身冲压用材料的质量性能要求 ·············· 63
3.4.2 车身冲压用材料的种类与牌号 ·············· 64

3.5 车身覆盖件冲压工艺过程 ·············· 65
3.5.1 汽车覆盖件 ·············· 65
3.5.2 汽车典型覆盖件冲压工艺过程 ·············· 67
3.5.3 冲压工艺规程卡 ·············· 70

项目 4 车身焊装工艺 ·············· 75

4.1 焊接基础知识 ·············· 76
4.1.1 焊接方法的分类 ·············· 76
4.1.2 金属材料的焊接性 ·············· 78
4.1.3 焊接工艺的特点 ·············· 79
4.1.4 常见焊接符号 ·············· 80

4.2 车身的焊接工艺 ·············· 84
4.2.1 车身焊接工艺过程 ·············· 84

目 录

- 4.2.2 常用的车身焊装方法及设备 ········ 86
- 4.2.3 焊装工艺卡 ········ 92
- 4.2.4 车身焊装夹具简介 ········ 93
- 4.2.5 焊接机器人简介 ········ 95

4.3 焊接质量 ········ 96
- 4.3.1 点焊的质量管理 ········ 96
- 4.3.2 电弧焊的质量管理 ········ 97
- 4.3.3 尺寸与表面精度 ········ 98

项目 5　车身涂装工艺 ········ 99

5.1 车身涂装工艺概述 ········ 100
- 5.1.1 车身涂装的作用 ········ 100
- 5.1.2 车身涂装工艺的特点 ········ 102
- 5.1.3 车身涂装用涂料 ········ 107

5.2 汽车车身涂装工艺流程 ········ 110
- 5.2.1 车身涂装工艺三个基本体系 ········ 110
- 5.2.2 轿车车身涂装主要工艺过程 ········ 112
- 5.2.3 轿车涂装工艺过程实例 ········ 118

5.3 涂装生产线、涂装方法及设备 ········ 119
- 5.3.1 涂装生产线 ········ 119
- 5.3.2 涂装方法及设备 ········ 120

项目 6　汽车总装工艺 ········ 129

6.1 汽车总装基础知识 ········ 130
- 6.1.1 汽车总装的基本概念 ········ 130
- 6.1.2 汽车总装工艺的特点 ········ 131
- 6.1.3 汽车总装的常用装配方法 ········ 132
- 6.1.4 汽车总装的装配精度的意义和内容 ········ 134
- 6.1.5 质量管理 ········ 135

6.2 汽车总装的技术要求 ········ 137
- 6.2.1 汽车总装的装配技术要求 ········ 137
- 6.2.2 汽车装配技术的发展趋势 ········ 138

6.3 汽车总装设备 …………………………………………………… 140
    6.3.1 装配线输送设备 …………………………………… 140
    6.3.2 大总成上线设备 …………………………………… 145
    6.3.3 各种油液加注设备 ………………………………… 146
    6.3.4 专用装配设备 ……………………………………… 146
    6.3.5 出厂检测设备 ……………………………………… 148

6.4 汽车总装的装配工艺和生产线 ……………………………… 150
    6.4.1 总装作业的任务 …………………………………… 150
    6.4.2 装配工艺过程 ……………………………………… 150
    6.4.3 装配生产线 ………………………………………… 151
    6.4.4 检测与调整 ………………………………………… 156

项目 7 汽车装配工艺规程制定 …………………………… 161

7.1 装配单元和装配系统图 ………………………………………… 162
    7.1.1 装配单元的概念 …………………………………… 162
    7.1.2 装配系统图 ………………………………………… 164

7.2 装配工艺规程 …………………………………………………… 165
    7.2.1 制定装配工艺规程的原则和依据 ………………… 165
    7.2.2 制定装配工艺规程的过程 ………………………… 166
    7.2.3 关键和重要工序的确定 …………………………… 168
    7.2.4 汽车总装工艺规程 ………………………………… 169

7.3 案例:发动机分线装配工艺 …………………………………… 172
    7.3.1 主要装配零部件 …………………………………… 172
    7.3.2 发动机分线主要装配工艺过程 …………………… 172

项目 8 利用尺寸链分析装配精度 ………………………… 186

8.1 保证装配精度的装配方法 ……………………………………… 187
    8.1.1 互换装配法的原理和方法 ………………………… 188
    8.1.2 选择装配法的原理和方法 ………………………… 189
    8.1.3 调整装配法的原理和方法 ………………………… 190
    8.1.4 修配装配法的原理和方法 ………………………… 192

8.2 尺寸链的基本概念 ……………………………………………… 192

8.3 尺寸链的计算 ········· 195
8.3.1 基本尺寸计算公式 ········· 195
8.3.2 偏差计算公式 ········· 196

8.4 应用装配尺寸链分析装配精度 ········· 200

项目 9 工装夹具设计 ········· 207

9.1 基准 ········· 208
9.1.1 设计基准 ········· 209
9.1.2 工艺基准 ········· 209

9.2 工件的定位 ········· 211
9.2.1 工件定位的六自由度规则 ········· 211
9.2.2 工件定位方式和常用定位元件 ········· 211

9.3 零件的结构工艺性 ········· 216
9.3.1 零件机械加工的结构工艺性 ········· 216
9.3.2 零件装配的结构工艺性 ········· 221

9.4 装配工装设计案例 ········· 222
9.4.1 活塞环装配工装设计 ········· 222
9.4.2 轴承盖油封压装工装设计 ········· 223
9.4.3 磁电机装配定位夹具设计 ········· 225

9.5 机床夹具设计 ········· 226
9.5.1 典型的专用机床夹具 ········· 227
9.5.2 专用机床夹具设计步骤 ········· 236

9.6 车身焊装夹具设计 ········· 241
9.6.1 焊装夹具概述 ········· 241
9.6.2 焊装件在夹具上的定位与夹紧 ········· 245
9.6.3 车身焊装夹具 ········· 246

参考文献 ········· 251

项目 1
绪 论

任务描述

　　汽车工业是在许多相关联的工业和有关技术的基础上发展起来的综合性工业。一般来说,汽车的发动机、变速器、车桥、车身等主要总成是汽车厂自己制造的,而轮胎、玻璃、电动机、电器、仪表、车身内饰件和其他小型零部件多靠协作厂生产或从市场采购。在汽车制造业中,冲压、焊装、涂装、总装合称为四大核心技术(四大工艺)。

冲压

涂装

焊装

总装

学习目标

1. 能够正确描述汽车设计制造基本体系
2. 能够正确描述汽车设计制造过程
3. 能够正确理解汽车产品生产的性质、纲领和类型
4. 了解汽车制造工艺技术的发展

知识与技能点清单

序号	学习目标	知识点	技能点
1	能够正确描述汽车设计制造基本体系	1. 汽车制造的方式 2. 汽车制造的特点 3. 汽车制造工厂的分类	能够正确描述汽车设计制造基本体系
2	能够正确描述汽车设计制造过程	1. 汽车生产过程的概念 2. 汽车制造工艺过程的概念	能够正确描述汽车设计制造过程
3	能够正确理解汽车产品生产的性质、纲领和类型	1. 汽车产品的生产性质 2. 汽车产品的生产纲领 3. 汽车产品的生产类型	能够正确计算汽车产品的年生产纲领
4	了解汽车制造工艺技术的发展	汽车制造工艺技术的发展	

学习信息

1.1 汽车设计制造基本体系

汽车工业是国民经济中的支柱型产业。汽车设计制造有其自身的特点，涉及多个生产领域，是一个复杂的生产制造过程，要有一个完整的设计制造体系通力协作才能完成。

1.1.1 汽车制造的方式与特点

汽车的生产制造过程总的来说与其他机械产品一样，基本上是由原材料—毛坯—加工—装配成总成。汽车生产有其自身的特点。

微课视频
汽车制造
基本体系

1）汽车整车的结构复杂，组成零部件数量也众多，汽车生产制造过程中涉及铸造、锻造、机械加工、冲压、焊接、热处理、化工油漆、轻工纺织、电子电器等生产领域，是一个多学科、跨专业综合性的生产制造过程。

2）汽车生产是大批量的生产，要求高的生产效率。生产过程中大量使用高效率的制造方法、专用设备、工装以及自动化生产线。

3）汽车生产涉及交通安全和人生命安全，技术含量高，质量要求严，投资成本很大。

由于这些特点，使得汽车生产制造具有集团化、专业化、标准化和高度自动化的特点。要完成汽车的生产制造，不是哪一家工厂能够单独做到的，必须由很多的工厂企业共同协作生产才能完成。

1.1.2 汽车制造的基本体系

一般来说，汽车制造生产的工厂分为三类：汽车的专业化部件生产厂、汽车附件及零配件加工厂以及汽车制造总厂。这三类工厂构成一个汽车制造基本体系。

1. 汽车的专业化部件生产厂

组成汽车的大型部件如发动机、变速器、传动系统、减振器、制动系统、散热器等，由专业化部件生产厂进行生产。这些专业化部件生产厂生产高度自动化，管理现代化，产品标准化和系列化，以保证整车生产厂的配套供应。图 1-1 所示为变速器生产厂实景图。

2. 汽车附件及零配件加工厂

汽车附件及零配件加工厂制造高质量、互换性强的汽车附件和零件，应具有生产批量大和生产效率高的现代汽车生产设备及生产能力，充分满足整车和大型部件的需要，同时满足汽车修理市场的需求，比如大量标准件、紧固件的生产，如图 1-2 所示。

图 1-1　变速器生产厂实景图

图 1-2　汽车紧固件

3. 汽车制造总厂

汽车整车制造厂的生产制造水平直接决定着汽车生产的质量和产量。汽车制造总厂应具有自动化程度高、生产效率高的主体生产线。包括：

1）汽车板件冲压生产线，如图 1-3 所示。
2）汽车车身焊装生产线，如图 1-4 所示。

图 1-3　汽车板件冲压生产线

图 1-4　汽车车身焊装生产线

3）汽车车身涂装生产线，如图 1-5 所示。
4）整车装配生产线，如图 1-6 所示。

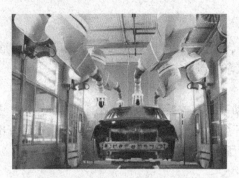

图1-5　汽车车身涂装生产线

图1-6　整车装配生产线

5）整车检测线，如图1-7所示。

图1-7　整车检测线

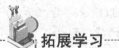

拓展学习

　　我国的汽车工业是在新中国成立后才发展起来的，经过几十年的发展取得了巨大的成就，到现在已经形成完善的汽车设计制造体系。

　　1949年新中国成立时，中国汽车产业只有汽车维修业，一切只能从零开始。1949年底，毛泽东主席在参观苏联斯大林汽车厂时表示，我们也要有像斯大林汽车厂这样的大工厂。这一句话激发了中国一代人的造车梦。1952年，中央正式决定在吉林长春成立汽车工业工厂，也就是现在的一汽，标志着中国汽车工业的呱呱落地。1956年夏天，中国人在吉林长春制造出解放牌载货汽车CA10。这是新中国第一辆汽车，结束了中国人无法自主批量生产汽车的历史。

　　1958年5月12日，东风牌小轿车试制成功。后来又有了红旗牌高级轿车，这是我国汽车工业的又一个重要标志。

　　1969年开始在湖北建立二汽，主要生产东风牌载货汽车。

　　改革开放后，我国汽车工业得到突飞猛进的发展。到现在，我国各类汽车产品制造企业遍布全国，汽车的产销量已连续十余年居于世界首位。

　　中国人的汽车梦已不再是梦。

1.2 汽车设计制造工艺过程

汽车是一部复杂的机器,一般由发动机、底盘、车身和电器设备四个部分组成,全车由超过 1 万个零部件组成。汽车制造的过程是将原材料转变为汽车产品的过程。现代汽车制造模式基本上是大规模、大批量生产方式,也有部分采用半自动生产方式。为了提高效益和效率,汽车零部件生产过程大多采用专业化大协作的方式进行,由很多专业厂家共同完成。

微课视频
汽车制造
工艺过程

1.2.1 汽车生产的制造工艺过程

将原材料转变为汽车产品的全过程称为汽车生产过程。它包括原材料的运输和保存、生产的准备工作、毛坯的制造、零件的加工及热处理、部件的涂装和装配、整车的装配和试验调整等。一辆汽车的生产是由许多工厂联合完成的,这样做有利于汽车零部件的标准化和组织专业化生产,提高产品质量,降低生产成本。

汽车生产过程中直接改变原材料的尺寸、形状、相互位置以及各种性能和检测调整的过程称为汽车制造工艺过程。

汽车制造工艺过程可分为两条线:零部件的制造工艺过程和整车的制造工艺过程。

零部件的制造工艺过程首先是零件毛坯制造工艺过程,然后进入零件机械加工工艺过程、零件热处理工艺过程。零件制造完成后通过部件装配工艺过程装配成各种部件,比如发动机、变速器、驱动桥等汽车部件。

整车的制造工艺过程首先是制造车身部件的冲压工艺过程,然后是车身焊装工艺过程和车身涂装工艺过程。涂装好的车身总成和各种汽车零部件一起进入汽车总装工艺过程,得到完整、合格的汽车产品。

车身冲压工艺过程、车身焊装工艺过程、车身涂装工艺过程和汽车总装工艺过程一般称为汽车制造"四大工艺过程"。汽车制造工艺流程如图 1-8 所示。

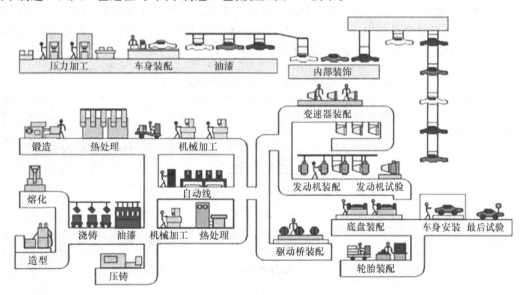

图 1-8 汽车制造工艺流程

1.2.2 汽车产品生产的性质、纲领和类型

1. 汽车产品的生产性质

（1）产品试制

产品试制是为了生产出少量样车（或汽车新零件）来验证新设计的汽车产品的性能和可靠性而进行的生产。汽车新产品的试制要反复进行，少则 2~3 轮，多则 3~5 轮。

（2）试生产

试生产是指按生产准备布置，模拟大批量的生产方式进行生产，用以验证生产准备中产品设计、工艺设计、机床设备及工艺装备等的完善程度，同时进行工艺文件的修订和人员的培训。试生产安排在大批量生产前，要进行数次，以使生产线达到设计能力，产品质量得到保证。

（3）正式生产

正式生产是指必须按生产设计、工艺文件进行的正常生产。

2. 汽车产品的生产纲领

汽车生产企业在计划期内（常指一年）生产的汽车产量称为汽车产品的生产纲领（Q）。

汽车零件的年生产纲领 N 可按下式计算：

$$N = Qn(1 + a\% + b\%)$$

式中，N 为汽车零件的年生产纲领，单位为件/年；Q 为汽车产品的年生产纲领，单位为台/年；n 为每一台汽车产品中该零件的数量，单位为件/台；$a\%$ 为汽车零件的备品率，是指用于维修的备件数占装车件数的比例；$b\%$ 为汽车零件的废品率，是指汽车零件的废品占投入生产件数的比例。

生产纲领的大小对生产组织形式和零件加工过程起重要的作用，其决定了生产的规划及工序的专业化和自动化程度，决定了所应选用的工艺方法和工艺装备。工艺规程的详细程度与生产类型有关，不同的生产类型由产品的年生产纲领即年产量进行区别。

3. 汽车产品的生产类型

一般来说，按照汽车零件的年生产纲领，即生产企业的生产专业化程度，汽车产品和汽车零件的生产类型划分为单件生产、成批生产（每一批生产的数量称为批量）、大量生产三种类型，汽车制造企业生产类型与产量之间的关系，见表 1-1。

表 1-1 汽车制造企业生产类型与产量之间的关系

生产类型		产量		
		小轿车及 1.5t 以下轻型载货汽车	载货汽车	
			2~6t	8~15t
单件生产		< 10	< 10	< 10
成批生产	小批	10~2000 以下	10~1000 以下	10~500
	中批	2000~10000	1000~10000	500~5000
	大批	10000~50000	10000~30000	5000~10000
大量生产		> 50000	> 30000	> 10000

（1）单件生产

企业工作场地的加工品种频繁地改变，不重复或很少重复加工相同结构、尺寸的零件称为单件生产。单件生产的基本特点是，生产的汽车零件种类繁多，每种产品的产量很少，而且很少重复生产。如汽车新产品的试制属于单件生产。单件小批生产应采用通用设备和工艺装备，也可选用先进的数控机床，以降低生产成本。

（2）成批生产

企业工作场地的生产呈周期性重复，常年分批、轮换着制造若干种不同的汽车零件，称为成批生产。成批生产的特点是，分批地生产相同的汽车零件，生产呈周期性重复。成批生产又可按其批量大小分为小批生产、中批生产、大批生产三种类型。其中，小批生产和大批生产的工艺特点分别与单件生产和大批生产的工艺特点类似；中批生产的工艺特点介于小批生产和大批生产之间。

（3）大量生产

汽车产品或零件的生产纲领很大，企业工作场地常年按一定的时间定额，重复地进行某一零件的某一工序的生产，称为大量生产。大量生产的特点是，产量大、品种单一，工作场地长期重复地进行某个汽车零件的某一道工序的加工。例如，一般轿车的正常制造生产都属于大量生产。大批、大量生产应尽可能采用高效率的设备和工艺方法，以提高生产率。

4. 生产类型对应的机械加工工艺特征

不同的生产类型的企业，采取不同的工艺过程，即不同的生产组织形式、不同的生产设备、不同的工艺装备等，其工艺特点见表1-2。

表1-2 汽车制造业中不同生产类型的工艺特点

项目	大量生产	成批生产	单件生产
加工对象	固定不变	周期性变化	经常变化
机床	专用机床、高效机床、组合机床、自动或半自动生产线	通用或专用机床、数控机床或可调自动线	通用机床
机床布置	自动流水线布置	成组流水线布置	机群式布置
工艺装备	专用夹具、高效夹具、复合刀具、成形刀具	通用或专用工装、部分高效率刀具、量具	标准夹具、刀具、量具、辅具
毛坯制造	金属模、机械造型、精密铸、压铸、模锻、粉末冶金	部分金属模铸造、模锻	木模手工造型、自由锻
调整方法	调整法、自动控制法	部分试切法	试切法
安装方法	全部用夹具安装法	部分用夹具、部分划线找正	划线或直接找正
工人技术水平	不高	一般	高
制造	集成制造系统、主动测量	成组技术、柔性制造系统	加工中心、数控机床
工艺文件	详细、齐全	比较详细	简单

拓展学习

郭孔辉是我国第一位汽车行业的工程院院士，汽车设计方面的著名专家，在国内外同行中享有很高的声望，在汽车系统动力学及其相关领域造诣精深。在轮胎力学、汽车动力学以及人-车闭环操纵动力学等方面的研究成果均达到世界先进水平，是我国最早把近代系统力学与随机振动理论引入汽车科学研究的学者。

大学三年级时，郭孔辉做了一个课程设计，当时他能看到的资料只有原苏联楚达科夫院士著的"汽车设计"。可正当他准备以该书的公式作为课程设计的依据时，却发现按公式所计算的结果和他自己推导的结果差别相当大。是不是公式错了？但院士导出的公式哪能轻易否定。经过反复推导以后，郭孔辉还是相信自己是对的。于是，他向指导老师报告。指导老师很年轻，他说："年轻人不要太自信，在没有更权威的证据之前，你必须按楚达科夫的公式计算。"

僵局出现了。郭孔辉只好去找他一直很崇拜的教力学的荆教授，几天以后，荆教授对他说："我从另一个方面推导得到了同样的结果。"最后，设计指导老师也同意郭孔辉按自己的公式做设计。虽然这只是小小的创新，但使郭孔辉感到了极大的快慰和兴奋，大大地激发了他钻研问题的兴趣和信心。之后，他不止一次对教科书提出修正。

依靠这样勇于创新的精神，几十年来他一直不间断地进行着汽车科学技术的系统研究工作，取得了巨大的成就。曾经主持了多种新型汽车的开发与多项行业重大课题的研究，取得了大量具有国际先进水平的研究成果，获国家及部级科技进步奖7项，在国内外发表论文250余篇，出版两部专著，同时为我国汽车工业培养了大批高层次科技人才。

正是有了郭孔辉这样的领头人，还有无数勇于创新的汽车行业工作人员的工作，使得我国汽车设计制造的能力，在短短几十年的时间里，有了突飞猛进的发展。

1.3 汽车制造工艺技术的发展

伴随信息技术、网络通信技术、数字化技术、人工智能技术的发展，通过相关技术的带动与支撑，世界制造业由手工操作模式逐步向机械化制造、自动化制造、智能化制造模式转变。对于汽车制造工艺学来说，主要针对制造质量和自动化等方面进行研究。

从19世纪末至今，汽车工业的发展已有一百多年的历史。从欧洲国家"先声夺人"，到美国"称霸世界"，日本"后来居上"，中国"悄悄崛起"，构成了一部汽车竞争史。世界上各个国家在汽车上的竞争，主要方面之一是制造技术的竞争。先进的制造技术是提高汽车产品市场竞争力的基本保证。汽车制造技术的发展，按制造的自动化程度主要分为以下四个阶段。

（1）刚性制造自动化

应用传统的机械设计与制造工艺方法。主要采用专用机床和组合机床、自动单机或自动化生产线进行大批量生产。其特征是高生产率和刚性结构，很难实现生产产品的改变。引入的新技术包括继电器程序控制、组合机床等。本阶段以1913年福特汽车公司流水装配线的出现揭开序幕，到20世纪40~50年代已相当成熟。

（2）柔性制造自动化

1952年美国麻省理工学院研制出第一台数字控制铣床，揭开了柔性制造自动化的序幕。柔性制造自动化强调制造过程的柔性和高效率、高质量，适应于多品种，中小批量的生产。由于计算机技术的迅猛发展，本阶段在相对短的时间内经历了以下历程。

1）计算机数控加工：数控（NC）在20世纪50~70年代发展迅速并已成熟，但到了70~80年代，由于计算机技术的迅速发展，它迅即被计算机数控所取代，这时所采用的典型加工设备包括数控机床和加工中心等。引入的新技术包括数控技术和计算机编程技术等。

2）柔性制造：20世纪80年代以来柔性制造广泛应用于汽车零部件的制造。柔性制造涉及的主要技术和设备包括成组技术、分布式数控系统、柔性制造单元、柔性制造系统和柔性加工线等。

（3）集成制造自动化

集成制造自动化是指计算机集成制造和计算机集成制造系统。计算机集成制造系统既可看作是制造自动化发展的一个新阶段，又可看作是包含制造自动化系统的一个更高层次的系统。其特征是强调制造全过程的系统性和集成性，以解决现代企业生存与竞争的TQCS（时间，Time；质量，Quality；成本，Cost；服务，Service）问题，即产品上市快、质量好、成本低和服务好。计算机集成制造系统涉及的学科和技术非常广泛，包括现代制造技术、管理技术、计算机技术、信息技术、自动化技术和系统工程技术等。

（4）智能制造自动化

智能制造自动化是在20世纪末提出并开展研究的，是整个汽车制造业面向21世纪的发展方向。它包括制造智能化、制造敏捷化、制造虚拟化、制造网络化、制造全球化和制造绿色化。

 拓展学习

汽车制造工艺技术的发展是一个不断完善提升的结果，对汽车生产效率及质量的提高有着不可磨灭的影响。

最初的汽车制造工艺就是通过人手动完成制造，后来进入到利用简单的工具完成制造，再到现代成批工装设备辅助生产，直到现在的智能制造，是通过一代一代的汽车从业人员以高度的敬业精神开拓创新，不断完善才实现的。

著名的福特汽车流水线的发明就是极具代表性的例证。

亨利·福特是福特汽车公司的创始人。他17岁时就离开父亲的农庄来到了底特律，开始了他的汽车生涯。从此他一生专注于汽车的生产制造，不断研究改进汽车制造工艺技术。在亨利·福特建立他的流水线之前，当时的汽车制造工艺完全是手工作坊型的，两三个人合伙，一台发动机，一台变速器，配上车轮、制动系统、座椅，装配完成一辆，再装配下一辆，生产效率十分低下。福特通过认真思索研究，设计了统一型号的T型车，用流水线的方式进行装配，生产速度缩短到每分钟一台，大大提升了效率，降低了成本，奠定了现在汽车装配工艺的基础。

现代汽车制造工艺技术发展到了很高的高度，未来还会进一步发展。这需要后来者以前人为榜样，以高度的敬业精神投入工作，勇于创新，不断地完善和创造更好的汽车制造工艺技术。

项目 2
汽车零件制造工艺

任务描述

我们知道汽车零件的总数量可达近 3 万个,那么这些零部件是怎么制造出来的呢?都会用到哪些设备呢?

学习目标

1. 能够掌握汽车零件毛坯的制造工艺
2. 能够掌握汽车零件机械加工工艺
3. 能够掌握汽车零件热处理工艺
4. 能够掌握典型汽车零件的制造工艺

项目 2 汽车零件制造工艺

知识与技能点清单

序号	学习目标	知识点	技能点
1	能够掌握汽车零件毛坯的制造工艺	1.铸造工艺的概念 2.砂型铸造的工艺过程 3.锻造工艺的概念 4.锻造工艺的工艺过程	能正确描述砂型铸造与模锻的工艺过程
2	能够掌握汽车零件机械加工工艺	1.车削的特点、加工范围、刀具、车床种类及车削用量 2.铣削的特点、加工范围、刀具、铣床种类及铣削用量 3.磨削的特点、加工范围、刀具、磨床种类及磨削用量 4.钻削的特点、加工范围、刀具、钻床种类 5.镗削的特点、加工范围、刀具及镗床种类 6.高速加工技术的特征及发展	能够基本掌握车、铣、磨、钻、镗的加工工艺
3	能够掌握汽车零件热处理工艺	1.整体热处理的概念及特点 2.表面热处理的概念及特点 3.化学热处理的概念及特点	能够基本掌握退火、正火、回火、淬火、渗碳及渗氮工艺的特点及方法
4	能够掌握典型汽车零件的制造工艺	1.曲轴的制造工艺 2.连杆的制造工艺	能够正确认识曲轴、连杆的制造工艺

学习信息

2.1 毛坯制造工艺

　　毛坯的好坏会影响到零件的质量。毛坯种类的选择是零件机械设计和制造的一个重要环节。毛坯种类的选择不仅影响毛坯的制造工艺和费用,也与零件的机械加工工艺和加工质量密切相关。为此需要毛坯制造和机械加工两方面的工艺人员密切配合,合理地确定毛坯的种类、结构形状,并绘出毛坯图。常用的汽车零件的毛坯种类有铸件、锻压件、冲压件、焊接件及粉末冶金件等。

微课视频
铸造工艺

2.1.1 铸造工艺

铸造工艺是将熔化的金属原料浇灌入铸型空腔中，冷却凝固后而获得零件毛坯的制造方法。它是一种制造零件毛坯的工艺过程。用铸造方法制成的毛坯或零件称为铸件。图2-1所示为凸轮轴铸件图。

铸造工艺又可分为砂型铸造工艺和多种特种铸造工艺。

砂型铸造工艺是最传统的铸造工艺，也是铸造生产中应用最广泛的铸造方法。砂型铸造工艺使用的铸型是砂型，制造砂型的原材料以石英砂等砂子

图2-1 凸轮轴铸件图

为主，与胶黏剂、水等混合而成，能被塑成所需的形状，并能抵御高温铁水的冲刷而不会崩塌。砂型为一次性使用，需要每次铸造前制备。

砂型铸造工艺的特点：

1）适应性广，成本低，可用于铸钢、铸铁和多数有色金属材料的铸造。

2）能够制造体积大，形状复杂，特别是有复杂内腔结构的零件毛坯。

3）对于塑性很差的铸铁材料，砂型铸造工艺是唯一的成形工艺，即只能通过砂型铸造工艺过程得到铸铁件的毛坯。汽车制造中，很多零件如气缸体、气缸盖、变速器箱体、转向器壳体、后桥壳体等，都是通过砂型铸造工艺制造的毛坯零件。

砂型铸造工艺过程主要包括制模、造型、熔炼、落砂、清理打磨等环节，图2-2所示为铸造工艺流程图。

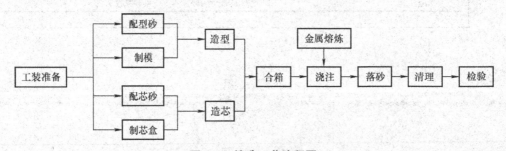

图2-2 铸造工艺流程图

1. 制模

制模是根据零件形状设计制作，用以在造型中形成铸型型腔的工艺装备，也称作模样。设计模样要考虑铸造工艺参数，如铸件最小壁厚、加工余量、铸造圆角、铸造收缩率和起模斜度等。

1）分模面的选择。分模面是上下砂型的分界面，选择分模面时必须使模样能从砂型中取出，并使造型方便和有利于保证铸件质量。

2）铸件最小壁厚。铸件最小壁厚是指在一定的铸造条件下，铸造合金能充满铸型的最小厚度。铸件设计壁厚若小于铸件工艺允许最小壁厚，则易产生浇不足和冷隔等缺陷。

3）起模斜度。为保证造型时容易起模，避免损坏砂型，凡垂直于分型面的表面，设计时应给出 0.5°～4° 的起模斜度。

4）铸造圆角。铸件上各表面的转折处，都要做成过渡性圆角，以利于造型及保证铸件质量。

5）加工余量。为保证铸件加工面尺寸，在铸件设计时预先增加的金属层厚度即加工余量，该厚度在铸件机械加工成零件的过程中要除去。

6）收缩量。铸件冷却时要收缩，模样的尺寸应考虑收缩的影响。通常铸铁件要增大 1%，铸钢件增大 1.5%～2%，铝合金增大 1%～1.5%。

7）芯头。有砂芯的砂型，必须在模样上做出相应的芯头。

图 2-3 所示为零件及模样关系示意图。

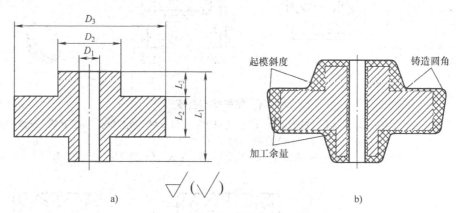

图 2-3　零件与模样关系示意图
a）成品零件　b）铸件模样

2. 造型

造型主要工序为填砂、舂砂、起模和修型。填砂是将型砂填充到已放置好模样的砂箱内，舂砂则是把砂箱内的型砂紧实，起模是把形成型腔的模样从砂型中取出，修型是起模后对砂型损伤处进行修理的过程。手工完成这些工序的操作方式即手工造型。常见的手工造型有整模造型、分模造型、挖砂造型。

（1）整模造型

整模造型一般用在零件形状简单、最大截面在零件端部时，选最大截面作分型面。其造型过程如图 2-4 所示。

（2）分模造型

当铸件不适宜用整模造型时，通常以最大截面为分型面，把模样分成两半，采用分模两箱造型。造型时，先将下砂型舂好，然后翻箱，舂制上砂箱，其造型过程如图 2-5 所示。

（3）挖砂造型

当铸件的最大截面不在端部，且模样又不便分成两半时，做成整体，在造型时局部被砂型埋住不能取出模样，常采用挖砂造型。即沿着模样最大截面挖掉一部分型砂，以便起模，如图 2-6 所示。挖砂造型适用于单件或小批量的铸件生产。

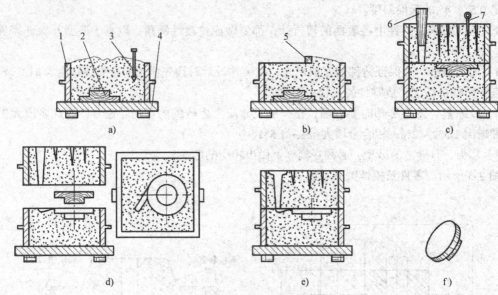

图 2-4 整模造型过程

a) 造下砂型：填砂、舂砂 b) 刮平，翻转砂箱 c) 造上砂型：放浇口棒、扎排气孔 d) 开箱，起模，开浇道
e) 合型，浇注 f) 铸件
1—砂箱 2—模样 3—舂砂锤 4—模底板 5—刮板 6—浇口棒 7—气孔针

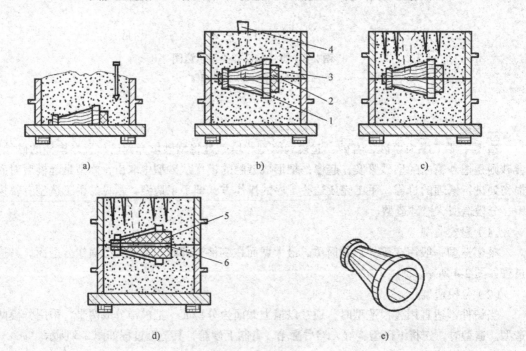

图 2-5 分模造型

a) 用下半模造下砂型 b) 安上半模，撒分型砂，放浇口棒，造上砂型 c) 开外浇口，扎排气孔 d) 起模，开内浇
道，下型芯，开排气道，合型 e) 铸件
1—下半模 2—型芯头 3—上半模 4—浇口棒 5—型芯 6—排气孔

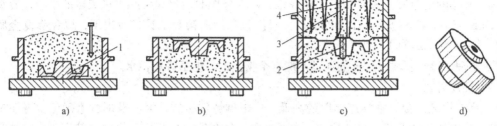

图 2-6 挖砂造型

a）造下砂型 b）翻箱，挖砂，分型面 c）造上砂型，起模，合型 d）铸件
1—模样 2—砂芯 3—出气孔 4—浇口杯

3. 合金的熔炼

合金熔炼是将金属料、辅料入炉加热，熔化成铁水，为铸造生产提供预定成分和温度、非金属夹杂物和气体含量少的优质铁液的过程。

合金的熔炼设备有很多，如冲天炉、反射炉、电弧炉和感应炉等。

（1）铸铁的熔炼

铸铁的熔炼以冲天炉应用最多。冲天炉熔炼以焦炭作燃料，石灰石等为熔剂，以生铁、废钢铁、铁合金等为原料熔炼成铁液。由于冲天炉结构大，对环境污染重，现已基本被淘汰。

（2）铸钢（铁）及铜（铝）合金的熔炼

铸钢（铁）常用电弧炉、平炉和感应炉等进行熔炼。三相电弧炉目前应用最广，如图 2-7 所示，电弧炉通过电极与炉料之间的电弧来产生大量的热达到加热、熔化炉料的目的。铜（铝）合金的熔炼多用焦炭为燃料的坩埚炉或电阻坩埚炉（电感应炉）来熔炼，电阻坩埚炉如图 2-8 所示。

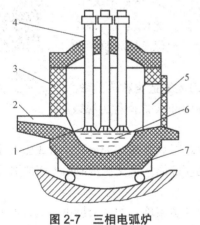

图 2-7 三相电弧炉

1—电弧 2—出钢口 3—炉墙 4—电极
5—加料口 6—钢液 7—倾斜机构

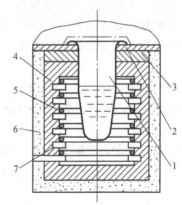

图 2-8 电阻坩埚炉

1—坩埚 2—托板 3—耐热板 4—耐火砖
5—电阻丝 6—石棉 7—托砖

4. 合金浇注

将熔炼好的金属液浇入铸型的过程称为浇注。如浇注操作不当，铸件会产生浇不足、冷隔、夹砂、缩孔和跑火等缺陷。

（1）浇注前的准备工作

1）浇注工具。常用浇注工具有浇包、挡渣钩等。浇注前应根据铸件大小、批量选择合适的浇包，常用的浇包有一人使用的手提浇包、两人操作的抬包和用起重机装运的吊包，容量分别为20kg、50~100kg以及大于200kg的。对浇包和挡渣钩等工具进行烘干，以免降低金属液温度及引起液体金属的飞溅。

2）清理通道。浇注时行走的通道不能有杂物挡道，更不许有积水。

（2）浇注工艺

1）浇注温度。金属液浇注温度的高低，应根据铸件材质、大小及形状来确定。浇注温度过低时，铁液的流动性差，易产生浇不足、冷隔、气孔等缺陷；而浇注温度偏高时，铸件收缩大，易产生缩孔、裂纹、晶粒粗大及粘砂等缺陷。铸铁件的浇注温度一般在1250~1360℃。对形状复杂的薄壁铸件浇注温度应高些，厚壁简单铸件可低些。

2）浇注速度。浇注速度要适中，太慢会使金属液降温过多，易产生浇不足、冷隔、夹渣等缺陷；浇注速度太快，金属液充型过程中气体来不及逸出易产生气孔，同时金属液的动压力增大，易冲坏砂型或产生抬箱、跑火等缺陷。浇注速度应根据铸件的大小、形状决定。浇注开始时，浇注速度应慢些，利于减小金属液对型腔的冲击和气体从型腔排出；随后浇注速度加快，以提高生产速度，并避免产生缺陷；结束阶段再降低浇注速度，防止发生抬箱现象。

3）浇注的操作。浇注前应估算好每个铸型需要的金属液量，安排好浇注路线，浇注时应注意挡渣。浇注过程中应保持外浇口始终充满，这样可防止熔渣和气体进入铸型。

浇注时在砂型出气口、冒口处引火燃烧，促使气体快速排出，防止铸件中产生气孔和减少有害气体污染空气；浇注过程中不能断流，应始终使外浇口保持充满，以便熔渣上浮。

2.1.2 锻造工艺

锻造是一种利用压力机械对金属坯料施加压力，使其在不分离的情况下产生塑性变形以获得具有一定机械性能、一定形状和尺寸锻件的加工方法。通过锻造能消除金属在冶炼过程中产生的铸态疏松等缺陷，优化微观组织结构，同时由于保存了完整的金属流线，锻件的机械性能一般优于同样材料的铸件。

微课视频
锻造工艺

锻造通常是在热态下进行，即工件加热后锻造，因此锻造也称为热锻。还可以根据加热温度细分，高于800℃的为热锻；在300~800℃之间称为温锻或半热锻。

锻造分为自由锻造和模型锻造。自由锻造是将金属坯料放在铁砧上承受冲击或压力而成形的加工方法。模型锻造是将加热的金属坯料放在模锻的模膛内，承受冲击或压力而成形的加工方法。

与自由锻相比，模锻所制造的工件形状更复杂，尺寸更精确，加工余量小，受人为因素影响少，汽车模锻件的典型例子是发动机连杆、曲轴、汽车前轴、齿轮、转向节等。以模锻为例，其工艺流程如图2-9所示。

1. 绘制模锻件图

模锻件图（又叫作模锻过程图）是生产过程中各个环节的指导性技术文件，在绘制模锻件图时应考虑的因素有分模面、加工余量、锻件公差和敷料、模锻斜度、模锻件圆角半径等。

2. 计算坯料质量

模锻件坯料质量 = 模锻件质量 + 氧化烧损质量 + 飞边（连皮）质量

飞边质量的多少与锻件的形状和大小有关，一般可按锻件质量的 20%～25% 计算，氧化烧损按锻件质量和飞边质量总和的 3%～4% 计算。

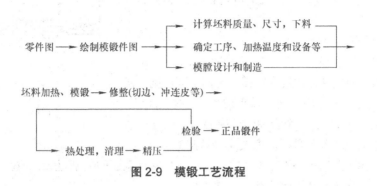

图 2-9　模锻工艺流程

3. 模锻工序的确定

模锻工序与锻件的形状和尺寸有关。由于每个模锻件都必须有终锻工序，所以工序的选择实际上就是制坯工序和预锻工序的确定。

4. 修整工序的确定

由模锻模膛锻出的模锻件，尚须经过一些修整工序才能得到符合要求的锻件，修整工序如下。

（1）切边与冲孔

刚锻制成的模锻件，周边通常都带有横向飞边，对于有通孔的锻件还有连皮，飞边和连皮须用切边模和冲孔模在压力机上切除。对于较大的模锻件和合金钢模锻件，常利用模锻后的余热立即进行切边和冲孔，其特点是所需切断力较小，但锻件在切边和冲孔时易产生轻度的变形。对于尺寸较小的和精度要求较高的锻件，常在冷态下进行切边和冲孔，其特点是切断后锻件切面较整齐，不易产生变形，但所需的切断力较大。

切边模和冲孔模由凸模和凹模组成，如图 2-10 所示。切边凹模的通孔形状和锻件在分模面上的轮廓一样，而凸模工作面的形状和锻件上部外形相符，冲孔凹模作为锻件的支座，其形状做成使锻件放在模中能对准冲孔中心，冲孔后连皮从凹模孔落下。

当锻件批量很大时，切边和冲连皮可在一个较复杂的复合式连续模上联合进行。

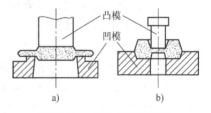

图 2-10　切边模和冲孔模
a）切边模　b）冲孔模

（2）校正

在切边及其他工序中有可能引起锻件变形，因此，对许多锻件特别是形状复杂的锻件，在切边（冲连皮）之后还需进行校正。校正可在模锻的终模锻模膛或专门的校正模内进行。

（3）热处理

对模锻件进行热处理的目的是消除模锻件的过热组织、加工硬化组织和内应力等，使模锻件具有所需的组织和性能。热处理可用正火或退火。

（4）清理

清理是指去除在生产过程中形成的氧化皮、所沾油污及其他表面缺陷，以提高模锻件的表面品质，清理有下列几种方法：滚筒打光、喷丸清理及酸洗等。

对于要求梢度高和表面粗糙度低的模锻件，除进行上述各修整工序以外，还应在压力机上进行精压，如图2-11所示。

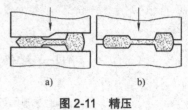

图 2-11 精压
a）平面精压 b）整体精压

5. 模锻设计原则

设计模锻件时，应在保证零件使用要求的前提下，结合模锻过程的特点，模锻件结构技术特征应遵循下列原则，从而确保锻件品质，有利于模锻生产，降低成本，提高生产率。

1）模锻零件必须具有一个合理的分模面，以保证模锻件易于从模锻中取出、敷料最少。模锻应容易制造。

2）零件外形力求简单、平直和对称，尽量避免零件截面间差别过大，或具有薄壁、高筋、高凸起等结构，以便于金属充满模膛和减少工序。

3）尽量避免有深孔或多孔结构。

4）在可能的情况下，对复杂零件采用锻-焊组合，以减少敷料，简化模锻过程。

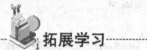

拓展学习

在汽车零部件毛坯方面，我们国家有很多做出较大贡献的大国工匠，李传栻就是铸造大师的代表。1984年，获北京市特等劳动模范称号。

李传栻老师于1952年大学毕业后到北京618厂工作，在生产现场干了40年。李传栻老师介绍一个生产现场案例：第一次接受生产铝青铜铸件任务时，由于既没有生产经验也没有现成的技术资料可以借鉴，便盲目地套用原来生产锡青铜铸件的方法，结果做出一件废一件，给工厂造成了很大损失。后来到北京图书馆查阅资料后才发现，铝青铜与锡青铜的凝固特性完全不同，即锡青铜的凝固区域宽，而铝青铜的凝固区间窄，像铸钢一样，必须设置大冒口；还有就是铝青铜中含有大量的铝，容易氧化形成十分有害的氧化铝夹杂，必须采取相应措施加以预防，了解了这些并改进工艺后，问题才得以解决。这件事情令他一生难忘！

在以后的工作中，李传栻做每一项工作都认真分析，深入现场分析研究，做到"知己知彼"，不盲目工作，在铸造行业取得很大的成就。

2.2 机械加工工艺

汽车零件的表面形状多种多样，由不同的典型表面，如外圆、内孔、平面、螺纹、花键和齿轮面等组合而成，这些典型表面都有一定的加工要求，大多数表面都需要经过专业加工来实现其机械制造过程。

2.2.1 车削

车削是指在车床上以工件旋转为主运动，车刀在平面内作直线或曲线移动为进给运动，从而改变毛坯形状和尺寸的一种切削加工方法。车削的切削

微课视频
机械加工工艺

运动由车床提供。车床适于切削各种旋转表面，如内、外圆柱面或圆锥面，还可以车削端面。汽车的许多轴类零件以及齿轮毛坯都是在车床上加工的。汽车发动机、变速器、转向机、主减速器等总成中的诸多零件，各种传动轴、齿轮、曲轴和凸轮轴等的回转体表面，都需要进行车削加工。

1. 车削的特点

车削是最基本的、应用最广的切削方法，其切削特点是刀具沿着所要形成的工件表面以一定的背吃刀量（切削深度）和进给量对回转工件进行切削。刀具沿平行旋转轴线运动时，就形成内、外圆柱面。刀具沿与轴线相交的斜线运动，就形成锥面。仿形车床或数控车床可以控制刀具沿着一条曲线进给，则形成一特定的旋转曲面。采用成形车刀，横向进给时，也可加工出旋转曲面来。车削还可以加工螺纹面、端平面及偏心轴等。

切削运动的主运动是工件与刀具产生相对运动以进行切削的基本运动，进给运动是使切削持续进行以形成所需要的工件表面的运动。汽车零件表面切削加工时，车削刀具必须与被加工零件之间保持一定的相对运动——车削运动。例如车削外圆时，如图 2-12 所示，工件绕其轴线旋转（主运动），车刀沿工件轴线移动（进给运动）。

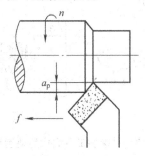

图 2-12　外圆车削

1）主运动，即主轴的回转运动。电动机的回转运动经带传动机构传递到主轴箱。在箱内经变速、变向机构再传到主轴，使主轴获得 24 级正向转速（转速范围 10～1400r/min）和 12 级反向转速（转速范围 14～1580r/min）。

2）进给运动，即刀具的纵向、横向移动。主轴的回转运动从主轴箱经交换齿轮箱、进给箱传递给光杠或丝杠，使它们回转，再由溜板箱将光杠或丝杠的回转转变为滑板、刀架的直线运动，使刀具作纵向或横向进给运动。

2. 车削加工对象及范围

用车削方法可以进行车外圆（圆柱、圆锥）、车孔（圆柱孔、圆锥孔）、车平面、车槽、车螺纹、车成形面等加工，此外，车削还可以完成钻孔、铰孔、滚花等工作。车削加工精度一般为 IT7~IT8，表面粗糙度值 Ra 为 6.3~1.6μm。精车时，加工精度可达 IT5~IT6，表面粗糙度值 Ra 可达 0.4~0.1μm。车削的生产率较高，切削过程比较平稳，刀具较简单，车削加工所能完成的典型表面以及常用的车刀种类如图 2-13、图 2-14 所示。

车削时使用的车刀结构主要有整体式、焊接式和机夹车刀、可转位车刀和成形车刀等。

1）整体式车刀：车刀的切削部分与夹持部分材料相同，为高速钢刀具，适用于在小型车床上加工零件或加工有色金属及非金属，如图 2-15 所示。

2）焊接式车刀：车刀的切削部分与夹持部分材料完全不同，切削部分材料多以硬质合金刀片形式焊接在刀杆上，如图2-16所示。

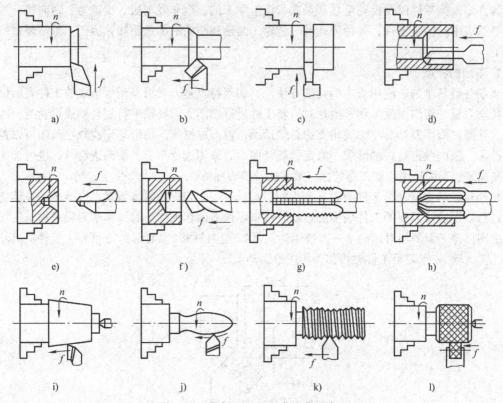

图 2-13 车削加工可完成的典型表面

a) 车端面 b) 车外圆 c) 切槽 d) 镗孔 e) 钻中心孔 f) 钻孔 g) 攻螺纹 h) 铰孔
i) 车锥面 j) 车成形面 k) 车螺纹 l) 滚花

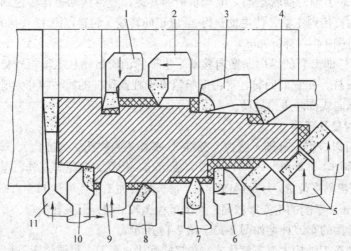

图 2-14 车刀种类

1—车槽镗刀 2—内螺纹车刀 3—盲孔镗刀 4—通孔镗刀 5—弯头外圆车刀 6—右偏刀 7—外螺纹车刀
8—直头外圆车刀 9—成形车刀 10—左偏刀 11—切断刀

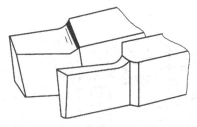
图 2-15 整体式车刀

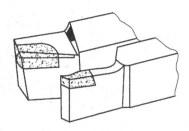
图 2-16 焊接式车刀

随着汽车工业生产中半自动、自动车床和数控车床的广泛使用，机械夹固的硬质合金可转位车刀的使用越来越显示其优越性。硬质合金刀片有两个面各有四个切削刃供使用。使用中一个切削刃磨钝或损坏时，只要松开夹紧螺钉，将刀片转换一个位置，就可以使用另一个新切削刃，不必卸下车刀。因此，使用这种车刀很方便，刀片定位准确，加工精度有可靠保证，也有利于提高生产率，是汽车零件加工中刀具的发展方向。

汽车零件车削加工中使用的刀具材料有高速钢、硬质合金、立方氮化硼、陶瓷和金刚石等。在我国汽车工业生产中常用的硬质合金刀片材料主要有三类：钨钛钴类硬质合金、钨钴类硬质合金、钨钛钽钴类硬质合金。为了提高硬质合金和高速钢刀具材料的切削性能，在刀具基体上涂覆一层耐磨性高的难熔金属化合物，将这类刀具称为涂层刀具。除了常用的硬质合金刀具材料外，超硬刀具材料——立方氮化硼、人造金刚石和天然金刚石刀具材料也得到了一定的应用。在汽车生产中应用较广泛的是立方氮化硼刀具材料。上述刀具材料不仅适合制造车刀，也适合制造其他刀具，如铣刀、钻头、扩孔钻、铰刀和磨具等。

3. 常见的车床分类

车床的种类很多，车削加工可以在卧式车床、立式车床、转塔车床、仿形车床、仪表车床、自动车床、数控车床及各种专用车床上进行，以满足不同尺寸和形状的零件加工需要及提高劳动生产率，其中卧式车床应用最广。CA6140 卧式车床及其运动示意图分别如图 2-17、图 2-18 所示。

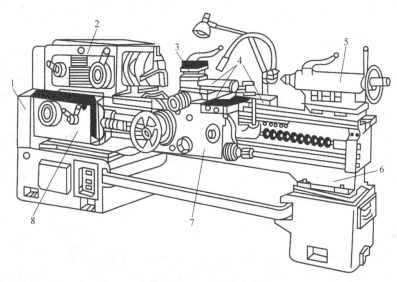

图 2-17 CA6140 卧式车床

1—交换齿轮箱 2—主轴箱 3—刀架 4—滑板 5—尾座 6—床身 7—溜板箱 8—进给箱

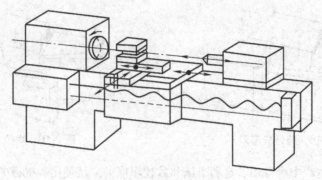

图 2-18 车床运动示意图

4. 车削用量的选择

车削加工时,工件以一定的旋转速度旋转,刀具切削刃上的某一点相对于待加工表面在主运动方向上的瞬时速度称为切削速度。简单地说,就是切削刃选定点相对于工件的主运动的瞬时速度(线速度)。切削速度的单位为 m/min 或 m/s。通常选定点为线速度最大的点。

进给量 f(mm/r)是刀具在进给运动方向上相对于工件的位移量,可用刀具或工件每转或每行程的位移来表述和度量。

按照加工精度和表面粗糙度,车削加工一般分为粗加工、半精加工、精加工和精细加工四个阶段,各个阶段经济精度范围和表面粗糙度见表 2-1。粗加工阶段的主要目的是切除加工表面的大部分加工余量,故主要考虑的是如何提高生产率。半精加工阶段的主要任务是使零件达到一定的准确度,为重要表面的精加工做好准备,并完成一些次要表面的加工。精加工和精细加工阶段的主要任务是达到零件的全部尺寸和技术要求,这个阶段主要考虑的是如何保证加工质量。

表 2-1 车削加工四个阶段的经济精度范围和表面粗糙度

加工阶段	经济精度范围	表面粗糙度值 $Ra/\mu m$	加工阶段	经济精度范围	表面粗糙度值 $Ra/\mu m$
粗加工	IT10~IT12	12.5~6.3	精加工	IT7~IT8	3.2~0.8
半精加工	IT8~IT10	6.3~63.2	精细加工	IT6~IT7	0.8~0.2

粗加工时,在允许范围内应尽量选择大的背吃刀量 a_p 和进给量 f,以提高生产率,而切削速度则相应选取低些,以防止车床过载和车刀过早磨损。工件的半精加工(后续一般有磨削)或精加工(主要是加工有色金属材料),以保证工件加工质量为主。因此,应尽可能减小切削力、切削热引起的由机床、夹具、工件、刀具组成的工艺系统的变形,减小加工误差。同时,应选取较小的背吃刀量 a_p 和进给量 f,而切削速度则可取高些。选择切削用量时,通常是先确定背吃刀量 a_p,然后是进给量 f,最后确定切削速度。

2.2.2 铣削

铣削是铣刀旋转作主运动、工件或铣刀作进给运动的切削加工方法。

1)主运动:即主轴(铣刀)的回转运动。主电动机的回转运动,经主轴变速机构传递到主轴,使主轴回转。主轴转速共 18 级(转速范围 30~1500r/min)。

2）进给运动：即工件的纵向、横向和垂直方向的移动。进给电动机的回转运动，经进给变速机构，分别传递给三个进给方向的进给丝杠，获得工作台的纵向运动、横向溜板的横向运动和升降台的垂直方向运动。进给速度各18级，纵向进给速度范围为12~960mm/min，横向为12~960mm/min，垂直方向为4~320mm/min，并可以实现快速移动。普通铣床工作台最大纵向行程为700 mm，横向溜板最大横向行程为255mm，升降台最大升降行程为320mm。

1. 铣床分类

铣削加工的设备是铣床，铣床可分为卧式铣床、立式铣床和龙门镗铣床三大类。铣削加工具有加工范围广、生产率高等优点，因此得到了广泛的应用。

（1）卧式铣床

卧式铣床全称为卧式万能升降台铣床，是铣床中应用最多的一种。其主要特征是主轴轴线与工作台台面平行，即主轴轴线处于横卧位置，因此称为卧铣。图2-19所示为X6132卧式万能升降台铣床外形图。

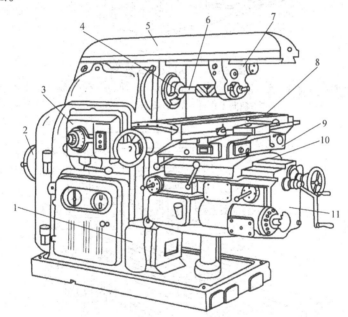

图 2-19　X6132 卧式万能升降台铣床外形图
1—床身　2—电动机　3—主轴变速机构　4—主轴　5—横梁　6—刀杆　7—吊架
8—纵向工作台　9—转台　10—横向工作台　11—升降台

（2）立式铣床

立式铣床全称为立式升降台铣床，如图2-20所示。立式铣床与卧式铣床相似，不同的是，其床身无顶导轨，也无横梁，前上部是一个立铣头，作用是安装主轴和铣刀。通常立式铣床在床身与立铣头之间还有转盘，可使主轴倾斜成一定角度，用来铣削斜面。

（3）龙门镗铣床

龙门镗铣床属大型机床，一般用来加工卧式、立式铣床所不能加工的大型或较重的零件。图2-21所示为四轴落地龙门镗铣床，可以同时用几个铣头对零件的几个表面进行加工，生产率高，适合成批大量生产。

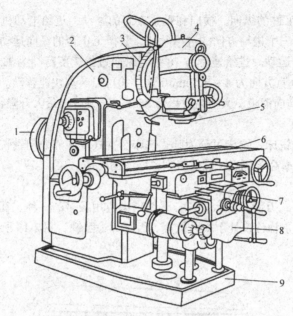

图 2-20 X5032 立式铣床

1—电动机 2—床身 3—主轴头架旋转刻度 4—主轴头架 5—主轴 6—纵向工作台
7—横向工作台 8—升降台 9—底座

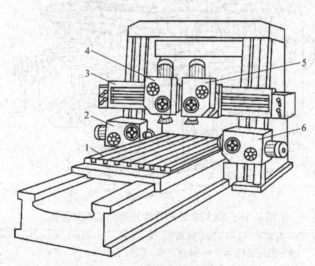

图 2-21 四轴落地龙门镗铣床

1—工作台 2、6—水平铣头 3—横梁 4、5—垂直铣头

2. 铣削加工对象、范围及刀具

铣削是加工平面的主要方法之一。铣削的加工范围广泛，可加工平面、斜面、台阶面、沟槽（直槽、燕尾槽、T形槽）、成形面、齿轮等，也可用以钻孔和切断。图 2-22 所示为铣削加工的典型实例，其中铣削平面在汽车零件的铣削加工中占有较大的比重，主要用于气缸体、气缸盖、变速器箱体、离合器气体等零件的平面铣削加工。

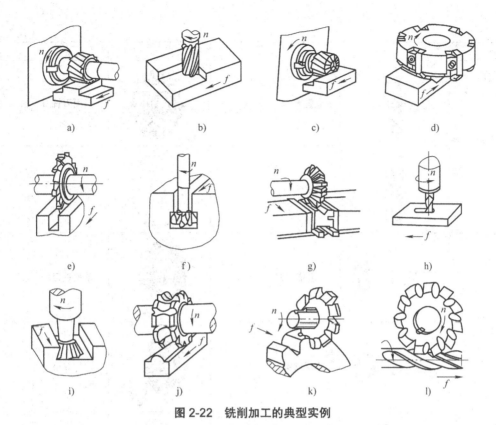

图 2-22 铣削加工的典型实例

a）圆柱铣刀铣平面　b）立铣刀铣台阶面　c）套式端面铣刀铣平面　d）面铣刀铣大平面　e）三面刃铣刀铣直槽
f）T 型铣刀铣 T 形槽　g）角度铣刀铣 V 形槽　h）键槽铣刀铣键槽　i）燕尾槽铣刀铣燕尾槽
j）成形铣刀铣凸圆弧　k）齿轮铣刀铣齿轮　l）螺旋槽铣刀铣螺旋槽

铣刀是一种多刃回转刀具，种类很多，按照用途可以分为加工平面用铣刀、加工沟槽用铣刀和加工特形面用铣刀三大类，见表 2-2。

3. 铣削用量

铣削用量是指铣削过程中选用的铣削速度 v_c、进给量 f、铣削宽度 a_e 和铣削深度 a_p。铣削用量的选择与提高铣削的加工精度、改善加工表面质量和提高生产率有着密切的关系。铣削的经济加工精度为 IT7~IT9，表面粗糙度值 Ra 为 12.5~1.6μm。铣削速度 v_c 是铣削时切削刃上选定点在主运动中的线速度，即切削刃上离铣刀轴线距离最大的点在 1min 内所经过的路程。铣削速度与铣刀直径、铣刀转速有关，计算公式为

表 2-2 铣刀的种类及用途

铣刀用途	图示	铣刀名称	图示	铣刀名称
加工平面用铣刀		整体式圆柱形铣刀		可转位硬质合金刀片面铣刀
		镶齿圆柱形铣刀		

(续)

铣刀用途	图示	铣刀名称	图示	铣刀名称
加工沟槽用铣刀		立铣刀		三面刃铣刀
		键槽铣刀		锯片铣刀
加工特形沟槽用铣刀	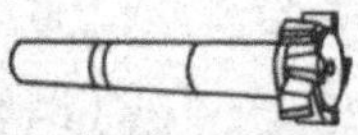	T形槽铣刀		单角铣刀
	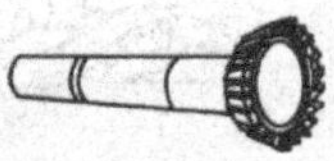	燕尾槽铣刀	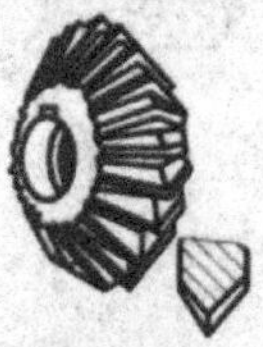	对称双角铣刀
加工特形面用铣刀		面铣刀		面铣刀

$$v_c = \frac{\pi d n}{1000}$$

式中，d 为铣刀直径，单位为 mm；n 为铣刀转速，单位为 r/min。

进给量 f 是铣刀在进给运动方向上相对工件的单位位移量。铣削中的进给量根据实际需要可用三种方法表示：

1）每转进给量 f 是铣刀每回转一周在进给运动方向上相对工件的位移量，单位为 mm/r。

2）每齿进给量 f_z 是铣刀每转中每一刀齿在进给运动方向上相对工件的位移量，单位为 mm/齿。

3）每分钟进给量（即进给速度）v_f 是铣刀每转 1 min 在进给运动方向上相对工件的位移量，单位为 mm/min。

三种进给量的关系为

$$v_f = fn = f_z z n$$

式中，n 为铣刀（或铣床主轴）转速，单位为 r/min；z 为铣刀齿数。

铣削宽度 a_c 是指在垂直于铣刀轴线方向和工件进给方向上测得的铣削层尺寸。铣削深度 a_p

是指在平行于铣刀轴线方向上测得的铣削层尺寸。铣削时，采用的铣削方法和选用的铣刀不同，铣削宽度 a_c 和铣削深度 a_p 的表示也不同。如图 2-23 所示为用圆柱形铣刀进行圆周铣与用面铣刀进行面铣时，各自铣削宽度与铣削深度的表示方法。不难看出，铣削宽度 a_c 都表示铣削弧深，因为不论使用哪一种铣刀铣削，其铣削弧深方向均垂直于铣刀轴线。

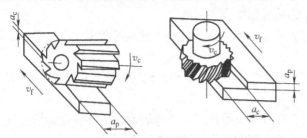

图 2-23　圆周铣与端铣时的铣削用量

2.2.3　磨削

磨削是用磨具以较高的线速度对工件表面进行加工的方法。通常磨削是指在磨床上用砂轮切削金属的过程。

应用最普遍的是以砂轮为磨具的普通磨削。磨削时，砂轮的回转是主运动；进给运动包括砂轮的轴向、径向移动，工件的回转运动，工件的纵向、横向移动等。

1. 磨床的分类

除了某些形状特别复杂的表面外，机器零件的各种表面大多能用磨床加工，因此磨床有许多种类。在汽车制造业中，常用的磨床有普通磨床和专用磨床两大类。普通磨床的通用性好，可适应多种零件的加工。普通磨床主要有外圆磨床、内圆磨床、平面磨床、无心磨床、工具磨床、刀具刃磨床等。

1）外圆磨床：主要用于磨削外回转表面，包括万能外圆磨床、普通外圆磨床、无心外圆磨床等。图 2-24 所示为 M1432B 型万能外圆磨床的外形图，在这种磨床上，可以磨削内、外圆柱面和圆锥面。

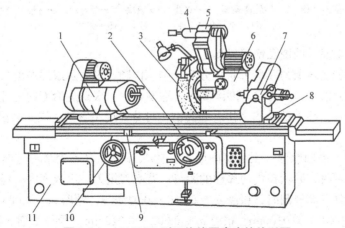

图 2-24　M1432B 型万能外圆磨床的外形图

1—头架　2—横向进给手轮　3—砂轮　4—内圆磨具　5—内圆磨头　6—砂轮架　7—尾座　8—工作台　9—挡块
10—纵向进给手轮　11—床身

2）内圆磨床：主要用于磨削内回转表面，包括普通内圆磨床、无心内圆磨床、行星式内圆磨床等。

3）平面磨床：用于磨削各种平面，包括卧轴矩台平面磨床、立轴矩台平面磨床、卧轴圆台平面磨床、立轴圆台平面磨床等。其中卧轴矩台平面磨床应用最广。图 2-25 所示为 M7120A 型平面磨床，是一种常用的卧轴矩台平面磨床。

4）工具磨床：用于磨削各种工具，包括工具曲线磨床、卡板磨床、钻头沟槽磨床、丝锥沟槽磨床等。

5）刀具刃磨床：用于刃磨各种切削刀具，包括万能工具磨床、车刀刃磨床、钻头刃磨床、滚刀刃磨床、拉刀刃磨床等。

6）专用磨床：用于磨削某一零件上的一种表面，主要有花键轴磨床、曲轴磨床、凸轮轴磨床、活塞环磨床、球轴承套圈沟磨床、导轨磨床等。

在生产中应用最多的是外圆磨床、内圆磨床、平面磨床、无心磨床四种。

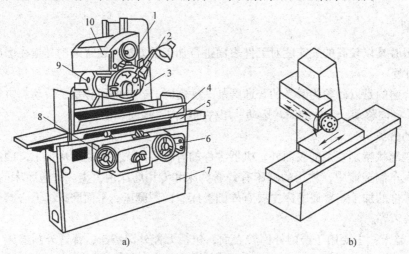

图 2-25 M7120A 型平面磨床

a）外形图 b）运动示意图

1—横向手轮 2—砂轮修整器 3—立柱 4—撞块 5—工作台 6—升降手轮
7—床身 8—纵向手轮 9—磨头 10—床鞍

2. 磨削的加工对象、范围及使用刀具

磨削加工根据加工对象的几何形状可分为外圆、内圆、平面及成形磨削加工等。根据工件被夹紧和被驱动的方法，可分为定心磨削和无心磨削两种。根据进给方向可分为纵向进给磨削和横向进给磨削两种。根据砂轮的工作表面类型，可分为周边磨削、端面磨削及周边-端面磨削三种。

对于外圆磨削、内圆磨削、无心磨削而言，背吃刀量 a_p 又称为横向进给量，即工作台每次纵向往复行程终了时，砂轮在横向移动的距离。背吃刀量大，生产率高，但是对磨削精度和表面质量不利。通常，磨外圆时，粗磨 $a_p = 0.010 \sim 0.025$mm，精磨 $a_p = 0.005 \sim 0.015$mm；磨内圆时，粗磨 $a_p = 0.005 \sim 0.030$mm，精磨 $a_p = 0.002 \sim 0.010$mm；磨平面时，粗磨 $a_p = 0.015 \sim 0.15$mm，精磨 $a_p = 0.005 \sim 0.015$mm。

（1）外圆磨削

工件做低速回转运动。这种运动是进给运动，可以与砂轮回转方向一致，也可相反，如图 2-26 所示。

根据辅助运动不同，外圆磨削可分为：

1）纵向磨。工件旋转并做轴向移动。

2）切入磨。砂轮径向朝工件运动。

3）长工件切入磨。每次切入磨之后，工件的轴向移动量小于砂轮宽度。

4）成形砂轮切入磨。这种磨削中，直径差别不能太大。

5）无心磨。工件处于磨轮与导轮之间而不需要夹紧。磨轮以较高速度对工件进行磨削。

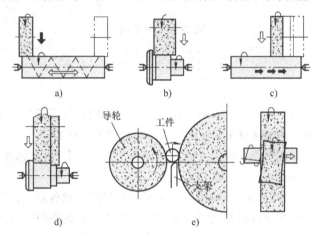

图 2-26　外圆磨削

a）纵向磨　b）切入磨　c）长工件切入磨　d）成形砂轮切入磨　e）无心磨

（2）内圆磨削

孔的磨削一般用纵向磨和切入磨。为了保证砂轮和工件的接触面积不至于过大，砂轮直径最大不得超过孔径的 2/3。内圆磨的困难是温度升高和排屑条件差。内圆磨削如图 2-27 所示。

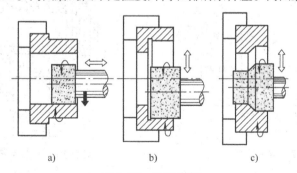

图 2-27　内圆磨削

a）纵向磨　b）切入磨　c）成形砂轮切入磨

（3）平面磨

平面磨根据砂轮轴的位置，分为轮周磨（砂轮轴水平）和端面磨（砂轮轴垂直），磨床有做往复运动的长工作台或做圆周运动的圆工作台，如图 2-28 所示。

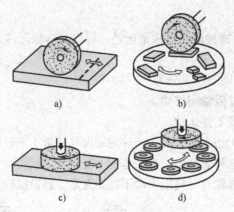

图 2-28 平面磨

a）用长工作台进行轮周磨　b）用圆工作台进行轮周磨　c）用长工作台进行端面磨
d）用圆工作台进行端面磨

（4）砂轮

砂轮是由磨料和黏结剂组成的，具有一定的形状。砂轮高速旋转时，磨粒接触工件进行切削，变钝的磨粒发生崩裂并在碎裂面上形成新的锋利磨粒（刃口）。

砂轮主要有平形、单面凹形、筒形、碗形、碟形、双斜边形等，以适应磨削不同形状和尺寸的表面，如图 2-29 所示。

安装砂轮前须将砂轮吊起进行声响检查，确定声音清脆且没有杂声，然后用灰铸铁、钢等材料的法兰夹紧，再安装用韧性材料制成的防护罩。处于安装状态的砂轮因转速很高必须经过静、动平衡检查和调整。图 2-30 所示为用法兰装夹砂轮示意图。

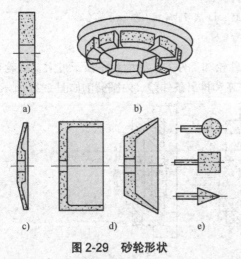

图 2-29 砂轮形状　　图 2-30 用法兰装夹砂轮示意图

3. 磨削加工工艺特点

1）能较经济地获得较高的加工精度和表面质量。

2）磨削刀具（砂轮磨料）具有很高的硬度和耐热性。

3）磨削刀具（砂轮磨料）具有自锐性。

4）磨削速度大、温度高。

5)径向磨削分力大。

2.2.4 钻削及镗削

钻削是使用钻头或扩孔钻刀具在工件的实体材料上加工孔的切削加工方法。钻削时,钻头或者扩孔钻的回转运动是主运动,钻头或扩孔钻沿着自身轴线方向的移动是进给运动。

镗削是一种用刀具扩大孔或其他圆形轮廓的内径车削工艺。其应用范围一般从半粗加工到精加工,所用刀具通常为单刃镗刀(称为镗杆)。

镗削是以镗刀旋转作主运动,工件或镗刀作进给运动,扩大工件预制孔的切削加工方法。在汽车零件孔的扩大加工中,镗孔占有较大的比例。镗削时,工件被装夹在工作台上,并由工作台带动作进给运动,镗刀用镗刀杆或刀盘装夹。由主轴带动回转做主运动。主轴在回转的同时,可根据需要做轴向移动,以取代工作台作进给运动。镗削可以在组合镗床、金刚(细)镗床和铣镗加工中心上进行,利用装有镗刀的镗杆(或镗刀)旋转,或装有工件的工作台作轴向进给实现对预制孔进行切削加工。按镗孔的加工质量,镗削可分为粗镗、精镗和细镗。

1. 常见钻床的分类

钻削在钻床上进行。钻床是用钻头在工件上加工孔的机床,通常用于加工尺寸较小、精度要求不太高的孔,可完成钻孔、扩孔、铰孔及攻螺纹等方面的工作。钻床的主要参数是孔加工的最大直径。生产中常用的有台式钻床、立式钻床(图2-31)和摇臂钻床(图2-32)三种。台式钻床适于加工小型工件上的各种小孔(直径在13mm以下),例如台式钻床Z512,其主参数为最大钻孔直径12mm。立式钻床比台式钻床刚性好、功率大,适于单件、小批生产加工中小型工件,典型的立式钻床如Z5135,其主参数为最大钻孔直径35mm。摇臂钻床的摇臂能绕立柱作360°回转和沿立柱上下移动,故在加工中不必移动工件即可在很大范围内钻孔,适于加工大中型工件。典型的摇臂钻床如Z3040,其主参数为最大钻孔直径40mm。

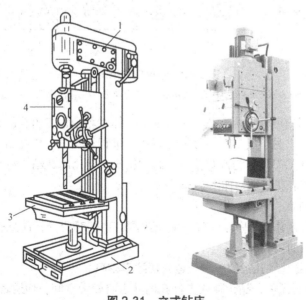

图 2-31 立式钻床

1—主轴箱 2—底座 3—工作台 4—进给箱

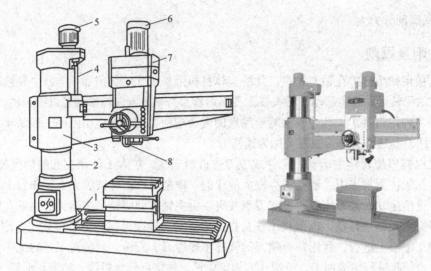

图 2-32　摇臂钻床

1—底座　2—立柱　3—摇臂　4—丝杠　5、6—电动机　7—主轴箱　8—主轴

2. 钻削的加工对象、范围及使用刀具

钻削是汽车零件加工中应用较为广泛的一种切削加工方法,如各类箱壳体类零件的连接孔及螺纹孔的底孔、凸缘和法兰零件的连接孔等,都需要进行钻削加工。在钻床上可进行的工作为钻孔、扩孔、铰孔、攻螺纹、锪孔等,如图 2-33 所示。

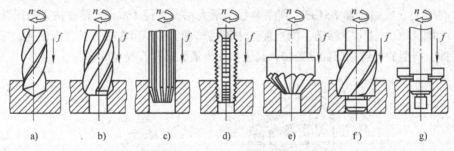

图 2-33　钻床加工范围

a) 钻孔　b) 扩孔　c) 铰孔　d) 攻螺纹　e) 锪堆坑　f) 锪沉头孔　g) 锪台阶面

孔加工刀具按其用途可分为两大类:一类是从实体材料中加工出孔的刀具,如麻花钻、扁钻、中心钻和深孔钻等;另一类是对工件上已有的孔进行再加工,扩孔钻、锪钻、铰刀及镗刀等。钻削时使用的孔加工刀具称为麻花钻头,简称钻头,使用麻花钻头在预制孔上扩大孔的切削加工称为扩钻。标准麻花钻结构如图 2-34 所示。

3. 钻削加工工艺特点

1) 麻花钻的两条切削刃对称地分布在轴线两侧,钻削时所受径向抗力相互平衡,因此不像单刃刀具那样容易弯曲。

2) 钻孔时背吃刀量达到孔径的一半,金属切除率较高。

3) 钻削过程是半封闭的,钻头伸入工件孔内并占有较大空间,切屑较宽且往往呈螺旋状。而麻花钻容屑槽尺寸有限,因此排屑较困难,已加工孔壁由于切屑的挤压摩擦常被划伤,使表面粗糙度值较大。

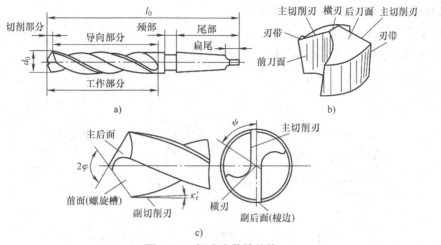

图 2-34 标准麻花钻结构

a) 麻花钻的结构　b) 麻花钻切削部分　c) 麻花钻切削部分结构

4) 钻削时,冷却条件差,切削温度高,因此限制了切削速度,影响生产率的提高。刀具刚性差,排屑困难,切削热不易排出。

5) 钻削为粗加工,其加工经济精度等级为 IT11~IT13,表面粗糙度为 $Ra\ 50\sim12.5\mu m$,一般用作要求不高的孔的加工或高精度孔的预加工。

4. 常见的镗床

镗削在镗床上进行。镗床通常用于加工尺寸较大、精度要求较高的孔,特别是分布在不同表面上、孔距和位置精度要求较高的孔,如各种箱体、汽车发动机缸体等零件上的孔。常用的镗床有立式镗床、卧式镗床、坐标镗床、金刚镗床等。图 2-35 所示为 T618 型卧式镗床的外形图。

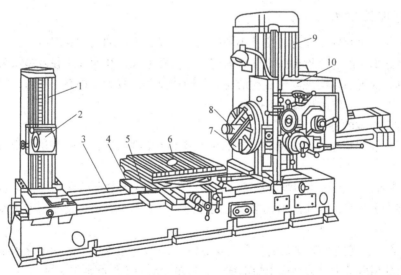

图 2-35　T618 型卧式镗床的外形图

1—尾立柱　2—镗刀杆支承座　3—床身　4—下滑座　5—上滑座　6—工作台
7—平旋盘　8—主轴　9—主立柱　10—主轴箱

5. 镗削加工对象、范围及其使用刀具

在镗床上除镗孔外，还可以进行钻孔、铰孔，以及用多种刀具进行平面、沟槽和螺纹的加工。图 2-36 所示为卧式镗床加工范围。

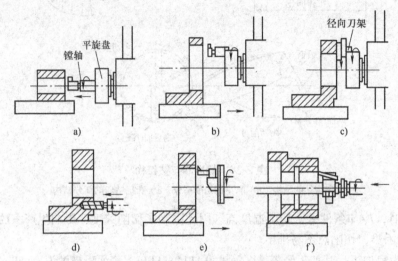

图 2-36 卧式镗床加工范围

a）用主轴安装镗刀杆镗不大的孔　b）用平旋盘上镗刀镗大直径的孔　c）用平旋盘上径向刀架镗平面
d）钻孔　e）用工作台进给镗螺纹　f）用主轴进给镗螺纹

镗削所用刀具为镗刀，可在镗床、车床或铣床上使用。因装夹方式的不同，镗刀柄部有方柄、莫氏锥柄和 7:24 锥柄等多种形式。为了使孔获得高的尺寸精度，精加工用镗刀的尺寸需要准确地调整，微调镗刀可以在机床上精确地调节镗孔尺寸。

2.2.5 高速加工技术

高速加工是一个相对的概念，由于不同的加工方式、不同的工件材料有不同的高速加工范围，很难就高速加工的速度给出一个确切的定义。概括地说，高速加工技术是指采用超硬材料的刀具与磨具，能可靠地实现高速运动的自动化制造设备，极大地提高了材料切除率，并保证加工精度和加工质量的现代制造加工技术。

1. 高速加工技术的特征

与常规切削加工相比较，高速加工速度几乎高出一个数量级，其切削机理也有所改变，其特征如下：

1）切削力低：由于高速切削速度高，材料切削变形区内的剪切角增大，切屑流出速度加快，致使切削变形减小，其切削力比常规切削降低 30%～90%，特别适于薄壁类刚性较差的零件加工。

2）热变形小：切削时工件温度上升一般不超过 30℃，90% 以上的切削热来不及传给工件就被高速流出的切屑带走，特别适于加工细长、易热变形的零件和薄壁零件。

3）材料切除率高：在高速切削时，其进给速度可以随切削速度相应地提高 5～10 倍，在单位时间内的材料切除率可提高 3～5 倍，特别适用于材料切除率要求较大的场合，如汽车、模具和航空航天等制造领域。

4)提高了加工质量:由于高切速和高进给率,使机床的激振频率远高于机床-工件-刀具系统的固有频率,使加工过程平稳、振动小,可实现高精度、低粗糙度加工,非常适合于光学领域的加工。

5)简化了工艺流程:许多零件在常规加工时需要分粗加工、半精加工、精加工工序,有时机加工后还需进行费时、费力的手工研磨,而使用高速切削可使工件加工集中在一道工序中完成,这种粗、精加工同时完成的综合加工技术称为"一次过"技术。

2. 高速加工技术的发展与应用

自从德国Salomon博士提出高速切削概念以来,高速切削加工技术经历了理论探索、模拟试验、初步应用和成熟应用的发展阶段。特别是自20世纪80年代以来,世界各工业国家相继投入了大量的人力和财力进行高速切削及相关技术的研究和开发,在大功率高速主轴单元、高加减速进给系统、超硬耐磨刀具材料、切屑处理、冷却系统、安全装置、测试技术以及高性能CNC数控系统等方面均取得了重大的突破,为高速切削加工技术的推广和应用奠定了基础。

近年来,高速加工机床发展迅速,美国、德国、日本、瑞士等工业国家相继开发了各自的高速切削机床。例如:瑞士MIKRON公司推出的高速铣削中心,主轴转速为42000r/min,进给速度为60m/min;北京第一机床厂的VRA400立式加工中心,主轴转速也达到了20000r/min,快速移动速度为48m/min的水平。

目前,高速切削机床普遍采用高速电主轴部件,进给系统多为直线伺服驱动系统,CNC数控系统多为64位多CPU系统。此外,采用强力高压的冷却系统以解决极热切屑的冷却问题;主轴电动机、主轴轴承以及直线电动机采用温控冷却循环系统,有的甚至对主轴箱、横梁、床身等基础构件进行循环冷却;采用完备的安全保障措施,以保证机床操作者以及周围现场人员的安全。

当前高速切削加工的应用主要集中在航空航天业、汽车制造业以及模具制造业等行业,用于这些行业难加工材料、超精密微细切削以及复杂曲面等领域的切削加工。对于汽车制造业而言,现正处于由大批量生产向多品种变批量生产模式的转变,由高速加工中心组成的柔性自动生产线可使生产效率提高到原有组合机床生产线水平。

 拓展学习

中共党员,十九大代表丘柳滨是柳州五菱柳机动力有限公司修动车间铣工,从事机械加工工作十几年。他多次在国家级、省级技能大赛中获得金奖,先后被授予全国"五一劳动奖章""技术能手""青年岗位能手""知识型职工优秀个人"和广西"五一劳动奖章""技术能手""十大金牌工人"等荣誉称号,2017年6月26日,在中国共产党广西壮族自治区代表会议上,他被选举为广西壮族自治区出席党的十九大代表。

丘柳滨受邀到"十九大广西云北京直播间"进行访谈。

他说,我觉得做机械加工工人很平凡,但一样可以有星辰大海。自己要安心做好自己的工作,耐得住寂寞,静得下心,用心把一件事情做好。工匠必须把匠心融入生产的每一个环节,既要对职业有敬畏,对质量够精准,又要富有追求突破、追求革新的创新动力。三百六十行,行行出状元,每一名工人都可以成为技师、技能专家、创新型能手。

2.3 热处理工艺

为使金属工件具有所需要的力学性能、物理性能和化学性能，除合理选用材料和各种成形工艺外，热处理工艺往往是必不可少的。钢铁是机械工业中应用最广的材料，钢铁显微组织复杂，可以通过热处理予以控制。因此，钢铁的热处理是金属热处理的主要内容。另外，铝、铜、镁、钛及其合金等也都可以通过热处理改变其力学性能、物理性能和化学性能，以获得不同的使用性能。

微课视频
热处理工艺

2.3.1 热处理的概念及特点

金属热处理是对固态金属或合金采用适当方式加热、保温和冷却，以获得所需要的组织结构与性能的加工方法。通过控制加热温度的高低、保温时间的长短、冷却速度的快慢，可使钢产生不同的组织变化。

金属热处理是机械制造中的重要工艺之一，与其他加工工艺相比，热处理一般不改变工件的形状和整体的化学成分，而是通过改变工件内部的显微组织或改变工件表面的化学成分，赋予或改善工件的使用性能。其特点是改善工件的内在质量，而这一般不是肉眼所能看到的。

金属热处理工艺大体可分为整体热处理、表面热处理和化学热处理三大类。根据加热介质、加热温度和冷却方法的不同，每一大类又可区分为若干不同的热处理工艺。同一种金属采用不同的热处理工艺，可获得不同的组织，从而具有不同的性能。

2.3.2 整体热处理

整体热处理是对工件整体加热，然后以适当的速度冷却，获得需要的金相组织，以改变其整体力学性能的金属热处理工艺。钢铁整体热处理大致有退火、正火、淬火和回火四种基本工艺。

1）退火是指将金属缓慢加热到一定温度，保持足够时间，然后以适宜速度冷却。目的是，降低硬度，改善切削加工性；消除残余应力，稳定尺寸，减少变形与裂纹倾向；细化晶粒，调整组织，消除组织缺陷，或者为进一步淬火作组织准备。

2）正火又称为常化，是将工件加热到适宜的温度后在空气中冷却。正火的效果同退火相似，其目的是使晶粒细化和碳化物分布均匀化以提高硬度，改善加工性能，去除材料的内应力，稳定工件的尺寸，防止变形与开裂。

3）淬火是将工件加热保温后，在水、油或其他无机盐、有机水溶液等淬冷介质中快速冷却。淬火后钢件变硬，但同时也变脆。

4）为了降低钢件的脆性，将淬火后的钢件在高于室温而低于650℃的某一适当温度进行长时间的保温，再进行冷却，这种工艺称为回火。

退火、正火、淬火、回火是整体热处理中的"四把火"。其中的淬火与回火关系密切，常常配合使用，缺一不可。

"四把火"随着加热温度和冷却方式的不同，又演变出不同的热处理工艺。为了获得一定的强度和韧性，把淬火和高温回火结合起来的工艺，称为调质。某些合金淬火形成过饱和固溶体后，将其置于室温或稍高的适当温度下保持较长时间，以提高合金的硬度、强度或磁性、电性等,这样的热处理工艺称为时效处理。时效处理主要用于消除毛坯制造和机械加工中产生的内应力。

把压力加工形变与热处理有效而紧密地结合起来进行,使工件获得很好的强度、韧性配合的方法称为形变热处理。在负压气氛或真空中进行的热处理称为真空热处理,它不仅能使工件不氧化、不脱碳,保持处理后工件表面光洁,提高工件的性能,还可以通入渗剂进行化学热处理。

2.3.3 表面热处理

表面热处理是只加热工件表层,以改变其表层力学性能的金属热处理工艺。为了只加热工件表层而不使过多的热量传入工件内部。使用的热源须具有高的能量密度,即在单位面积的工件上给予较大的热能,使工件表层或局部能短时或瞬时达到高温。表面热处理的主要方法有火焰淬火和感应加热热处理,常用的热源有氧乙炔或氧丙烷等火焰、感应电流、激光和电子束等。

2.3.4 化学热处理

化学热处理是利用化学反应,有时兼用物理方法改变工件表层化学成分及组织结构,以便得到比均质材料更好的技术经济效益的金属热处理工艺。化学热处理是将工件放在含碳、氮或其他合金元素的介质中加热,保温较长时间,从而使工件表层渗入碳、氮、硼和铬等元素。渗入元素后,有时还要进行其他热处理工艺,如淬火及回火。化学热处理的主要方法有渗碳、渗氮、渗金属。有不少汽车零件,既要保留心部的韧性,又要改变表面的组织以提高硬度,就需要采用表面高频淬火或渗碳、氮化等热处理工艺。

渗碳淬火适用于低碳钢和低合金钢,先提高零件表层的含碳量,经淬火后使表层获得高的硬度,而心部仍保持一定的强度和较高的韧性和塑性。渗碳分为整体渗碳和局部渗碳。局部渗碳时对不渗碳部分要采取防渗措施。由于渗碳淬火变形大,且渗碳深度一般在 0.5~2mm 之间,所以渗碳工序一般安排在半精加工和精加工之间。其工艺路线一般为下料—锻造—正火—粗加工、半精加工—渗碳淬火—精加工。

渗氮是在一定温度下一定介质中,使氮原子渗入工件表层的化学热处理工艺,常见的有液体渗氮、气体渗氮、离子渗氮。传统的气体渗氮是把工件放入密封容器中,通以流动的氨气并加热,保温较长时间后,氨气热分解产生活性氮原子,不断吸附到工件表面,并扩散渗入工件表层内,从而改变表层的化学成分和组织,获得优良的表面性能。如果在渗氮过程中同时渗入碳以促进氮的扩散,则称为氮碳共渗。常用的是气体渗氮和离子渗氮。

渗氮层可以提高零件表面的硬度、耐磨性、疲劳强度和抗蚀性。由于渗氮处理温度较低、变形小、渗氮层较薄,渗氮工序应尽量靠后安排。为减小渗氮时的变形,在切削后一般需进行消除应力的高温回火。

拓展学习

保护环境,实现可持续发展是 21 世纪的主题,热处理行业在汽车行业节能环保过程中扮演着重要的角色。在热处理过程中要用到大量的燃料、熔盐、渗剂、冷却介质等,这些物质遇到炽热工件不可避免地要产生大量的废气,这些废气对人体健康和环境都有较大危害,因此必须对热处理废气进行净化处理,实现达标排放。

> 我们国家对热处理行业环保很重视，有专门的国家标准 GB/T 30822—2014 热处理环境保护技术要求，2015 年中华人民共和国工业和信息化部发布第 50 号公告《热处理行业规范条件》，对环境保护也作了专门要求。根据环保要求，热处理企业采取多种有效措施针对热处理产生的酸碱废气、油烟废气、有机废气等进行处理，取得很大成效。
>
> 有效的环保措施，为我国热处理行业的快速发展提供了广阔的发展空间，热处理行业的发展对我国机械制造业的振兴和发展具有重要的支撑作用。

2.4 典型汽车零件的制造工艺

汽车制造中常见的典型零件有曲轴、连杆、齿轮、箱体等。从分析零件结构特点和加工工艺入手，根据零件技术要求和材料，说明毛坯的选择、定位基准、典型表面的加工以及零件的机械加工工艺过程，下面以曲轴和连杆为例来展开介绍其制造工艺。

2.4.1 曲轴的制造工艺

曲轴是汽车发动机中最重要的零件之一，其作用是把活塞连杆组传来的气体压力转变为转矩并输出功率，同时还驱动配气机构和其他附属装置。曲轴工作条件较差，受力情况复杂，装配要求严格，因此对其结构工艺性和加工质量要求都比较高。

1. 曲轴的工作特点

发动机工作时，活塞每秒要往复 100～200 个行程。一台行驶 16 万 km 的发动机大约完成做功行程 2 亿次，曲轴转速可达到 6000r/min，发动机每个工作行程都有很大的燃气压力通过活塞、连杆突然作用到曲轴上，以每秒 100～200 次的频率反复冲击曲轴；此外曲轴还受到往复、旋转运动的惯性力和力矩的作用。这些周期性变化的载荷在曲轴各部分产生弯曲、扭转、剪切、拉压等复杂的交变应力，也造成曲轴的扭转振动和弯曲振动，使曲轴易产生疲劳破坏。

曲轴的主轴颈和连杆轴颈及其轴承副在高压下高速旋转，易造成磨损、发热和烧损，因此曲轴一旦发生故障，可能对发动机有致命的破坏作用。

2. 曲轴的结构特点

如图 2-37 所示，曲轴与一般轴不同，它由主轴颈、连杆轴颈及连接主轴颈和连杆轴颈之间的曲柄组成，其结构细长多曲拐，刚性较差，制造难度高。

3. 曲轴的主要技术要求

1) 主轴颈、连杆轴颈本身的精度，即直径尺寸公差等级通常为 IT6～IT7；主轴颈的宽度极限偏差为 ±0.05mm，曲拐半径极限偏差为 ±0.05mm；曲轴的轴向尺寸极限偏差为 ±0.15～±0.50mm。

2) 轴颈长度公差等级为 IT9～IT10。轴颈的形状公差，如圆度、圆柱度控制在尺寸公差一半以内。

3) 位置精度，包括主轴颈与连杆轴颈的平行度，一般为 100mm 之内不大于 0.02mm；对于曲轴各主轴颈的同轴度，小型高速发动机曲轴为 0.025mm，中大型低速发动机曲轴为 0.03~0.08mm；各连杆轴颈的位置度不大于 $t ± 30'$。

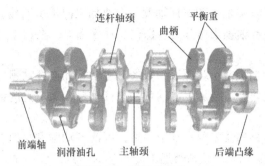

图 2-37 曲轴的结构

4)曲轴的连杆轴颈和主轴颈的表面粗糙度 Ra 为 $0.2\sim0.4\mu m$,曲轴的连杆轴颈、主轴颈、曲柄连接处圆角的表面粗糙度 Ra 为 $0.4\mu m$。

除上述技术要求外,还有热处理、动平衡、表面强化、油道孔的清洁度、曲轴裂纹、曲轴的旋转方向等规定和要求。

4. 曲轴材料和毛坯

曲轴工作时要承受很大的转矩及交变弯曲应力,容易产生扭振、折断及轴颈磨损,因此要求所用材料应有较高的强度、冲击韧度、疲劳强度和耐磨性。

曲轴常用的材料有:汽油机多用碳素钢或球墨铸铁,如 45 钢、40Cr、35CrMoAl、QT700-2、QT800-2 等;重型汽车发动机曲轴用合金钢或球铁,如 42Mn2V 等材料。

曲轴的毛坯根据批量大小、尺寸与结构及材料品质来决定。批量较大的小型钢制曲轴,采用模锻;单件小批量的中大型曲轴,采用自由锻造;球墨铸铁材料则采用铸造毛坯。由于球墨铸铁强度高,耐磨性好,易成形,加工余量相对较小,因而制造成本比锻钢曲轴低得多。现代汽车中的轻中型以上的汽车广泛应用球墨铸铁"以铁代钢""以铸代锻"来制造发动机曲轴。

5. 曲轴的机械加工工艺

(1)定位基准的选择

1)粗基准的选择。

为保证曲轴两端中心孔都能钻在两端面的几何中心线上,粗基准应选靠近曲轴两端的轴颈。为保证其他轴颈外圆余量均匀,在钻中心孔之前,应对曲轴进行校直。

对于不易校直的铸铁曲轴,在轴颈余量不大的情况下,为保证所有轴颈都能加工出来,粗基准应选距曲轴两端约 1/4 曲轴长度上的主轴颈。

大批量生产的曲轴毛坯精度较高,曲柄不加工,因此轴向定位粗基准一般选取中间主轴颈两边的曲柄端面,这样可以减小其他曲柄的位置误差。

2)精基准的选择。

曲轴与一般轴类零件相同,最重要的精基准是中心孔。曲轴的几何轴线中心孔是加工主轴颈和连杆轴颈的精基准。

曲轴轴向上的精基准,一般选取曲轴一端的端面或轴颈的止推面。但在曲轴的整个加工过程中,定位基准要经过多次转换和修正。

曲轴圆周方向上的精基准一般选取曲轴两端曲柄上的定位平台或法兰上的定位孔。

(2) 加工阶段的划分

曲轴的主要加工部位是主轴颈和连杆轴颈，次要加工部位是油孔、法兰、曲柄、螺孔、键槽等。除机械加工外，还有轴颈表面淬火、探伤、动平衡等。在加工过程中还要安排校直、检验、清洗等工序。

加工阶段大致可分为加工定位基准面、粗加工主轴颈和连杆轴颈、加工润滑油道等次要表面、主轴颈和连杆轴颈热处理、精加工主轴颈和连杆轴颈、加工键槽和轴承孔、动平衡、光整加工主轴颈和连杆轴颈。

曲轴主轴颈和连杆轴颈的技术要求都很严格，因此各轴颈表面加工一般安排为粗车加工—精车加工—粗磨加工—精磨加工—超精磨加工。

(3) 曲轴机械加工的顺序安排

对多缸发动机的曲轴进行粗加工时，一般都以中间主轴颈为辅助定位基准，因此几乎都是先粗加工和半精加工中间主轴颈，然后加工其他主轴颈。而连杆轴颈的粗、精加工，一般都要以曲轴两端主轴颈定位，因此连杆轴颈的粗、精加工都安排在主轴颈加工之后进行。

为了满足曲轴的使用性能要求，主轴颈和连杆轴颈需在粗加工后进行高频淬火，再进入轴颈的精加工；为达到要求的表面粗糙度，对主轴颈和连杆轴颈还需在精磨后安排抛光或研磨光整及圆角处的滚挤压加工等工序。

2.4.2 连杆的制造工艺

连杆是汽车活塞式发动机的主要零件之一。连杆工作时，要承受活塞销传来的气体压力及自身摆动和活塞往复运动时产生的周期性变化的惯性力，这些力使连杆受到拉伸、压缩、弯曲等交变载荷的作用，因此对其结构和加工要求较高。

1. 连杆结构特点及结构工艺性

连杆主要由大头、小头和杆身等部分组成，其特点是，大头为分开式结构，一半为连杆盖，另一半与杆身连为一体，通过螺栓连接起来。连杆大头孔及轴瓦与曲轴连杆轴颈相配合，小头孔及衬套通过活塞销与活塞连接，将作用于活塞上的气体膨胀力传给曲轴，又受曲轴驱动而带动活塞压缩气缸中的气体。

为了减少活塞销和连杆小头孔的磨损及磨损后便于修理，在连杆小头孔中压入青铜衬套。大头孔内装有轴瓦，以减小连杆大头孔和曲轴连杆轴颈之间的摩擦。为了减轻质量且使连杆又具有足够的强度和刚度，连杆杆身的截面多为工字形，其外表面不进行机械加工。汽车发动机连杆结构如图2-38所示。

连杆盖和连杆体的定位方式，主要有连杆螺栓、套筒、齿形和凸肩四种，如图2-39所示。

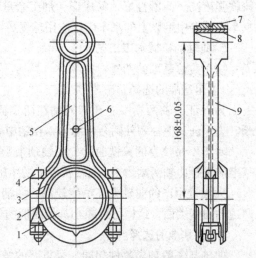

图 2-38 汽车发动机连杆结构

1—连杆大头　2—连杆盖　3—连杆轴瓦
4—连杆螺栓　5—连杆体
6—加工、安装方向记号　7—连杆小头
8—铜套　9—杆身

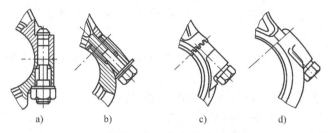

图 2-39 连杆盖与连杆体连接的定位方式

a) 螺栓定位连接　b) 套筒定位连接　c) 齿形定位连接　d) 凸肩定位连接

大多数汽油发动机的连杆都是以垂直于杆身轴线的平面作为连杆体和连杆盖的接合面,称为直剖式连杆或平切式连杆。有些柴油发动机的曲轴为满足高强度、高刚度和减小轴承比压的需要,增大了连杆轴颈,致使连杆大头的外部尺寸略大于气缸直径,连杆大头不能从气缸孔中抽出。为了便于装卸,将连杆大头的接合面做成与连杆杆身轴线成 45° 或 30° 的斜面,如图 2-39b、c、d 所示,称为斜剖式连杆或斜切口连杆。连杆大头和小头的端面一般与杆身对称中心平面对称,有些连杆在结构上设计出工艺凸台、中心孔等,作为机械加工时的辅助从准。

连杆的结构工艺特点是,外形较复杂,不易定位;大、小头是由细长的杆身连接,刚度差,容易变形;尺寸、形状和位置公差要求很严,表面粗糙度值小等。

2. 连杆材料及毛坯

汽车发动机连杆的材料,一般采用 45 钢或 40Cr、45Mn2 及 35CrMo 等,并经调质处理,以提高其强度及抗冲击能力。

目前,连杆毛坯的生产方法有模铸工艺、模锻工艺、常规粉末冶金工艺、粉末锻造工艺、粉末热挤压 - 锻造工艺、碳纤维强化工艺等。由于模锻成形具有接近最终产品的几何形状和尺寸精度,并同时改善其组织,能获得更高的力学性能,模锻钢连杆的疲劳强度和可靠性高,适用于负荷大、转速高的汽油和柴油发动机,所以在连杆制造中占据主导地位。

模锻时一般分两个工序进行,即初锻和终锻,通常在切边后进行热校正。对于中小型的连杆,其大头、小头的端面常进行精压,以提高毛坯精度。

连杆锻坯有两种形式:连杆体与连杆盖分开的分开锻件和连杆体与连杆盖合在一起的整体锻件。分开锻造的连杆盖,金属纤维是连续的,在强度方面优于整体锻造的连杆盖。整体锻造的毛坯,需要在以后的机械加工过程中将其分开,为保证切开后粗镗孔余量的均匀,通常将大头孔锻成椭圆形。整体锻件较分开锻件增加了切开连杆盖的工序,但减少了毛坯制造的劳动量,并降低了材料的损耗,又可使与连杆体的端面同时加工,减少工序数目,因此采用整体锻造的毛坯较多。

常见的汽车发动机连杆模锻工艺流程为下料—感应加热—辊制坯—初锻与终锻—切边与冲孔—预热淬、回火—喷丸—清理校正—压印。

3. 定位基准

连杆有其自身的结构特点,这样会给机械加工带来许多困难。因此,在选择定位基准时需要考虑以下几点。

1) 为保证大头孔与端面垂直,加工大头孔、小头孔时,应以一端面为定位基准。为区分作为定位基准的端面,通常在非定位一端的杆身和连杆盖上各锻造出一凸点(小凸台),以作标记,如图 2-40 所示。

2）为保证两孔位置公差要求，加工一个孔时常以另一个孔作为定位基准，即互为定位基准。

3）连杆加工中，大多数工序以大头、小头端面，大头孔或小头孔，以及零件图中规定的工艺凸台为精基准。

连杆工艺凸台的设置如图2-40所示。如图2-40a所示，在大头、小头侧面都设有工艺凸台，用端面、大头孔和工艺凸台为基准加工小头孔。如图2-40b所示，在大头侧面设有工艺凸台，用端面、小头孔和大头工艺凸台为基准加工接合面。如图2-40c所示，在大头、小头侧面和小头顶面设有工艺凸台，用端面和工艺凸台为定位基准加工大头孔（或小头孔），也可以同时加工大头孔、小头孔。这种结构形式可使加工时的定位基准不变，不仅用于加工时的定位，也便于在自动化生产中作为输送基面，因而在大批量生产方式中得到广泛的应用。

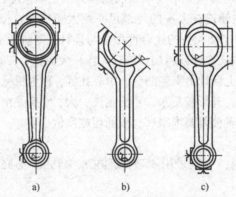

图2-40 连杆工艺凸台的设置

4）根据需要设置辅助基准。有的连杆在大头、小头侧面有三个或四个中心孔作为辅助基准，如图2-41所示。采用三个或四个中心孔的定位方法，不仅可以使加工过程中基准不变，而且还可以实现大头孔、小头孔同时加工。

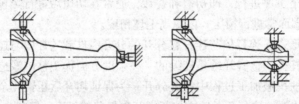

图2-41 以中心孔作为辅助基准的连杆

4. 主要表面加工方法与装备

连杆的主要加工表面为大头孔、小头孔、端面、连杆盖与连杆体的接合面和连杆螺栓孔；次要加工表面为油孔、锁口槽等。

（1）端面的加工

连杆大头、小头端面，是连杆机械加工中的主要定位基准，在工艺过程中首先加工这两端面，再粗加工其他表面；等精磨两端面后，再精加工其他表面。

端面的粗加工方法，根据毛坯的尺寸公差和加工余量，可以采用铣削或磨削加工。毛坯精度低时，多以杆身定位，可以同时加工两端面；毛坯精度高时，可以用连杆一端面定位，加工另一端面，再翻转180°加工定位基面。成批生产时，两端面加工多采用铣削后进行磨削，铣削端面在四轴卧式铣床上以连杆对称平面定位，同时铣削连杆大头、小头两端面；大批量生产时，提高毛坯精度，直接粗磨两端面。

磨削端面可在单轴平面磨床、卧式双端面磨床或立式多轴圆台平面磨床上进行。大批量生产中广泛使用立式多轴圆台平面磨床，用砂轮端面磨削连杆端面。这种平面磨床有双砂轮、三砂轮、四砂轮和五砂轮等形式。对等厚度连杆，则多用五轴圆台平面磨床。磨削时，可顺序地进行粗磨和半精磨端面。在五轴圆台平面磨床上，用三个砂轮磨连杆大头端面，用两个砂轮磨连杆小头端面，如图2-42所示。

（2）连杆辅助基准和其他平面的加工

辅助基准主要是指连杆上的工艺凸台和连杆侧面。其他平面指的是连杆盖与连杆体的接合面和连杆盖、连杆体与螺栓头、螺母的支承面等。这些表面常用铣削或拉削加工，接合面的精加工一般用磨削。

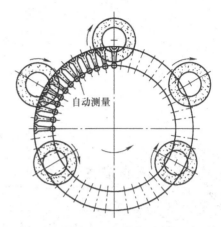

图2-42 五轴圆台平面磨床上磨削连杆端面

拓展学习

汽车零部件作为汽车工业发展的基础，是国家长期重点支持发展的产业。截至2016年年底，我国汽车零部件制造业规模以上企业营业收入合计3.72万亿元，利润总额为2825.26亿元。

随着行业整体技术水平与研发能力的不断提升，我国汽车零部件产业不仅与国内整车厂形成了完整的产业链，而且在全球汽车配套市场也扮演了越来越重要的角色，成为全球最主要的汽车零部件制造与出口国之一，全球化、国际化的步伐不断加快。我国汽车零部件主要出口至美国、日本、欧盟等汽车工业发达的国家和地区，同时正逐步开拓拉丁美洲等新兴市场。2016年度，我国汽车零部件出口达到602.50亿美元，如图2-43所示。

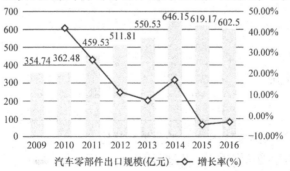

图2-43 2009—2016年我国汽车零部件出口规模

由于我国汽车零部件行业起步较晚，在关键汽车零部件制造领域与国际领先的制造商还存在一定差距，所以需要更加努力，通过不断的技术积累早日赶超世界先进水平。

项目 3
车身冲压工艺

任务描述

冲压工艺是一种金属加工方法，它是建立在金属塑性变形的基础上，利用模具和冲压设备对板料施加压力，使板料产生塑性变形或分离，从而获得具有一定形状、尺寸和性能的零件。本项目将要去学习了解汽车车身冲压工艺的相关内容。

学习目标

1. 能够正确掌握冲压工艺的分类及其特点
2. 能够正确认识冲压工艺过程所用的冲压设备、材料、模具及冲压生产线
3. 能够熟悉典型车身覆盖件的冲压工艺流程
4. 能够识读冲压工艺文件

项目 3 车身冲压工艺

知识与技能点清单

序号	学习目标	知识点	技能点
1	正确掌握冲压工艺的分类及其特点	1. 冲压工艺的特点 2. 冲压工序的分类	能够正确掌握冲压工艺的分类及其特点
2	正确认识冲压工艺过程所用的冲压设备、材料、模具及冲压生产线	1. 冲压机的分类 2. 冲压生产线 3. 拉深模 4. 修边模 5. 翻边模 6. 车身冲压用材料的质量性能要求 7. 车身冲压用材料的种类与牌号	能够正确认识冲压工艺过程所用的冲压设备、材料、模具及冲压生产线
3	熟悉典型车身覆盖件的冲压工艺流程	1. 汽车覆盖件 2. 汽车典型覆盖件冲压工艺过程	能够熟悉典型车身覆盖件的冲压工艺流程
4	识读冲压工艺文件	冲压工艺规程卡	能够识读冲压工艺文件

学习信息

3.1 冲压工艺的特点和分类

在现代汽车生产制造中，冲压工艺起着重要的作用。据统计，汽车 60%～70% 的零件是用冲压工艺制造出来的。特别是车身的制造，更是离不开冲压工艺。轿车所有的覆盖件、骨架件，货车的驾驶室板件、车架零件等，都是采用冲压工艺成形的。冲压技术对汽车产品质量、生产效率及生产成本有着重要影响。

微课视频
车身冲压工艺的特点

3.1.1 冲压工艺的特点

冲压是依靠冲压设备（压力机）的动力，通过模具的作用，对板材、带材、管材和型材等施加外力，使之产生塑性变形或分离，从而获得所需形状和尺寸的工件（冲压件）的成形加工方法。

板料、模具和冲压设备是冲压生产的三要素。要获得优良的车身冲压零件，必须提供成形性能良好的板料、大型的精密模具和先进的冲压设备，如图 3-1 所示。

冲压与其他金属加工方法相比，具有以下特点。

1. 可制造形状复杂、精度稳定的零件

冲压可制出其他方法难于制造的带有加强筋、肋、起伏或翻边的工件，以提高其刚性。由于采用了精密模具，工件精度可达微米级，且重复精度高、规格一致，所以可以冲压出孔窝、凸台等，如图3-2所示。

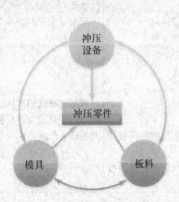

图3-1 影响冲压零件的因素

图3-2 形状复杂的零件

2. 生产效率高，生产成本低

冷冲压件一般不再经切削加工，或仅需要少量的切削加工，节约材料。热冲压件的精度和表面状态低于冷冲压件，但仍优于铸件、锻件，切削加工量少。例如加工一个发动机的链轮，采用铸造和机械加工，材料利用率约为45%，冲压材料利用率约为72%。

冲压是高效的生产方法，可实现由带料开卷、矫平、冲裁到成形、精整的全自动生产。采用复合模，尤其是多工位级进模，可在一台压力机上完成多道冲压工序，生产效率高，劳动条件好，生产成本低，一般每分钟可生产数百件，如图3-3所示。

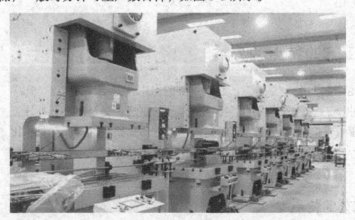

图3-3 高效率生产

3. 冲压加工能获得强度高、刚度好且质量轻的零件

冲压加工能获得强度高、刚度好且质量轻的零件，这点对汽车车身零件的加工很重要，如图3-4所示。

4. 冲压用板料的表面和内在性能对冲压成品的质量影响很大

冲压用材料多为板料或带材，要求冲压材料厚度精确、均匀；表面光洁，无斑、无疤、无擦伤、无表面裂纹等；屈服强度均匀，无明显的方向性；均匀延伸率高；屈强比低；加工硬化性低。

在冲压过程中，材料表面不易被破坏，表面质量较好，为后续工序，如涂装提供了方便。

5. 模具的精度和结构直接影响冲压件的成形和精度

图 3-4 刚度好且质量轻的零件

模具的制造成本和寿命，是影响冲压件成本和质量的重要因素。模具设计和制造需要较多的时间，这就延长了新冲压件的生产准备时间，如图 3-5 所示。

6. 冲压有较好的互换性

冲压加工稳定性好，重复精度高，同一批零件的规格和尺寸一致，可很好地互换使用，有利于装配和保持优良的产品性能，如图 3-6 所示。

图 3-5 精细的模具

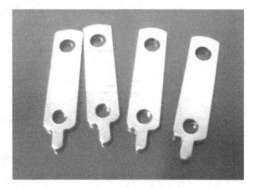

图 3-6 冲压的互换性

总之，冲压加工是一种优质、高产、低消耗的加工方法，有其独到的优点。但也有其局限性，由于模具制造精度要求高，制造难度大和制造时间长，费用高，所以只适宜于大批量生产。同时，冲压件的精度决定于模具精度，若零件的精度要求过高，用冷冲压生产就难以达到要求。

3.1.2 冲压工序分类

由于冲压加工的零件种类繁多，各类零件的形状、尺寸和精度要求又各不相同，因而生产中采用的冲压工艺方法也是多种多样的。概括起来，冲压工序可分为分离工序与成形工序两大类。

分离工序是指坯料在冲压力作用下，变形部分的应力达到强度极限以后，使坯料发生断裂而产生分离。分离工序又可分为落料、冲孔和剪切等，其目的是在冲压过程中，使冲压件与板料沿一定的轮廓线相互分离。

微课视频
汽车冲压
工序分类

成形工序是指坯料在冲压力作用下，变形部分的应力达到屈服极限，但未达到强度极限，使坯料产生塑性变形，成为具有一定形状、尺寸和精度的冲压件的加工工序。成形工序主要有弯曲、拉深、翻边、旋压、胀形、缩口等，其目的是使冲压毛坯在不被破坏的条件下发生塑性变形，并转化成所要求的冲压件形状。

分离工序和成形工序，根据需要又有不同的一些工序。车身制造中，冲压常用的分离工序见表 3-1，常用的成形工序见表 3-2。

表 3-1 冲压常用的分离工序

工序名称	工序简图	工序性质
落料	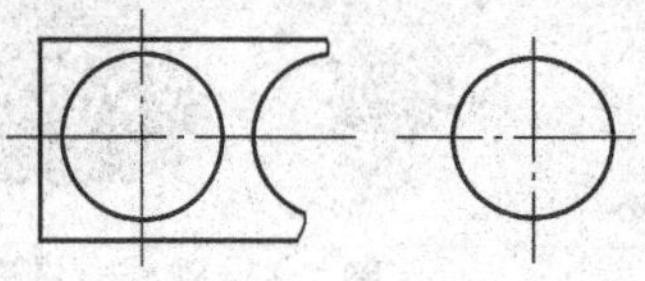	将材料沿封闭轮廓分离，被分离的材料成为工件或工序件，大多数是平面形的
冲孔	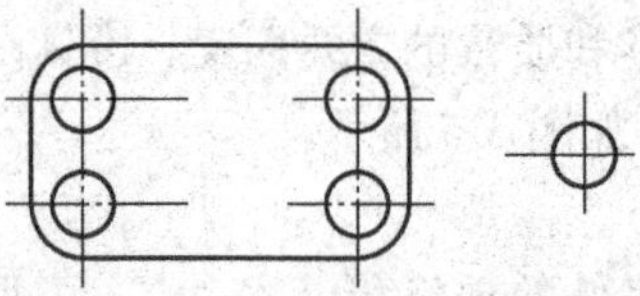	将废料沿封闭轮廓从材料或工序件上分离。在材料或工序件上获得需要的孔
切断		将板料沿不封闭的轮廓分离
切边	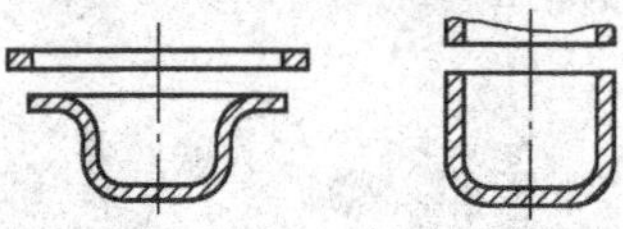	利用冲模修边成形工序件的边缘，使之具有一定直径、一定高度或一定形状

表 3-2 冲压常用的成形工序

工序名称	工序简图	工序性质
压弯	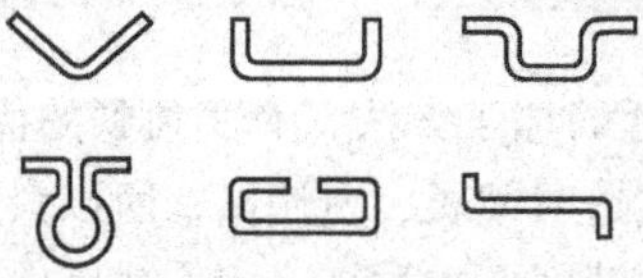	把板材沿直线弯成各种形状，可以加工形状极为复杂的零件
卷边		将条料端部弯曲成接近封闭的圆筒形
拉深		将平直毛料或工序件变为曲面形，曲面主要依靠位于凸模底部及压边圈上部的材料延伸形成
翻边	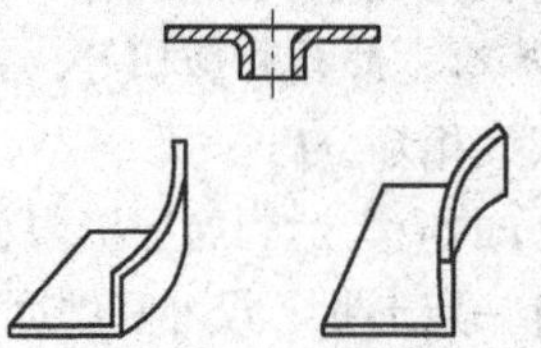	将工件的孔边缘或外缘沿外形曲线周围将材料翻成侧立短边

（续）

工序名称	工序简图	工序性质
缩口		使空心件的径向尺寸缩小
胀形		使空心件向外扩张，胀出所需要的凸起曲面

零件冲压生产中最常用的、典型的四个基本工序有冲裁、弯曲、拉深和局部成形，每种工序还包含有多种单一工序。

1. 冲裁

冲裁是使板料沿封闭的轮廓线分离的工序，是冲压工艺中最基本的工序之一，包括冲孔和落料。它既可直接冲出成品零件，又可为弯曲、拉深和局部成形等其他工序制备坯料，因此在冲压加工中应用非常广泛。根据变形机理的不同，冲裁可以分为普通冲裁和精密冲裁两大类，普通冲裁是以凸、凹模之间产生剪切裂纹的形式实现板料的分离，而精密冲裁是以塑性变形的形式实现板料的分离。精密冲裁冲出的零件不但断面垂直、光洁，而且精度也比较高，但一般需要专门的精冲设备及精冲工具。

其中，冲孔和落料这两个工序的变形过程和所用的模具结构是一样的，两者的区别在于，冲孔是在板料上冲出空洞，被分离的部分为废料，周边是带孔的成品；而落料被分离的部分是成品，周边是废料。冲裁时板料的变形和分离过程如图3-7所示。

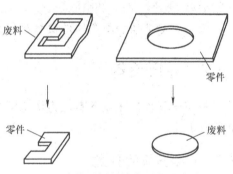

图3-7 冲裁时板料的变形和分离过程

2. 弯曲

弯曲是将平直板料、型材或管材等弯成一定的曲率和角度，从而得到一定形状和尺寸零件的冲压工序。弯曲的方法很多，可以在压力机上利用模具弯曲，也可在专用弯曲机上进行压弯、折弯、滚弯或拉弯等，如图3-8所示。

3. 拉深

拉深是把一定形状的平板坯料或空心件通过拉深模制成各种开口空心件的冲压工序，又称为拉延。用拉深的方法可以制成筒形、阶梯形、盒形、锥形及其他复杂形状的薄壁零件，拉深过程如图3-9所示。

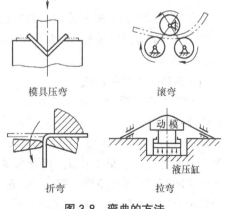

图3-8 弯曲的方法

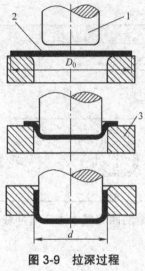

图 3-9 拉深过程

1—凸模　2—工件　3—凹模

4. 局部成形

用基本工序综合产生的局部变形来改变毛坯或冲压件形状的冲压工序称为局部成形工序，包括翻边、胀形、校平和整形等。

提示：除弯曲和拉深以外使板料发生塑性变形的冲压工艺都可称为局部变形。

3.2　冲压设备

汽车车身件冲压设备有压力机（图 3-10）、开卷机和剪板机等。

3.2.1　冲压机的分类

汽车车身冲压用压力机有机械压力机和液压机两种。

1. 机械压力机

按产生压力方式的不同，机械压力机又可分为摩擦压力机和曲柄压力机。机械传动的曲柄压力机使用量最大，是我国工业部门中最基本、最常见的压力机械类型，如图 3-11 所示。

（1）曲柄压力机的组成

曲柄压力机由机身、动力传动系统、工作机构和操纵系统及附属装置组成，如图 3-11 所示。

图 3-10　车身压力机

1）机身。机身由床身、底座和工作台三部分组成，工作台上的垫板用来安装下模。机身大多为铸铁材料，而大型压力机采用钢板焊接而成。机身首先要满足刚度、强度条件，有利于减振减噪，保证压力机的工作稳定性。在大中型压力机上，一般采用的是由上横梁、立柱、底座和拉紧螺栓组合成的组合式机身。

图 3-11 曲柄压力机

2）动力传动系统。动力传动系统由电动机、传动装置（齿轮传动或带传动）以及飞轮组成，其中电动机和飞轮是动力部件。在压力机的空行程，靠飞轮自身转动惯量蓄积动能；在冲压工件瞬间受力最大时，飞轮放出蓄积的能量，这样使电动机负荷均衡，能量利用合理，减少振动。有的冲压机利用大齿轮或大带轮起到飞轮的作用。

3）工作机构。工作机构是由曲轴、连杆和滑块组成的曲柄连杆机构。曲轴是压力机最主要的部分，其强度决定压力机的冲压能力；连杆是连接件，其两端与曲轴、滑块铰接；装有上模的滑块是执行元件，最终实现冲压动作。输入的动力通过曲轴旋转，带动连杆上下摆动，将旋转运动转化成滑块沿着固定在机身上导轨的往复直线运动。普通曲柄压力机四连杆系统的滑块行程与曲柄转动角度的运动关系为正弦运动曲线关系，如图 3-12 所示。

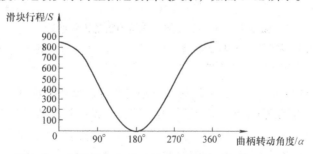

图 3-12 滑块行程与曲柄转动角度的运动正弦曲线图

4）操纵系统。操纵系统包括离合器、制动器和操纵机构。离合器和制动器对控制压力机的间歇冲压起重要作用，同时又是安全保证的关键所在，离合器的结构对某些安全装置的设置产生直接影响。

5）附属装置。附属装置和辅助系统，如滑块平衡装置、顶料装置、拉深装置、过载保护装置、模具快速夹紧装置及润滑装置等。

（2）曲柄压力机的工作原理

以 J31-315 型闭式压力机为例，其工作原理如图 3-13 所示。电动机 1 带动带传动系统 2、3，将动力传到小齿轮 6，通过 6 和 7、8 和 9 两级齿轮减速传到曲柄连杆机构。最末级齿轮 9 制成偏心齿轮结构，其偏心轮部分就是曲柄，曲柄可以在心轴 10 上旋转。连杆 12 一端连到曲轴偏心轮，另一端与滑块 13 铰接，当偏心齿轮 9 在与小齿轮 8 啮合转动时，连杆摆动，将曲轴的旋转运动转变为滑块的往复直线运动。上模 14 装在滑块上，下模 15 固定在垫板 16 上，滑块带动上模相对下模运动，对放在上、下模之间的材料实现冲压。

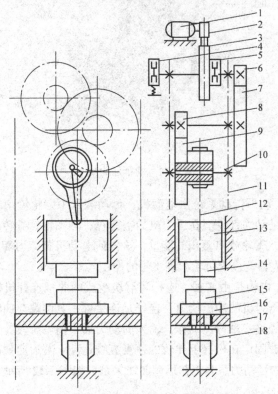

图 3-13　J31-315 型闭式压力机的工作原理

1—电动机　2—小带轮　3—大带轮　4—制动器　5—离合器　6—小齿轮　7—大齿轮　8—小齿轮　9—偏心齿轮　10—心轴　11—机身　12—连杆　13—滑块　14—上模　15—下模　16—垫板　17—工作台　18—液压气垫

在电动机不切断电源的情况下，滑块的动与停是通过操纵开关控制离合器 5 和制动器 4 实现的。按下开动开关，制动器脱开，离合器接合，将传动系统与曲柄连杆机构连通，动力输入，滑块运动；需要滑块停止运动时，松开（或按下停止）开关，离合器分离，将传动系统与曲柄连杆结构脱开，同时运动惯性被制动器有效地制动，使滑块运动及时停止。

（3）曲柄压力机的结构类型

曲柄压力机的结构类型主要有以下几种。

1）按机床结构分类。按照压力机床身结构的不同，可分为开式压力机和闭式压力机两种，如图 3-14 所示。

2）按连杆的数目分类。按照压力机上连杆数目的不同，可分为单点压力机、双点压力机和四点压力机三种。单点压力机有一个连杆,双点压力机和四点压力机分别有两个连杆和四个连杆。

3)按滑块数目分类。按照滑块数目的不同,可分为单动压力机和双动压力机两种。单动压力机只有一个滑块,双动压力机有内外两个滑块。

a)开式压力机　　　　　　　b)闭式压力机

图 3-14　开式压力机和闭式压力机

2. 液压机

液压机是一种以液体为工作介质,根据帕斯卡原理制成的用于传递能量以实现冲压工艺及其他压力加工工艺的机器。

(1)液压机的工作原理

液压机的工作原理如图 3-15 所示,两个充满工作液体的具有柱塞或者活塞的容腔由管道连接,件 1 相当于泵的柱塞,件 2 则相当于液压机的柱塞,小柱塞在外力 F_1 的作用下使容腔内的液体产生压力 $p = F_1/A_1$,A_1 为小柱塞的面积,该压力经管道传递到大柱塞底面上。根据帕斯卡原理,在密闭的容器中液体压力在各个方向上处处相等,因此,大柱塞 2 上将产生向上的作用力 F_2,使毛坯 3 产生变形,有

$$F_2 = pA_2 = \frac{F_1 A_2}{A_1}$$

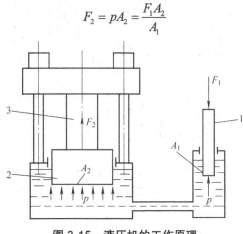

图 3-15　液压机的工作原理

式中,A_2 为大柱塞 2 的工作面积。

由于 A_2 远大于 A_1,显然,F_2 远大于 F_1。这就是说,液压机能利用小柱塞上较小的作用力 F1 在大柱塞上产生很大的力 F_2,液压机能产生的总压力取决于工作柱塞的面积和液体压力的大小。因此,要想获得较大的总压力,只需增大工作柱塞的纵面或提高液体压力即可。

(2)液压机的基本结构

液压机一般由本体和液压系统两部分组成,如图 3-16 所示。本体由横梁、活动横梁、下横梁、四根立柱所组成,立柱用立柱螺母与上、下横梁紧固地联系在一起,组成一个封闭的框架,该框架叫作机身。工作时,全部的工作载荷都由机身承受。液压机的各部件都安装在机身上,工作缸固定在上横梁的缸孔中,工作缸内装有活塞,活塞的下端与活动横梁相连接,活动横梁通过其四个孔内的导向套导向,沿立柱上下活动。活动横梁的下表面和下横梁的上表面都有"T"形梢,以便安装模具。在下横梁的中间孔内还有顶出缸,供顶出工件或别的用途。

工作时,在工作缸的上腔通入高压液体,在液体压力的作用下推动活塞、活动横梁及固定在活动横梁上的模具上下运动,使工件在上、下模之间成形。回程时,工作缸下腔通入高压液体,推动活塞带着活动横梁向上运动,返回其初始位置。若需顶出工件,则在顶出缸下腔通入高压液体,使顶出活塞上升,将工件顶起,然后向顶出缸上腔通入高压液体,使其回程,这样就完成了一个工作循环。

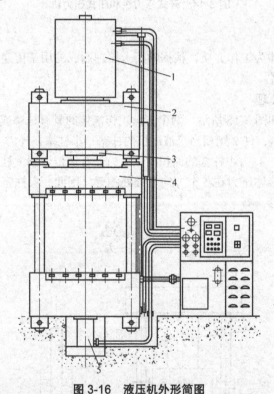

图 3-16 液压机外形简图

1—油箱 2—机身 3—主缸 4—活动横梁 5—顶出缸

(3)典型结构形式

由于液压机的广泛适用性,利用液压机进行加工生产的工艺是多种多样的,所以液压机的本体结构形式也是多种多样的。从机架形式看,有立式和卧式;从机架组成方式看,有立柱式、单臂式及框架式，立柱式又可分为四柱、双柱、三柱及多柱式等；从工作缸的数量看，有单缸式、双缸式及多缸式。

下面介绍几种典型的结构形式。

1）梁柱组合式。这是液压机传统的结构形式，广泛应用于各种用途的液压机中。最常见的是三梁四柱式，如图3-16所示。它由上横梁、下横梁、四个立柱和12个内、外螺母组成一个封闭框架，框架承受全部工作载荷。工作缸固定在上横梁上，工作缸内装有工作活塞，与活动横梁连接。活动横梁以四根立柱为导向，在上、下横梁之间往复运动。活动横梁下面安装上模，而下模则固定于下横梁上的工作台板上。当高压液体进入工作缸后，对活塞产生很大的压力，推动活塞、活动横梁及上模上下运动，使工件在上、下模之间产生塑性变形。

2）单臂式。这种结构多用于小型液压机，如图3-17所示，一种柱塞不动而工作缸运动的结构。柱塞固定在用四根拉杆与单臂机架连接的横梁2上，而工作缸可以在单臂机架的导向装置中上下往复运动，两个回程缸固定在机架上，回程柱塞通过活动横梁与工作缸连接在一起。

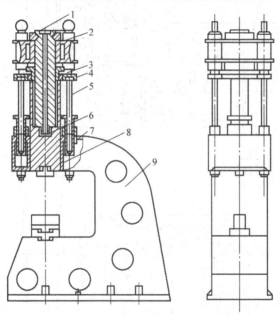

图3-17 单臂式液压机

1—工作柱塞 2—横梁 3—拉杆 4—小横梁 5—回程柱塞 6—工作缸 7—回程缸 8—导向装置 9—机架

3）双柱下拉式。双柱下拉式液压机的稳定性较好，在快速锻造时往往被采用，主要适用于中小型锻造液压机。它由两根立柱及上、下横梁组成一个可动的封闭式框架，工作缸安装在下横梁上，也随框架一起运动，而工作柱塞则固定在不动的固定梁上。固定梁上还装有立柱的导套和回程缸，立柱按对角线布置。

双柱下拉式结构的压力机中心低，稳定性好，抗偏心载荷能力好。工作缸在地面以下，不易损坏。压力机地面以上部分高度小，上横梁尺寸不受工作缸直径的限制，可以设计得较小，便于操作，并可安装在高度较低的车间里。另外，它也有地坑深度较深、地下工程量较大、运动部分质量大、惯性大等缺点。

4）框架式。框架式结构是液压机本体结构中常用的另一种结构形式，可分为组合框架式和整体框架式两大类，广泛应用于塑料制品、粉末冶金、薄板冲压及挤压液压机中。

整体框架可以是整体焊接框架或整体铸钢框架,一般均为空心箱形结构,抗弯性能较好,立柱部分做成矩形截面,便于安装平面可调导向装置。立柱也可做成"Ⅱ"字形,以便在两侧安装电气控制元件及液压元件。

组合框架式由上、下横梁及两个立柱组成,之间靠拉紧螺栓(一般是四根)连接和紧固,在横梁和立柱的接合面上用键定位,活动横梁靠安装在立柱内侧的导向装置进行导向,其横梁或立柱可以是铸钢件,也可以是钢板焊接件。这种结构基本上与闭式机械压力机的框架相似,如图 3-18 所示。

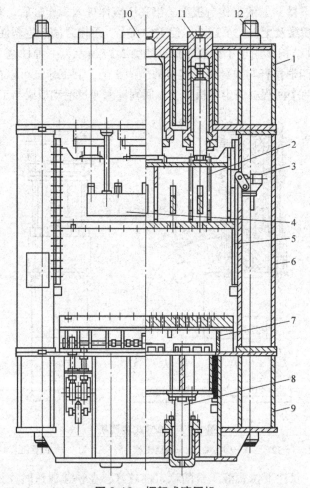

图 3-18 框架式液压机

1—上横梁 2—活动横梁 3—活动横梁保险装置 4—液压打料装置 5—导航 6—立柱 7—活动工作台
8—顶出装置 9—下横梁 10—主缸 11—侧缸 12—拉紧螺栓

(4)液压机的特点

根据液压机的工作原理,液压机具有如下特点。

1)易于得到较大的总压力及较大的工作空间。这是液压机最突出的优点。基于液压传动的原理,液压机的执行元件结构简单,且动力设备可以分别布置,可以多缸工作,液体压力及活塞(或柱塞)工作面积可以在较大范围内变动。由于液压机是静压设备,不需要很大的地基,所以可以做到很大的吨位。

2）易于得到较大的工作行程，便于压制大尺寸工件，并可在行程的任何位置上产生额定的最大压力，因此可以进行长时间保压。液压机的这一特性对于一些加工工艺是十分必要的，如拉深、挤压、塑料成形、超硬材料合成等。

3）工作平稳，冲击和振动很小，噪声小，这对工人健康、厂房地基、周围环境及设备本身都具有很大的好处。

4）调压、调速方便。液压机利用工作液体的压力传递能量，可以利用调节各种压力控制阀的方法进行调压和限压，并可以可靠地防止过载，有利于保护模具和设备。

5）本体结构比较简单，操作方便，制造容易，标准化、系列化、通用化程度较高。

但液压机在快速性方面不如机械压力机，机械效率不够高，不太适合冲裁、剪切等切断类工艺；其调整、维修比机械压力机困难；另外，由于采用液体作为传动介质，易产生泄漏。

（5）液压机的选用

在选用或选购液压机时，应以在该设备上进行的主要工艺为依据，确保其主要技术参数均满足工艺要求，结合使用条件、投资情况及制造厂的情况，并参考国内外现有的同类设备的参数及使用效果来决定。

除此之外，液压机还有许多技术参数，如液压系统的额定工作压力、设备总重量、电动机总功率、地面以上高度及地下深度、允许最大偏心距等，这些参数在选购液压机时是必须考虑的因素。

在选用或选购液压机时还应注意以下几个问题。

1）机身形式。不同的机身形式，具有不同的强度、刚度、运动精度：单臂式最差，梁柱式一般，框架式最好。但从设备的操作方便和减小投资的角度出发，却有恰恰相反的关系。因此，要根据工艺要求及场地、投资等情况综合考虑。

2）最大偏心距。液压机在工作时不可避免地要承受偏心载荷。偏心载荷在液压机的两个方向都会发生，在使用中要注意加载位置，不可使液压机承受过大的偏心载荷。当工件或模具的压力中心远离设备的压力中心时，应适当加大标称压力安全余量。

3）上传动的油压机一般不宜用于热成形工艺，以防液压缸中泄漏的油液被点燃而发生火灾事故。

4）必要时，液压机的工作压力还可在工作过程中进行调整，以适应某些工艺的特殊要求。

液压机设备压力大，小批量大型厚板件多选用液压机冲压，但液压机的速度较慢，生产效率较低，一般为载货汽车生产厂使用，如图3-19所示。

图3-19　某商用车车身冲压液压机

3.2.2 冲压生产线

车身零件冲压生产的机械化和自动化，是衡量汽车车身制造技术水平的重要标志之一。冲压生产的机械化和自动化表现在：

1）坯料准备，使用卷料、带料，实现卷料的开卷、校平和钢板的剪切、落料自动化。

2）大型冲压件冲压，建造不同形式的冲压自动生产线和机械化冲压生产线。

3）小型冲压件冲压，大量采用连续或自动冲模，采用高速压力机实现冲压生产的高速化。

4）形状规则的零件冲压，采用多工位自动压力机。

5）废料排除，采用废料处理的自动化系统。

微课视频
冲压生产线及模具

冲压生产的全自动化是在单机自动化的基础上，配置工序间零件输送装置、翻转装置、废料排出装置统一协调各单机和各种装置的动作，使工件按预定的程序自动地逐步进入各种冲压工位，全部冲压成形而被送出。冲压生产的全自动化的基础是压力机的单机自动化。

汽车车身生产都是大批量生产，为提高生产效率、稳定质量，一般采用自动化冲压生产线方式生产。冲压生产线的设备按工艺流程，通常以双动压力机为首，加上 4~5 台单动宽台面压力机组成，排列方式多采用贯通式纵向排列，也有采用压力机横向排列的，如图 3-20 所示。

图 3-20 冲压生产线的设备

每个工位使用一台独立的压力机，利用各压力机之间的传送系统，使冲压件从一台压力机传送到另一台压力机。废料排除，采用废料处理的自动化系统。冲压机冲压后产生的废料采用斜槽自动滑入地下输送带，由输送系统送至车间外出口，有专用运输车接住废料后送走。

而多工位压力机是先进的压力机设备，相当于是多台压力机及拆垛送料系统的集成，即一台多工位压力机相当于一条自动化压力机生产线，一般由线首单元、送料机构、压力机和线尾部分组成，最快节拍可达 25 次/分以上，可满足高速自动化生产，如图 3-21 所示。

多工位压力机一般分为多滑块和单滑块，根据不同需求进行选择，线首单元可分为拆垛单元、磁性皮带及清洗、涂油设备等，送料机构一般由送料双臂组成，线尾部分一般由输送皮带构成。国际上制造多工位压力机的著名厂家有瑞士 Gudel、德国舒勒、日本小松、西班牙法格等。

图 3-21 多工位压力机

 拓展学习

我国最著名的冲压设备制造商是济南二机床集团有限公司。

济南二机床是国内唯一具备独立开发、制造多连杆压力机和多工位压力机的企业。

2011年在与世界一流企业的国际竞标中,济南二机床一举拿下囊括福特汽车美国两个工厂全部五条大型快速智能冲压生产线在内的订货合同。这是福特汽车近20年来首次采购非德国生产的成套冲压装备,也是济南二机床赢得的国际最高水平的成套冲压装备订单,标志着拥有完全自主知识产权的国产冲压装备技术水平与国际竞争力实现重大突破。

到2016年,济南二机床集团有限公司顺利拿下福特美国地区共九条大型高速冲压线。济南二机床为福特提供的前期项目的顺利实施,在竞争中发挥了关键作用。2018年,福特项目第九条大型高速冲压生产线通过验收。从国际市场的分包商到总包商,由配角变为主角,济南二机床靠技术创新,一步步成为冲压领域世界知名品牌。

济南二机床早已掌握各系列汽车制造标准,与国际水平同步发展,装备应用于国内几乎所有汽车制造集团,国内市场占有率达80%,全球市场占有率达40%,出口到北美、欧洲、日本以及东南亚等国家和地区。

济南二机床董事长张志刚告诉记者,过去汽车冲压高端市场被国外企业垄断,想要多少钱就是多少钱,因为国内技术达不到。自从济南二机床追赶上来,国外企业再也不会随意加价了。

济南二机床,成就大国重器!

3.3 冲压模具

在汽车车身冲压中所使用的模具,主要有拉深模、修边模和翻边模。

3.3.1 拉深模

拉深是车身冲压除下料外的第一道工序,也是最重要的工序。车身覆盖件的基本形状是由拉深工序形成的，因此拉深模也是车身冲压最重要、最复杂的模具。

拉深模就是把平板坯料拉伸成具有一定形状的空心零件，主要由固定座、压边圈、顶出器、凸模和凹模五个部件组成，如图3-22所示。

1. 凸模及其他组件

凸模也称为上模，是模具中用于成形制品内表面的零件，即以外形为工作表面的零件，如图3-23所示。主要功能有：

1）自润导板。主要起导向作用，材质通常是HT300。

2）调整垫块。主要用来调整凸模及压边圈是否敦实，材质通常是45#钢。

3）铸入式起重棒。主要用于起吊模具，材质通常是45#钢。

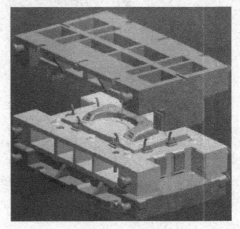

图3-22 拉深模

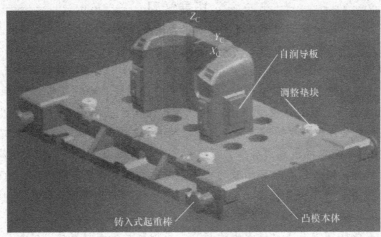

图3-23 凸模及其他组件

2. 凹模及其他组件

凹模也称为型腔，是成形塑件外表面的主要零件，可在定模上安装，也可以在动模上安装，如图3-24所示。

1）凹模本体。材质通常采用钼铬铸铁。

2）压印标记销。主要用来检测试模时模具能否合到底，还可以区分左、右件，材质通常是Cr12MoV，通常安装在制件上比较接近平面的地方。

3）排气管。主要用于排气，材质通常是直径为6mm的铜管，安装在适当位置即可。

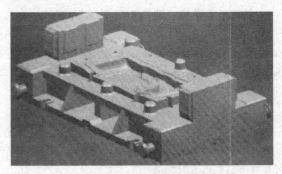

图3-24 凹模及其他组件

3. 压边圈及其他组件

压边圈是指在拉深过程中，为防止工件口缘部分失稳而起皱，在凹、凸模之间边缘部分设置的圈形压紧装置。压边圈拉伸时一般不需要进行润滑。图 3-25 所示为压边圈及其他组件。

压边圈利用机械结构实现了对压边力的控制，而且结构紧凑、实用性强。

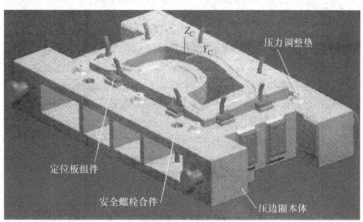

图 3-25 压边圈及其他组件

每个制件的汽车模具成功与否，最主要的是看能否拉出合格的拉深件。图 3-26 所示为汽车的侧围模具。

图 3-26 汽车侧围模具

3.3.2 修边模

一般所称的修边模包括了修边冲孔模，冲孔合并在修边中对于修边模的结构影响不大，只是增加了冲孔凸模、凹模和凸模固定座，如图 3-27 所示。修边冲孔模是汽车冲模中的第二套模具，其好坏直接影响装车后的效果。

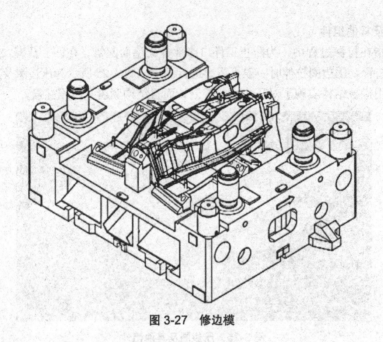

图 3-27 修边模

根据修边镶块的运动方向，修边模可分为以下三类。

1）修边镶块与压力机方向一致作垂直运动，这类修边模叫作垂直修边模。

2）修边作水平或倾斜运动的修边模称作斜楔修边模。

3）一些修边镶块作垂直方向运动，而另一些修边镶块作水平或倾斜运动的修边模称作垂直斜楔修边模。

3.3.3 翻边模

翻边指的是在坯料的平面部分或曲面部分上，利用模具的作用使之沿封闭或不封闭的曲线边缘形成有一定角度的直壁或凸缘的成形方法。而翻边模是指使毛坯的平面部分或曲面部分的边缘沿一定曲线翻起竖立直边的成形模，如图 3-28 所示。

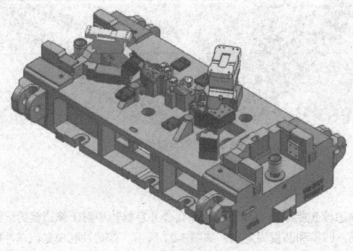

图 3-28 翻边模

翻边也是覆盖件冲压的关键工序之一。覆盖件上的翻边除满足焊接和装配的要求以外，还增加了覆盖件的刚性强度，使覆盖件边缘变得光滑、整齐和美观。

根据翻边冲压方向的不同，翻边模可分为垂直翻边模和水平翻边模两大类。水平翻边（含倾斜翻边）则需要斜楔结构完成翻边成形工作。

拓展学习

经考古发现，早在2000多年前我国已有模具被用于制造铜器，证明了我国古代成形和模具方面的成就就在世界领先。新中国成立后，我国汽车制造业取得巨大的成就。1953年，长春第一汽车制造厂在我国首次建立了冲模车间，于1958年开始制造汽车覆盖件模具。自20世纪60年代我国开始生产精冲模具，到目前已形成了300多亿元各类冲压模具的生产能力。

近年来，我国冲压模具水平已有很大的提高，大型冲压模具已能生产单套重量达50多吨的模具。为中档轿车配套的覆盖件模具，国内也能生产了。精度达到 $1\sim2\mu m$、寿命2亿次左右的多工位级精模，国内已有多家企业能够生产。表面粗糙度达到 $Ra \leq 1.5\mu m$ 的精冲模、大尺寸（$\phi \geq 300mm$）精冲模及中厚板精冲模国内也已达到相当高的水平。这些成就值得我们骄傲自豪。

在国家模具工匠及技术人员的继续努力下，相信我国的模具水平还会有更大的提升。

3.4 车身冲压材料

车身制造工艺是一类较为特殊的生产工艺，它主要针对汽车覆盖件薄钢板进行加工，使用模具进行覆盖件成形；使用焊接设备进行钣金件焊接，从而获得满足碰撞法规要求的安全车身；使用涂装设备对覆盖件进行表面处理，进而获得耐用和美观的车身。但是，这一切都必须建立在具有优良品质的车身冲压材料的基础上。

3.4.1 车身冲压用材料的质量性能要求

汽车车身材料除了要保证足够的强度和刚性以满足车身的使用性能外，还要求满足冲压、焊装和涂装三大工艺的要求，但重点是要满足冲压工艺的要求，因为冲压工艺对材料的要求较高；焊装工艺只要求材料为低碳钢，容易焊接；涂装工艺只要求材料表面平整。

因此，车身覆盖件的材料是冲压工艺中一个非常重要的因素。它直接影响冲压工艺过程和覆盖件的质量，还关系到产品的经济性。冲压性能好的板料便于加工，容易得到高质量的冲压件，生产效率高，一次冲压工序的极限变形程度和总极限变形程度大，模具磨损小。

1. 严格的厚度尺寸公差

车身材料主要是低碳金属薄钢板，一般厚度为0.6~2.0mm，内、外覆盖件所用的材料厚度多数在0.6~1.5mm之间，如图3-29所示。

板料的厚度公差对冲压性能影响最大。对于特定产品的冲压模具，其凸、凹模间隙是一定的，适应一定的板料厚度，如果板料的厚度超差，则会带来不良后果。

如果板料过薄，则回弹难以控制或出现压不实的现象；如果板料过厚，则会损伤工件表面，缩短模具寿命，甚至损坏模具和设备。

提示：车身材料的厚度公差应符合规定标准。

2. 良好的表面质量

表面应光洁平整，无机械损伤，无锈斑、氧化皮及其他附着物，如图 3-30 所示。

如果表面不光洁，有气泡、划痕等缺陷，则在冲压过程中会因应力集中而引起破例。

如果板料表面翘曲不平，在剪切或冲压过程中容易因定位不稳而出现废品，在冲裁过程中会因板料变形展开而损坏模具，拉深时可能使压料不均匀而影响材料的流向。

图 3-29　低碳金属薄钢板

如果板料表面有锈，不仅对冲压不利，损伤模具，还会影响后续焊装、涂装工序。

3. 较好的塑性和延伸率，易于冲压成形

车身覆盖件的材料一般是低碳钢板及低碳铝合金钢板。

3.4.2　车身冲压用材料的种类与牌号

车身覆盖件板料一般为厚度 0.6~1.5mm 的低碳冷轧薄钢板，有镀锌板和非镀锌板两种。所用钢板材料主要是普通碳素钢及优质碳素钢，最常用的国产牌号材料是铝镇静钢 08Al，见表 3-3。

图 3-30　良好的表面质量

表 3-3　车身材料

类别	钢号举例
普通碳素钢	Q195、Q215-A、Q235-A、Q235-AF、Q235-B、Q255-B、Q255-A、Q275
优质碳素钢	08F、08、10、15、20、50Mn
碳素工具钢	T7A、T8A、T8Mn、T10A

铝镇静钢 08Al 按其拉深质量的不同分为三级，即最复杂拉深级（用 ZF 表示）、很复杂拉深级（HF）、复杂拉深级（F）。

其他薄钢板按拉深性能的不同分为最拉深级（Z）、深拉深级（S）、普通拉深级（P）。如 08F 的 Z 级钢板用于拉深深度深的、形状复杂的覆盖件。

按表面质量由高到低分为 Ⅰ 级、Ⅱ 级、Ⅲ 级、Ⅳ 级。

按尺寸精度分为 A、B、C 三级：A——高级精度，B——较高级精度，C——一般精度。

国产钢板标注示例：

$$\frac{B-1.0-GB708-88}{08F-II-Z-GB710-88}$$

镀锌钢板的拉深性能优越，耐腐蚀性强，在轿车上得到越来越多的应用，我国生产的部分轿车上所用的镀锌钢板约占钢板总量的 74% 以上。市场上常见的镀锌钢板牌号有 ST1203、ST1303、ST1403、ST1305、ST1405 等。牌号中 ST12、ST13、ST14 表示材料的塑性，数字越大，塑性越好；03、05 表示材料的表面质量，05 表示表面光洁、缺陷少，常用于外覆盖件。

3.5 车身覆盖件冲压工艺过程

汽车覆盖件形状复杂，表面质量要求高，而冲压工艺设计是汽车覆盖件模具设计与制造的基础，也是决定覆盖件能否顺利成形的关键，因此编制合理、精益的工艺方案，尽量用较低的模具成本、较少的设备投入加工出高质量的冲压件，是对工艺人员的要求。

微课视频
车身覆盖件的
冲压工艺

3.5.1 汽车覆盖件

汽车车身分为承载式车身和非承载式车身两种，如图 3-31 所示。

车身覆盖件是指覆盖发动机、底盘，构成驾驶室和车身的薄钢板展开体的表面零件。轿车车身的表面形状基本由覆盖件形成，如图 3-32 所示。汽车覆盖件形状复杂，表面质量要求高，其制造是汽车车身制造的关键环节。

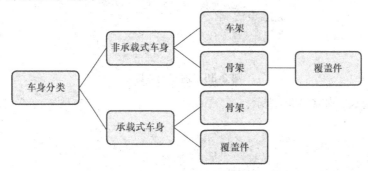

图 3-31　承载式车身和非承载式车身

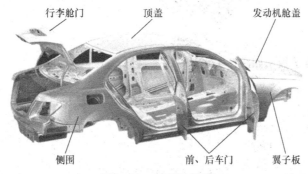

图 3-32　车身覆盖件

1. 车身覆盖件的分类

车身覆盖件，按作用和要求的不同可分为外板件和内板件。外覆盖件主要起防护、美观、降低风阻的作用；而内覆盖件起加强刚性和装配附件的作用，其形状往往更复杂。车身覆盖件主要有如下几种应用。

1）发动机舱盖总成，如图 3-33 所示。

图 3-33　发动机舱盖总成

2）行李舱门总成，如图 3-34 所示。

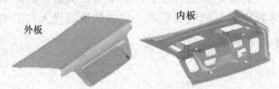

图 3-34　行李舱门总成

3）前车门总成，如图 3-35 所示。

图 3-35　前车门总成

4）后车门总成，如图 3-36 所示。

图 3-36　后车门总成

5）车顶盖和前翼子板，如图 3-37 所示。

图 3-37　车顶盖和前翼子板

6）加强筋，如图 3-38 所示。

2. 车身覆盖件冲压工艺的主要特点

覆盖件与一般冲压件相比较，具有材料薄、形状复杂（多为立体曲面）、结构尺寸大、表面质量高等特点，在冲压工艺方面有如下特点。

图 3-38　加强筋

1）车身覆盖件一般不可能以一道冲压工序直接获得，多的需要十几道工序才能获得，最少的也要三道工序才能获得。

2）覆盖件冲压的基本工序有落料、拉深、修边、翻边和冲孔。根据需要和可能性可以将一些工序合并，如修边与冲孔、修边与翻边等。

3）拉深工序是覆盖件冲压的关键工序，覆盖件的形状大部分是由拉深工序成形的。无论覆盖件分块有多大，形状有多复杂，尽可能在一次拉深中成形出全部空间曲面形状及曲面上的棱线、筋条和凸台。

4）覆盖件冲压成形所用模具主要有三种：拉深模、翻边模和修边模。模具形状和结构更复杂，制造难度大，要求高，各模具间的依赖关系大，调试工作更重要、更复杂。

5）车身覆盖件冲压成形所用设备主要为双动压力机甚至三动压力机（也有用单动压力机的）。压力机行程大，压料装置为刚性装置，能施加足够大的压料力，且压料力大小调节方便。

3. 车身覆盖件的质量性能要求

覆盖件的特点决定了其特殊要求，而车身覆盖件的表面质量要求高。

1）表面质量。外覆盖件表面不允许波纹、皱纹、凹痕、边缘拉痕、擦伤以及其他破坏表面完美的缺陷。覆盖件上的装饰棱线、装饰盘条要求清晰、平滑、左右对称以及过渡均匀。覆盖件之间的装饰棱线衔接处应吻合，不允许参差不齐。表面上一些微小缺陷都会在涂漆后引起光的漫反射而损坏外观。

2）尺寸和形状精度要求高。覆盖件间的装配多用点焊，或用螺钉连接。装配连接处的两个覆盖件的空间曲面必须连续一致，衔接处的间隙必须均匀一致。

3）刚性好。在加工过程中，由于材料的塑性变形不够而使覆盖件的一些部位刚性差，造成覆盖件受振动后就会产生空洞声。这种现象表现为敲击钢板时音频不一，用手按时发出"乒乓"声。用这样的覆盖件装车，在汽车行驶中要是发生振动，会造成覆盖件的早期损坏。这种情况多产生在曲面平滑的覆盖件上。

4）工艺性。覆盖件的结构形状和尺寸决定该件的工艺性。覆盖件的工艺性关键是拉深工艺性。覆盖件一般都采用一次成形法，为了创造一个良好的拉深条件，通常将翻边展开，窗口补满，再添加上工艺补充部分，构成一个拉深件。

3.5.2　汽车典型覆盖件冲压工艺过程

汽车车身的外覆盖件主要有四门（左/右前、后门）、三盖（发动机舱盖板、顶盖、行李舱盖）和两翼（左/后前、后翼子板）及两侧（左/后侧围外板）组成。这些覆盖件的形状各有特点，其冲压成形工艺也不同。

1. 车顶盖的冲压工艺过程

1）下料。下料是按此覆盖件的展开尺寸在剪裁机上进行剪裁，得到如图 3-39 所示的板料。

2）拉深。拉深是使平板料在拉深成形过程中产生塑性变形，从而获得所需几何形状，如

图 3-40 所示。

图 3-39 下料　　　　　图 3-40 拉深

3) 整形、修边、冲孔。整形是校正制件成准确的形状和尺寸,修边是修去成形制件上多余的边缘材料,而冲孔是冲去天窗区域的材料。这是道复合工序,所谓复合工序就是为了生产需要将两个以上工序组合进行的工序,如图 3-41 所示。

4) 翻边整形。翻边整形是使板料的平面部分或曲面部分的边缘沿一定曲线翻起,如图 3-42 所示。

5) 修边冲孔整形。修边冲孔整形中的冲孔,是冲长圆孔,如图 3-43 所示。

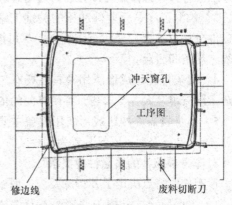

图 3-41 整形、修边、冲孔

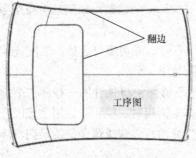

图 3-42 翻边整形

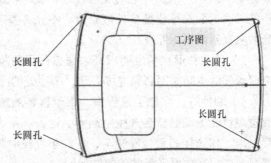

图 3-43 修边冲孔整形

2. 车门内板冲压工艺流程

覆盖件冲压工艺的基本工序有落料、拉深、整形、修边、翻边和冲孔等。而实际生产可将一些工序合并,如落料拉深、修边冲孔、修边翻边、翻边冲孔等。图 3-44 所示为车门内板,下面介绍其冲压工艺流程。

1) 落料。落料工序主要是获得拉深工序所需要的坯料形状和尺寸,如图 3-45 所示。

2) 拉深。拉深是利用拉深模使平面板料变为开口空心件的冲压工序。

3) 修边冲孔。修边工序的主要内容是切除拉深件

图 3-44 车门内板

上的工艺补充部分；冲孔工序用以加工覆盖件上的各种孔洞，如图3-46所示。

4）翻边整形。翻边工序位于修边工序之后，主要任务是将覆盖件的边缘翻边成形；整形工序国内供需的主要内容是校正拉深工序中尚未成形的覆盖件形状。

图3-45 落料

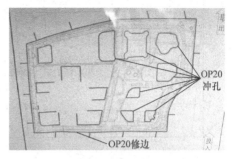

图3-46 修边冲孔

3. 轿车侧围的冲压工艺过程

整体侧围是轿车车身覆盖件中最为关键和重要的零件。其外形尺寸最大，装配关系最多，表面质量要求高，形状很复杂，成形难度大，尺寸精度要求高。轿车侧围的冲压工艺过程见表3-4。

表3-4 轿车侧围的冲压工艺过程

序号	工序	设备	简图
1	落料	单动压力机 6300kN	
2	拉深	双动压力机 20000kN	
3	修边冲孔	单动压力机 10000kN	
4	翻边整形冲孔	单动压力机 10000kN	

（续）

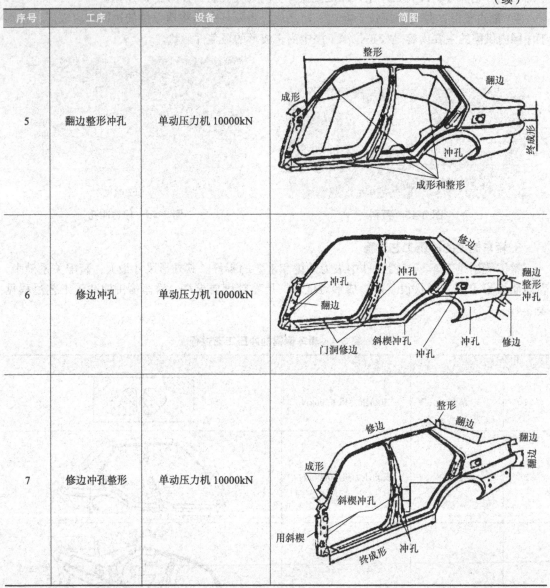

序号	工序	设备	简图
5	翻边整形冲孔	单动压力机 10000kN	
6	修边冲孔	单动压力机 10000kN	
7	修边冲孔整形	单动压力机 10000kN	

覆盖件的冲压工艺过程并不是一成不变的。不同的企业，根据其生产条件、技术水平和生产效率的要求，可以制定不同的冲压工艺。

3.5.3 冲压工艺规程卡

冲压工艺规程是指导冲压件生产过程的工艺技术文件，是模具设计以及指导冲压生产的依据。冲压件的生产过程包括原材料的准备、冲压工艺过程和其他必要的辅助工序，有时还要和机械切削加工、焊接、铆接配合才能完成。

针对某一具体的冲压零件，根据其结构特点、尺寸精度要求以及生产批量，按照现有设备和生产能力，拟定出最为经济合理、技术上切实可行的生产工艺方案，编制冲压工艺规程。冲压工艺规程一经确定，就以正式的冲压工艺文件形式固定下来。

冲压工艺规程由冲压工艺规程卡组成。冲压工艺规程卡规定了冲压工序的具体要求，包括模具结构形式、使用设备、检验要求、工艺定额等内容，生产时必须严格按规定执行，如图 3-47 所示。

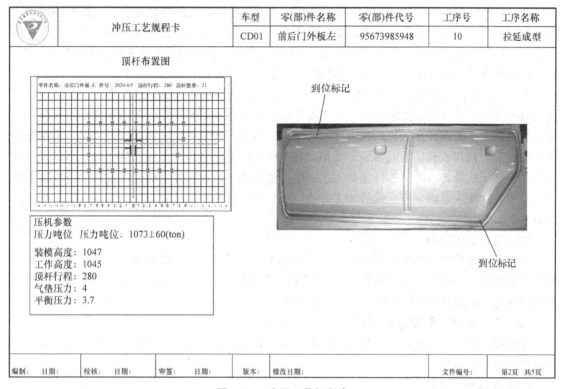

图 3-47　冲压工艺规程卡

能编制出合理的冲压工艺规程，不仅要求工艺设计人员本身应具备丰富的冲压工艺设计知识和冲压实践经验，还要他们在实际工作中与产品设计、模具设计人员以及模具制造、冲压生产人员紧密联系，及时采用先进经验和合理化建议，并融会贯穿到工艺规程中。

冲压工艺规程的制定，是冲压生产中非常重要的工作。正确地制定工艺规程，对保证产品质量、提高劳动生产率、降低制件成本、减轻劳动强度和保证安全生产是十分必要的。

制定工艺方案时，应从企业现有生产条件出发，同时要尽量采用国内外先进技术对各种工艺方案加以分析和比较，从中选择最佳的工艺方案。

1. 冲压工艺规程制定的步骤和内容

制定冲压工艺规程的内容和步骤如下。

（1）分析制件的冲压工艺性

根据产品图纸分析冲压件的形状特点、尺寸大小、精度要求、表面质量及所用材料是否符合冲压工艺要求，能否用冲压的方法制造出来，是否用冲压的方法最经济以及根据冲压工艺要求对图纸提出合理的修改意见。

1）分析冲压件的图纸。在了解了冲压件的作用、功能及工作条件之后，更主要的是以下两点。

① 分析冲压件的几何形状和技术要求。在此基础上，利用经验对比就能大致制定出冲压件

的主要冲压工序、对工序和模具的基本要求以及是否采用精密冲压方法等。

② 判定制件用冲压加工的难易程度、找出加工难点、确定零件上的超长尺寸、选择定位基准、确定容易出现质量问题的部位等，这些都要采取工艺措施加以解决。

2）冲压工艺性分析。分析零件图的同时，还应对冲压工艺性进行分析，良好的冲压工艺性使材料消耗少、变形容易、成形稳定、工序数目少，模具通用性强且结构简单易制造、使用寿命长，操作方便、安全、可靠。如果发现零件工艺性差，则应该在不影响使用要求的前提下，对零件的形状尺寸及其他要求作必要的修改。

3）冲压加工的先进性和经济性分析。零件的生产批量对冲压加工的先进性和经济性起着决定性的作用，生产批量大时，采用冲压加工经济效果好，生产率高；若采用冲压机械化、自动化，更能充分发挥冲压工艺的先进性和经济性。例如，冲压件精度高且批量大时，采用先进的多工位压力机将收到明显的效益。又如，冲裁件质量要求高且批量很大的时候，可以采用先进的精冲加工代替普通冲裁加修整的工艺。生产批量很小，冲压加工的先进性和经济性就不能充分发挥，这时应考虑采用其他的加工方法，或采用简易冲压模辅之以别的加工方法，往往更为有效。

（2）分析比较和确定工艺方案

在以上冲压件工艺性分析的基础上，列出各种冲压工艺方案加以分析比较，进而确定某一种工艺方案的工序性质、工序数量、工序顺序以及其他辅助工序（热处理等）的工序安排。冲压件的构造尽可能使工序内容简单，工序数量少。

（3）选定冲模类型及结构形式

根据确定的工艺方案以及冲压件的形状特点、精度要求、加工条件和操作习惯等，选定其冲模的类型及结构形式。

（4）选择冲压设备

根据其工艺性质，选择冲压设备的类型，并按照冲压加工所需的总的变形力（或变形功）和零件的精度与尺寸，选定冲压设备的吨位。

2. 制定工艺方案的原则

工艺方案的制定包括确定工序性质、工序数量和工序顺序。

（1）工序性质的确定

工序性质是指某种冲压件所需要的冲压工序的种类。工序性质应根据制件的结构形状，按照各种工序的变形性质和应用范围及某些具体条件的限值予以确定。

1）一般情况下，可以从零件图上直接看出所需工序的性质。

平板件冲压加工时常采用冲裁、落料、冲孔等工序，当零件的平面度要求较高时，还需在最后采用校平工序进行精压；当零件的断面质量和尺寸精度要求较高时，则需在冲裁工序后增加修整工序，或直接用精密冲裁工艺进行加工。

弯曲件冲压加工时常采用剪裁、落料、弯曲等工序，当弯曲件上有孔时，还需增加冲孔工序；当弯曲件的弯曲半径小于允许值时，常需在弯曲后增加一道整形工序。

各类空心件多采用剪裁、落料、拉深和切边等工序，对于带孔的拉深件，还需采用冲孔工序。当拉深件的径向尺寸精度要求较高或圆角半径较小时，则需在拉深工序后增加一道整形工序，当拉深件的底部厚度大于壁厚时，可以采用变薄拉深。

2）在某些情况下，需要对零件图进行计算、分析比较后，确定工序性质。

3）有时候为了改善冲压变形条件或方便工序定位，需增加附加工序。

（2）工序数量的确定

确定工序数量的原则是在保证制件质量的前提下使工序数量尽量减少。工序数量决定于制件的材料性质、几何形状的复杂程度和尺寸精度。

在确定工序数量时，对不同性质的工序应注意：对于形状复杂的冲裁件，由于受模具结构或强度的限制，常将其内、外轮廓分成几个部分，用几套模具冲裁，或采用连续模进行分段冲裁，非常靠近的孔不能同时冲出；对于弯曲件，其工序数量决定于弯角的多少、弯角相对位置和弯曲方向；拉深件的工序数量与材料性能、阶梯数量、高度与直径的比值等有关，需要通过计算求出所需工序的数量。

（3）工序顺序

工序顺序是指工序的先后次序，主要是由工序性质、材料的变形规律、制件的精度及定位要求等决定的。确定工序顺序时，要注意前后工序不应互相妨碍，保证制件的最后质量要求，一般遵循如下原则。

1）所有的孔，只要形状和尺寸不受后续工序变形的影响，都应该在平板毛坯上冲出。这是因为在成形后的立体表面上冲孔会使模具结构复杂、定位困难、操作不便，而且先冲出的孔还可作为后续工序的定位用。

2）对于有孔（切口）的冲裁件，如果采用单工序模，一般应先落料后冲孔（切口），若采用连续模应先冲孔（切口）后落料。

3）靠近弯曲线的孔应在弯曲后冲出。

4）多角弯曲件应从材料变形和弯曲时材料运动两个方面安排弯曲的顺序。一般是先弯外角，后弯内角。

5）带孔的拉深件应先拉深后冲孔，当孔的位置在拉深件底部且孔径尺寸要求不高时，可以先在毛坯上冲孔后再拉深。

6）对于复杂形状的拉深件，为便于材料的变形和流动，应先使内部形状成形。再拉深外部形状。

7）整形、校正、切边等工序应安排在冲压件基本成形后进行。

（4）工序合并

在制定工艺方案时，要充分考虑各类工序有无合并的可能性，工序合并往往会使生产率提高、成本降低、操作方便和安全可靠。

汽车覆盖件形状复杂，表面质量要求高。这就给从事冲压工艺的人员提出很高的要求。要求从业人员必须以高度的敬业精神去努力工作，编制合理、精益的工艺方案，尽量用较低的模具成本、较少的设备投入，加工出高质量的冲压件。

一份职业，一个工作岗位，都是一个人赖以生存和发展的基础保障。同时，一个工作岗位的存在，往往也是人类社会存在和发展的需要。所以，爱岗敬业不仅是个人生存和发展的需要，也是社会存在和发展的需要。爱岗敬业应是一种普遍的奉献精神。

> 中国女排精神就是爱岗敬业精神的体现。中国女子排球队在平时的训练中扎扎实实，勤学苦练，刻苦钻研，在各种大赛中无所畏惧，顽强拼搏，同甘共苦，团结战斗，勇攀高峰。她们在世界排球赛中，五次蝉联世界冠军，为国争光，为人民建功，给予全国人民巨大的鼓舞。她们的这种精神，就是爱岗敬业精神的具体体现。
>
> 在从事包括冲压在内的汽车制造各个工艺工作时，发扬这样的爱岗敬业精神，是非常有必要的。

项目 4
车身焊装工艺

任务描述

由于组成车身的钢板较薄,为防止焊接变形,车身焊接以电阻焊为主,CO_2气体保护焊、螺柱焊、电弧焊、钎焊等工艺方法也在生产中得到应用。车身生产中还采用火焰钎焊、冲联等工艺方法实现工件间的连接。在先进的汽车车身生产线上,激光焊接、激光钎焊技术的应用也在逐步增加。

学习目标

1. 能够正确了解焊接基础知识
2. 能够掌握车身的焊接工艺
3. 能够正确认识焊接质量

知识与技能点清单

序号	学习目标	知识点	技能点
1	能够正确了解焊接基础知识	1. 焊接方法的分类 2. 金属材料的焊接性 3. 焊接工艺的特点 4. 常见焊接符号	能够了解焊接方法的分类、金属材料的焊接性、焊接工艺的特点以及常见的焊接符号
2	能够掌握车身的焊接工艺	1. 车身焊接工艺过程 2. 常见车身焊装方法及设备 3. 焊装工艺卡 4. 车身焊装夹具 5. 焊接机器人	能够正确认识焊接工艺过程、焊接方法及设备、焊装工艺卡、焊装夹具以及焊接机器人
3	能够正确认识焊接质量	1. 点焊的质量管理 2. 电弧焊的质量管理 3. 尺寸与表面精度	能够正确认识点焊的质量管理、电弧焊的质量管理以及尺寸与表面精度

学习信息

4.1 焊接基础知识

焊接是利用加热或加压或两者并用的方法使焊件达到原子结合的一种加工方法，其实质是使两个分离金属通过原子或分子间的相互扩散与结合而形成一个不可拆卸的整体的过程，并且连接后不能再拆卸。

微课视频
车身焊接
基础知识（一）

微课视频
车身焊接
基础知识（二）

4.1.1 焊接方法的分类

焊接的方法很多，按焊接过程的特点不同可分为熔焊、压焊和钎焊三大类。

1. 熔焊

熔焊是一种最常见的焊接方法，如图 4-1 所示。焊接过程中，将焊件接头加热至熔化状态，不加压力完成焊接的方法称为熔焊。根据热源的不同，这类焊接方法有气焊、电弧焊、电渣焊、气体保护焊、电子束焊等多种。

（1）气焊

气体混合物燃烧形成高温火焰，用火焰来熔化焊件接头及焊条。最常用的气体是氧与乙炔的混合物，调整氧与乙炔的比值，可以获得氧化性、中性及还原性火焰。这种方法所用的设备较为简单，而且加热区宽，但焊接后焊件的变形大，并且操作费用较高，因而逐渐为电弧焊代替。

图 4-1　熔焊

（2）电弧焊

电弧焊是应用最广泛的焊接方法。电弧焊的主要特征为形成稳定的电弧、填充材料的供应以及对熔化金属的保护和屏蔽。通常，电弧可通过两种方法产生：第一种是电弧发生在一个可消耗的金属焊条和金属材料之间，焊条在焊接过程中逐渐熔化，由此提供必需的填充材料而将结合部填满；第二种是电弧发生在工件材料和一个非消耗性的钨极之间，钨极的熔点应比电弧温度要高，所必需的填充材料则必须另行提供。

（3）电渣焊

电渣焊是利用电流通过熔渣所产生的电阻热来熔化金属。这种热源范围较电弧大，每一根焊丝可以单独成一个回路，增加焊丝数目可以一次焊接很厚的焊件。

（4）真空电子束焊

真空电子束焊是一种特种焊接方法，用来焊接尖端技术方面的高熔点及活泼金属的小零件。其特点是将焊件放在高真空容器内，容器内装有电子枪，利用高速电子束打击焊件将焊件熔化而进行焊接。这种方法可以获得高品质的焊件。

2. 压焊

焊接过程中必须对焊件施加压力（加热或不加热），以完成焊接的方法称为压焊，如图4-2所示。属于这类焊接的方法有电阻焊（点焊、缝焊、电阻对焊等）、摩擦焊、超声波焊、冷压焊等多种。

（1）电阻焊

电阻焊是利用电阻加热的方法，最常用的有点焊、缝焊及电阻对焊三种。前两者是将焊件加热到局部熔化状态并同时加压；电阻对焊是将焊件局部加热到高塑性状态或表面熔化状态，然后施加压力。电阻焊的特点是机械化及自动化程度高，故生产率高，但需强大的电流。

图 4-2　压焊

（2）摩擦焊

摩擦焊是利用摩擦热使接触面加热到高塑性状态，然后施加压力的焊接，由于摩擦时能够去除焊接面上的氧化物，并且热量集中在焊接表面，因而特别适用于导热性好及易氧化的有色金属的焊接。

（3）冷压焊

冷压焊的特点是不加热，只靠强大的压力来焊接，适用于熔点较低的母材，例如铅导线、铝导线、铜导线的焊接。

（4）超声波焊

超声波焊也是一种冷压焊，借助于超声波的机械振荡作用，可以降低所需用的压力，目前只适用于点焊有色金属及其合金的薄板。

3. 钎焊

钎焊是采用比母材熔点低的金属材料作钎料，将焊件和钎料加热到高于钎料熔点，低于母材熔点的温度，利用液态钎料润湿母材，填充接头间隙并与母材相互扩散实现连接焊件的方法，如图4-3所示。

（1）烙铁钎焊

烙铁钎焊是利用电烙铁或火焰加热烙铁的热量加热母材局部，并使填充金属熔入间隙。它适用于熔点300℃的钎料，主要用于导线、线路板及原件的焊接。

图4-3 钎焊

（2）火焰钎焊

火焰钎焊利用气体火焰为加热源加热母材，并使填充金属材料熔入间隙，适用于不锈钢、硬质合金、有色金属等一般尺寸较小的焊件。

4.1.2 金属材料的焊接性

焊接性是指金属材料对焊接加工的适应性，主要指在一定的焊接工艺条件下，获得优质焊接接头的难易程度，或材料在限定的施工条件下，焊接成按规定设计要求的构件，并满足预先服役要求的能力。

焊接性受材料、焊接方法、构件类型及使用要求四个因素的影响，主要包括使用焊接性、工艺焊接性、冶金焊接性和热焊接性，如图4-4所示。通常，把材料在焊接时形成裂纹的倾向及焊接接头处性能变坏的倾向，作为评价材料焊接性能的主要指标。

微课视频
金属材料的焊接性
及工艺特点

图4-4 金属焊接性的构成

焊接性的好坏与材料的化学成分及采用的工艺有关。在常用钢材的焊接中，对焊接性影响最大的是碳，故常把钢中碳含量的多少作为判别钢材焊接性的主要标志，含碳量越高，其焊接性越差。一般来说，低碳钢的焊接性能优良，高碳钢的焊接性能较差，铸铁的焊接性能更差。

合金元素对焊接性能也将产生一定的影响，因此合金钢的焊接性比非合金钢差。收缩率小的金属焊接性比较好。焊接性好的金属，焊接接头不易产生裂纹、气孔和夹渣缺陷，而且有较高的力学性能，如图4-5所示。

1. 工艺焊接性和使用焊接性

焊接性包括两个含义：一是接合性能，指一定的材料在给定的焊接工艺条件下，对形成焊接缺陷的敏感性；二是使用性能，指一定的材料在规定的焊接工艺条件下，所形成的焊接接头适应使用要求的能力。前者称为工艺焊接性，涉及焊接制造工艺过程中的焊接缺陷问题，如裂纹、气孔、夹杂、断裂等；后者称为使用焊接性，涉及焊接接头的使用可靠性问题。

2. 冶金焊接性和热焊接性

对于熔焊来说，焊接过程一般包括冶金过程和热

图4-5　焊接接头裂纹

过程这两个必不可少的过程。在焊接接头区域，冶金过程主要影响焊缝金属的组织和性能，而热过程主要影响热影响区的组织和性能。由此提出了冶金焊接性和热焊接性的概念。

（1）冶金焊接性

冶金焊接性是指熔焊高温下的熔池金属与气相、熔渣等之间发生化学冶金反应所引起的焊接性变化。这些冶金过程包括：合金元素的氧化、还原、蒸发，从而影响焊缝的化学成分和组织性能；氧、氢、氮等的熔解、析出对生成气孔或对焊缝性能的影响；在焊缝结晶及冷却过程中，由于焊接熔池的化学成分、凝固结晶条件以及接头区热胀冷缩和拘束应力等影响，有时产生热裂纹或冷裂纹。

（2）热焊接性

焊接加热过程中要向接头区域输入很多热量，对焊缝附近区域形成加热和冷却过程，这对靠近焊缝的热影响区的组织性能有很大影响，从而引起热影响区硬度、强度、韧性、耐蚀性等的变化。

与焊缝金属不同，焊接时热影响区的化学成分一般不会发生明显的变化，而且不能通过改变焊接材料来进行调整，即使有些元素可以由熔池向熔合区或热影响区粗晶区扩散，那也是很有限的。因此，母材本身的化学成分和物理性能对热焊接性具有十分重要的意义。工业上大量应用的金属或合金，对焊接热过程有反应，会发生组织和性能的变化。即使是一些不发生相变的纯铝、纯镍、纯钼等，经过焊接热过程的影响，也会由于晶粒长大或形变硬化消失而使其性能发生较大变化。

4.1.3　焊接工艺的特点

具体的焊接工艺和焊接方法等因素有关，操作时需根据被焊工件的材质、牌号、化学成分，结合焊件结构类型、焊接性能要求来确定。焊接工艺的特点除了其优点外，还包括其不足之处。

1. 节约金属材料

用焊接比用铆接制成的金属结构可省去很多零件，因此能够节约金属15%~20%。另外，同样的构件也可比铸铁、铸钢件节约很多材料。

2. 减轻结构质量

从焊接制成的构件可以在节省材料的同时减轻自身的质量，从而可以加大构件的承载能力。

3. 减轻劳动强度、提高生产率

焊接与铆接相比，劳动强度减轻。由于简化了生产准备工作，缩短了生产周期，从而提高了生产率。

4. 构件质量高

焊接可以将两块材料连接起来，同时焊接是连续的，具有和母材相同或更高的力学性能，并且能够获得较高的致密性（容器能达到水密、气密、油密），因而提高了产品结构的质量。

5. 焊接的材料厚度基本不受限制

金属焊接的方法很多，同一种焊接方法也可采用多种焊接工艺，因而焊接的材料厚度一般不受限制。

6. 金属焊接的不足之处

1) 由于焊接是局部的、不均匀的加热、冷却或加压，所以焊后的金属易产生焊接变形及焊接应力。

2) 焊接接头的材质要发生一定的变化。

3) 焊接接头的裂纹在受力时会有延伸倾向，从而导致构件破坏。

4.1.4 常见焊接符号

焊缝符号一般由基本符号与指引线组成，必要时还可以加上辅助符号、补充符号和焊缝尺寸符号，图形符号的比例、尺寸和在图样上的标注方法按技术制图有关规定。

微课视频
常见焊接符号

1. 基本符号

基本符号是表示焊缝横截面形状的符号，见表4-1。

表4-1 基本符号

名称	示意图	符号
I 形焊缝		 ||
V 形焊缝		 V
单边 V 形焊缝		 V
角焊缝	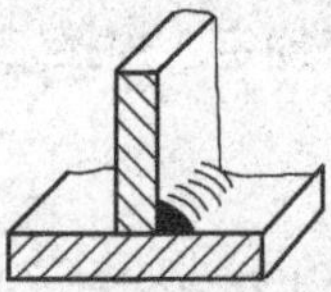	 △
带钝边 V 形焊缝		 Y
带钝边 U 形焊缝		 Y

（续）

名称	示意图	符号
带钝边J形焊缝		 ⊢
点焊缝	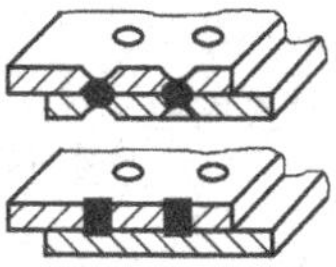	○

2. 辅助符号

辅助符号是表示焊缝表面形状特征的符号，见表4-2。

表4-2 辅助符号

名称	示意图	符号	说明
平面符号	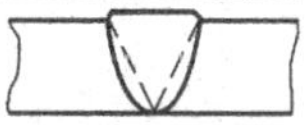	—	焊缝表面齐平（一般通过加工）
凹面符号	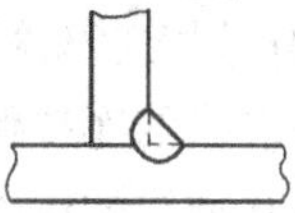	⌣	焊缝表面凹陷
凸面符号	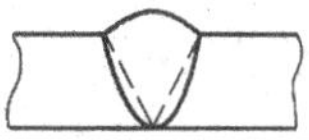	⌢	焊缝表面凸起

3. 补充符号

补充符号是为了补充说明焊缝的某些特征而采用的符号，见表4-3。

表4-3 补充符号

名称	示意图	符号	说明
带垫板符号	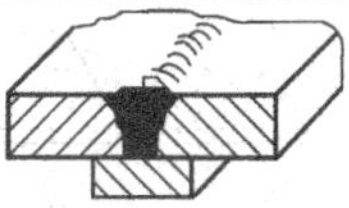	▭	表示焊接底部有垫板
三面焊缝符号	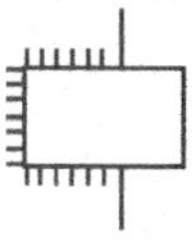	⊐	表示三面带有焊缝
周围焊缝符号	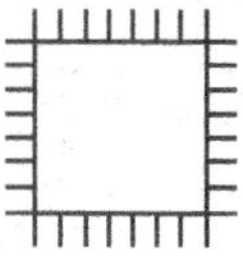	○	表示环绕工件周围焊缝
现场符号		 ▸	表示在现场或工地上进行焊接
尾部符号		<	可以参照GB/T 5185—2005标注焊接方法等内容
交错断续焊接符号		Z	表示焊接由交错断续的相同焊缝组成

4. 指引线

指引线用细实线绘制,一般由带箭头的指引线(简称箭头线)和两条基准线(其中一条为细实线,另一条为虚线)组成,如图 4-6 所示。必要时允许箭头线弯折一次,需要时可在基准线的细实线末端加一尾部符号,作其他说明之用(如焊接方法、相同焊缝数量等)。基准线的虚线可以画在基准线的细实线下侧或上侧。基准线一般应与图样标题栏的长边平行,特殊情况下也可与长边相垂直。

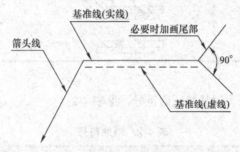

图 4-6 指引线

5. 基本符号相对基准线的位置

为了能在图样上确切地表示焊缝的位置,特将基本符号相对基准线的位置作如下规定:
1)如果焊缝在接头的箭头侧,则将基本符号标在基准线的实线侧,如图 4-7a 所示。
2)如果焊缝在接头的非箭头侧,则将基本符号标在基准线的虚线侧,如图 4-7b 所示。
3)标对称焊缝及双面焊缝时可不加虚线,如图 4-7c、图 4-7d 所示。

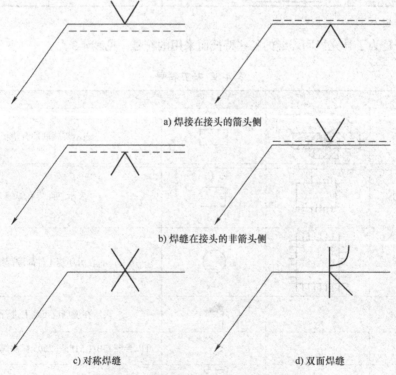

a) 焊接在接头的箭头侧

b) 焊缝在接头的非箭头侧

c) 对称焊缝   d) 双面焊缝

图 4-7 基本符号相对基准线的位置

6. 焊接的标注

焊缝符号标注中有许多要素，其中焊缝基本符号和指引线构成了焊缝的基本要素，属于必须标注的内容。其中常见的焊接标注如图 4-8 所示。

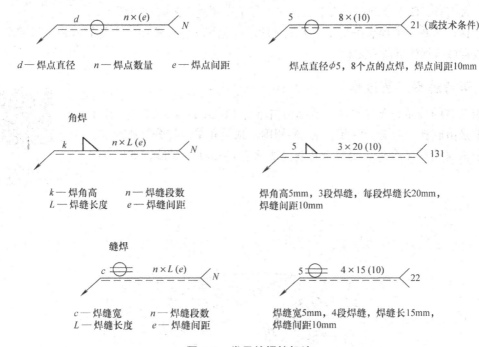

图 4-8 常见的焊接标注

 拓展学习

2002 年，刚刚参加工作的张明明从苏州铁路机械学校毕业，被分配至合肥机务段阜阳车间的电焊工岗位。

焊接看似简单，深入学习才知道其中大有文章。为了学习焊接，张明明找来《焊工工艺学》等书籍恶补理论知识。同时，他深知，光有理论还不够，一名优秀的电焊工更需要的是实战经验。于是，他成了练功房里的常客，整日除了上班、吃饭、睡觉，其余时间都在练功房里操练焊接的基本功。张明明手臂上有几处伤疤，都是焊花飞溅时落下的印记。

从第一次焊接作业的"歪歪扭扭"到得心应手，张明明只用了不到一年的时间。参加工作的第二年，在全段焊工技能比赛中，这位建段以来参加熔焊工技能"比武"年龄最小、工龄最短的新人，取得了全段第二名的成绩。2011 年，在同批入职的工友中，他率先考取了技师资格证。在 2016 年的全国铁路系统电焊工技能大赛中又夺得了第一名。

张明明现在的工作就是焊接高铁、动车的机体，他和同事们以精良的技术，认真负责的工作，保障了高铁、动车的安全运行。

张明明用他的经历和行动展示了工匠精神是怎样练成的。

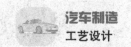

4.2 车身的焊接工艺

冲压将板料加工成形为车身板件。各个独立的车身板件必须经过焊接工艺过程才能成为完整的车身。这样的焊接工艺过程称为车身的焊装。焊装好的车身称为白车身总成。一部中型车的白车身大约有三四千个焊点。焊装工艺过程是整车制造工艺的重要环节。

为了保证这数千个焊点的质量，大批量的现代化汽车生产线中，车身的焊装工艺过程多由自动焊接机械或焊接机器人完成。

4.2.1 车身焊接工艺过程

焊装工艺的产品是车身本体，也称为白车身（body in white）。轿车白车身一般是由底板、前围、后围、左/右侧围、顶盖和车门等分总成组成，而各分总成又由很多合件、组件及零件（大多为冲压件）组成，如图 4-9 所示。

微课视频
车身焊接工艺过程

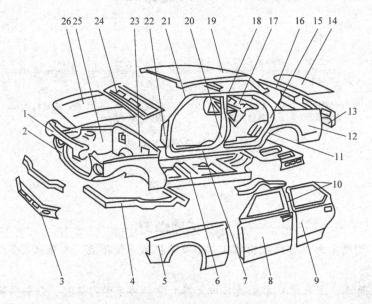

图 4-9 轿车白车身

1—发动机舱盖前支承板　2—散热器固定框架　3—前裙板　4—前框架　5—前翼子板
6—底板总成　7—门槛　8—前门　9—后门　10—门窗框　11—车轮挡泥板　12—后翼子板
13—后围板　14—行李舱盖　15—后立柱（C柱）　16—后围上盖板　17—后窗台板
18—上边梁　19—顶盖　20—中立柱（B柱）　21—前立柱（A柱）　22—前围侧板
23—前围板　24—前围上盖板　25—前挡泥板　26—发动机舱盖

汽车车身在焊装过程中，最重要的特点是具有明显的程序性，即车身覆盖件焊装存在先后顺序。车身按照位置的不同通常分为上下、左右和前后六大部分。按照焊装的需要，总成由若干个分总成组成，各分总成又划分为若干个合件，各合件又由若干个零件组件组成。焊装的一般程序是零件—组件—合件—分总成—总成。轿车车身的焊装顺序，如图 4-10 所示。

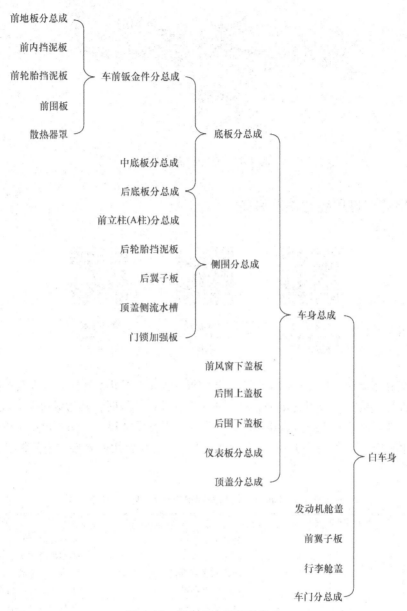

图 4-10 轿车车身的焊装程序

实施车身总成焊装工艺时，先将底板分总成在焊装夹具上定位焊接，作为焊接其他总成的基准，然后焊接车前钣金件、侧围、车身后部，最后焊接顶盖。为减少焊接工作量及模夹具和检具的使用量，要求对车身进行工艺分块时要尽量大，如现代轿车侧围都是经整体冲压而成的。除了在冲压中要保证车身的刚性外，合理的焊接工艺也是保证车身整体刚度的重要手段。先进的焊接工艺同时也能保证车身的安全性。图 4-11 所示为车身底板分总成。

焊后的车体通过钣金工序装上四个车门、发动机舱盖及行李舱盖，就变成了完整的白车身。

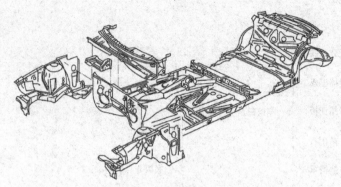

图 4-11 车身底板分总成

4.2.2 常用的车身焊装方法及设备

在汽车车身制造中，冲压后的零件多为薄钢板，如车门的内/外板、行李舱的内/外板等。这样的零件进行焊接时，采用的多是点焊。两块车身零件焊接时，其边缘每隔一段距离焊接一个点，使两零件形成不连续的多点连接。车身焊点的强度要求很高，每个焊点可承受 5kN 的拉力，甚至将钢板撕裂，仍不能将焊点部位分离。车身制造中常用的焊接方法及典型的应用实例，见表 4-4。

表 4-4 车身制造中常用的焊接方法及典型的应用实例

焊接方法				典型应用实例
电阻焊	点焊	单点焊	悬挂式点焊机	车身总成、车身侧围等分总成
			固定式点焊机	小型板类零件
		多点焊	压床式多点焊机	车身底板总成
			C 形多点焊机	车门、发动机舱盖等总成
	缝焊		悬挂式缝焊机	车身顶盖流水槽
			固定式缝焊机	油箱总成
	凸焊			螺母、小支架
电弧焊	CO_2 气体保护焊			车身总成
	氩弧焊			车身顶盖后两侧接缝
	手工电弧焊			厚料零部件
气焊	氧-乙炔焊			车身总成补焊
钎焊	锡钎焊			散热器
特种焊	微弧等离子焊			车身顶盖后角板
	激光焊			车身底板

1. 电阻焊

电阻焊由接头形式、工艺方法、焊接电流以及电源能量种类的不同划分为点焊、缝焊、凸焊、对焊。

（1）点焊

1）原理。点焊是利用电流通过焊件时所产生的电阻热加热焊件的接合处，在其金属达到塑性状态或熔化状态时施加一定的压力，使焊件牢固地连接在一起的一种方法，如图4-12所示。图4-13所示为点焊过程示意图。

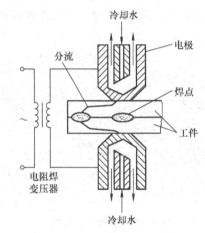

图4-12 电阻点焊原理示意图

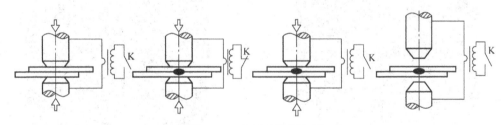

图4-13 点焊过程示意图

2）点焊参数。

点焊时产生的热量

$$Q = I^2Rt$$

式中 Q——产生的热量（J）；

I——焊接电流（A）；

R——电极间电阻（Ω）；

t——焊接时间（s）。

① 电极间电阻的影响。电极间电阻R包括工件本身电阻R_w、两工件间接触电阻R_c、电极与工件间接触电阻R_{ew}，即

$$R = 2R_w + R_c + 2R_{ew}$$

三种电阻中的接触电阻R_c最大，因此最高温度产生在此点，使金属熔化并熔结在工件接触点的中心。

② 焊接电流的影响。从公式可见，电流对产热的影响比电阻和时间两者都大。因此，在焊

接过程中,它是一个必须进行严格控制的参数。

③ 焊接时间的影响。为了保证熔核尺寸和焊点强度,焊接时间与焊接电流在一定范围内可以相互补充,可以采用大电流和短时间(强条件,又称为硬规范),也可采用小电流和长时间(弱条件,也称为软规范)。

选用硬规范还是软规范,取决于金属的性能、厚度和所用焊机的功率。对于不同性能和厚度的金属所需的电流和时间,都有一个上、下限,使用时以此为准。

3)点焊设备。普通点焊机根据机器结构和应用场合的不同分为移动式点焊机和固定式点焊机,其中移动式点焊机根据其结构的不同,又分为手提式点焊机、悬挂式点焊机和固定式点焊机,如图 4-14～图 4-17 所示。

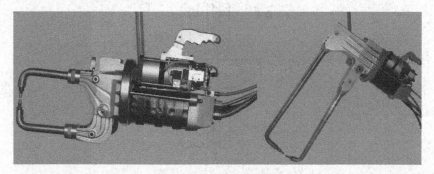

图 4-14 手提式点焊机

图 4-15 一体式悬挂点焊机

图 4-16 分体式悬挂点焊机

焊极根据焊接对象的不同,有很多形状和大小,如图 4-18 所示。

图 4-17 固定式点焊机

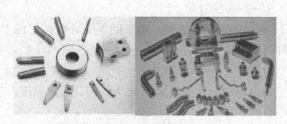

图 4-18 焊极

（2）凸焊

凸焊是在焊件的贴合面上预先加工出一个或多个凸起点，使其与另一焊件表面相接触并通电加热，然后压塌，使这些接触点形成焊点的电阻焊方法。其中，立式点凸焊机适用于碳钢板和不锈钢的点焊、凸焊等，如图 4-19 所示。凸焊是一种能够同时进行多点焊接的高效率焊接法，这种方法的加工速度快，且除电力外无其他消耗，这是个很大的特点。

图 4-19　凸焊

凸焊与点焊相比，其不同点是预先在板件上加工出凸点，或利用焊件上能使电流集中的型面、倒角等作为焊接时的相互接触部位。焊接时靠凸点接触，提高了单位面积上的压力与电流密度，有利于将板件表面的氧化膜压破，使热量集中，减小分流，缩短了点焊中心距，一次可进行多点凸焊，提高了生产率，并减小了接头的翘曲变形。在车身上，一般是将凸焊螺母（有凸点的螺母）焊在薄板上，这样在装配时只需要拧紧螺栓即可，提高了装配效率。

（3）缝焊

1）原理。缝焊与点焊相似，都属于电阻焊，所不同的是用旋转的盘状电极代替柱状电极，叠合的工件在圆盘间受压通电，并随圆盘的转动而送进，形成连续焊缝。缝焊适宜于焊接厚度在 3 mm 以下的薄板搭接。

缝焊可看成是一连串点焊过程，也可称为滚压点焊。

对于密封容器的薄板，如油箱，在加工过程中常采用缝焊，可以保证薄壁零件的密闭性和稳定性。

2）缝焊设备。缝焊机与点焊机的工作原理及结构基本类似，比较明显的特征是将点焊机的柱状电极换成了盘形滚轮电极。

焊件装配成搭接或斜对接头并置于两滚轮电极之间，滚轮加压焊件并转动，连续或断续送电，形成一条连续焊缝。缝焊机如图 4-20 所示。

3）缝焊类型。按滚盘转动与馈电方式分，缝焊可分为连续缝焊、断续缝焊和步进缝焊。

按接头类型分，缝焊可分为搭接缝焊、压平缝焊、垫箔对接缝焊、铜线电极缝焊等。

2. CO_2 气体保护焊

CO_2 气体保护焊是一种气体保护焊。气体保护焊常用的保护气体有

图 4-20　缝焊机

二氧化碳、氩气、氦气、氢气及混合气体。CO_2气体保护焊是用CO_2作为保护气体的焊接方法。

（1）CO_2气体保护焊的原理

二氧化碳气体保护电弧焊简称CO_2气体保护焊或CO_2焊，属于熔化极气体保护焊。其原理是利用CO_2气体保护使电极与空气隔离，电弧在焊丝和工件之间燃烧，焊丝自动送进，熔化了的焊丝和母材最终形成焊缝，如图4-21所示。

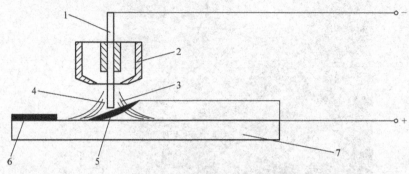

图4-21 气体保护焊的原理
1—焊丝 2—喷嘴 3—电弧 4—气体保护层 5—熔池 6—焊缝 7—焊件

气体保护焊的优点是，电弧线性好，对中容易，易实现全位置焊接和自动焊接；电弧热量集中，熔池小，焊接速度快，热影响区较窄，焊件变形小，抗裂能力强，焊缝质量好。但是气体保护焊不宜在有风的场地施焊，这是因为电弧光辐射较强，并且在焊接过程中可能会产生较大的飞溅。

CO_2气体保护焊分为半自动焊和自动焊两类。

焊接用的CO_2气体是钢瓶的液态CO_2汽化形成的。液态CO_2是无色液体，其沸点为-78℃，在常温下能迅速汽化，因而从钢瓶放出的是气态的CO_2。

（2）CO_2气体保护焊的焊接工艺

CO_2气体保护焊的工艺参数有焊接电流、电弧电压、焊丝直径、焊丝伸出长度、气体流量等，在其采用短路过渡焊接时还包括短路电流峰值和短路电流上升速度。

1）焊接电流和电弧电压。短路过渡焊接时，焊接电流和电弧电压会周期性地变化，电流表和电压表上的数值是其有效值，而不是瞬时值，一定的焊丝直径具有一定的电流调节范围。

2）焊丝伸出长度。焊丝伸出长度是指导电嘴端面至工件的距离。由于CO_2气体保护焊选用的焊丝较细，所以焊接电流流经此段所产生的电阻热对焊接过程有很大影响。生产经验表明，合适的伸出长度应为焊丝直径的10~20倍，一般在5~15mm范围内。

3）气体流量。小电流时，气体流量通常为5~15L/min；大电流时，气体流量通常为10~20L/min。并不是流量越大保护效果越好，当气体流量过大时，由于保护气流的紊流度增大，反而会把外界空气卷入焊接区。

4）电源极性。CO_2气体保护焊一般都采用直流反接，飞溅相对比较小，电弧稳定，成形好。

（3）气体保护焊设备

CO_2气体保护焊的焊接设备示意图如图4-22所示。

1）焊机。CO_2气体保护焊的焊机与点焊机和缝焊机相比，最明显的区别就是多了CO_2气瓶，如图4-23所示。

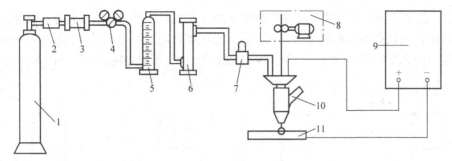

图 4-22 CO_2 气体保护焊的焊接设备示意图

1—CO_2 气瓶 2—预热器 3—高压干燥器 4—减压表 5—流量计 6—低压干燥器
7—电磁气阀 8—送丝机构 9—电源控制箱 10—焊枪 11—工件

图 4-23 CO_2 气体保护焊的焊机

2）焊枪。焊枪的作用是导电、导丝、导气。按照送丝方式的不同，焊枪可分为推丝式焊枪和拉丝式焊枪；按照结构的不同，焊枪可分为鹅颈式焊枪和手枪式焊枪；按照冷却方式的不同，焊枪分为空气冷却式焊枪和内循环水冷式焊枪。其中鹅颈式焊枪是应用最为广泛的，如图 4-24 所示。

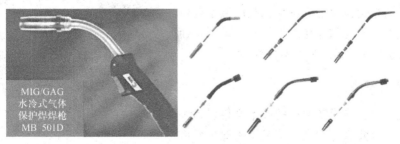

图 4-24 鹅颈式焊枪及其分解图

3. 螺柱焊

螺柱焊的工作原理是，将螺柱放入焊枪的夹头里并套上套圈，使螺柱端与工件接触，如图

4-25a 所示；按下开关接通电源，枪体中的电磁线圈通电而将螺柱从工件拉起，随即起弧，如图 4-25b 所示；电弧热使柱端和母材熔化，时间控制器自动控制燃弧时间，断电同时断弧，压紧弹簧将螺柱压入熔池即完成焊接，如图 4-25c 所示；最后形成焊接接头，如图 4-25d 所示。

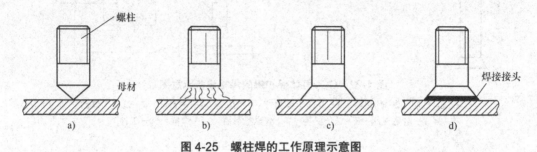

图 4-25 螺柱焊的工作原理示意图

4. 激光焊接

激光焊是以聚焦的激光束作为能量轰击焊件所产生的热量进行焊接的方法。

激光焊可以达到两块钢板之间的分子结合，焊接后的钢板硬度相当于一整块钢板，焊接后可以冲压加工，将车身强度提高 30%，大大地节约了材料。近年来激光焊不仅被用于单件成形的焊接，也被大量应用在车身的总成焊接中。图 4-26 所示为激光焊接的情形。

激光焊的优点如下。

1）减轻了车身最终的质量。
2）减少了汽车零部件的数量。
3）原材料利用率大大提高。
4）结构功能得到大大提升。
5）为生产宽体车提供可能。
6）提高了焊接速度。

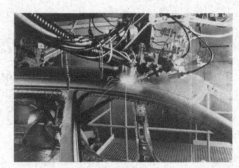

图 4-26 激光焊接的情形

5. 钎焊

钎焊的原理是利用熔点比母材低的金属作为钎料，加热后钎料熔化而焊件不熔化，利用液态钎料润湿母材，填充接头间隙并与母材相互扩散，从而将焊件牢固地连接在一起，如图 4-27 所示。

4.2.3 焊装工艺卡

焊装工艺卡是指导焊装生产的技术文件，是焊接操作的依据。焊装工艺卡规定了某零（部）件或某工位（工序）焊接的具体要求，包括焊接方法、焊接参数、工具设备以及操作过程等内容。

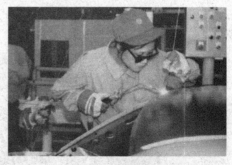

图 4-27 钎焊

严格按照焊接工艺卡规定执行，才能保证焊装生产质量的再现性。图 4-28 所示为车身 B 柱内板总成焊装工艺卡。

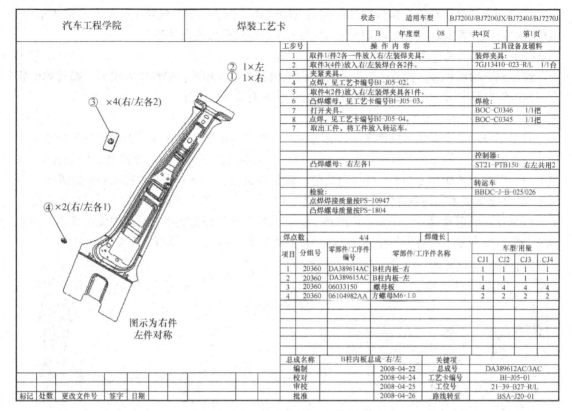

图4-28 车身B柱内板总成焊装工艺卡

工艺卡中规定了B柱内板总成焊装的焊接方法、焊接参数、工具设备、操作过程等内容，操作内容如下。

1）取件1放入焊装夹具。

2）取件3放入焊装台。

3）夹紧夹具。

4）点焊。

5）取件4放入焊装夹具。

6）凸焊螺母。

7）打开夹具。

8）点焊。

9）取出工件，放入转运车。

4.2.4 车身焊装夹具简介

在汽车车身的装配焊接生产过程中，为了保证产品质量、提高劳动生产率和减轻劳动强度，经常使用一些用以夹持并确定工件位置的工具和装置来完成装配和焊接工作，这些工具和装置统称为焊装夹具。

1. 车身焊装的特点

（1）结构形状复杂，构图困难

汽车车身都是由薄板冲压件焊装而成的空间壳体，为了造型美观和壳体具有一定的刚性，组成本身的零件通常是经过拉深成形的空间曲面体，结构形状较为复杂。

（2）刚性差、易变形

经过成形的薄板冲压件有一定的刚性，但和机械加工件相比，刚性要差得多，而且单个的大型冲压件容易变形，只有焊接成车身壳体后，才具有较强的刚性。

（3）以空间三维坐标标注尺寸

汽车车身产品图以空间三维坐标来标注尺寸。为了表示覆盖件在汽车上的位置和便于标注尺寸，汽车车身一般每隔200mm或400mm划一坐标网线。三个坐标的基准是，前后方向（Y向）——以汽车前轮中心为0，往前为负值，往后为正值；上下方向（Z向）——以纵梁上平面为0，往上为正值，往下为负值；左右方向（X向）——以汽车对称中心为0，左右为正负。

可见要完成车身焊装的任务比较困难，一般先将车身零件安装在必要的焊装夹具内，如图4-29、图4-30所示，而后用各种焊接方法焊成整体。夹具的设计与选择是至关重要的。

图4-29　车身焊装零件安装在夹具上

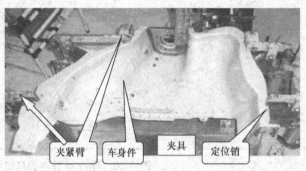

图4-30　车身件在夹具上的安装定位情况

2. 车身焊装夹具设计的基础条件

车身总装夹具有三个装配基准：底板、左侧围和右侧围，在各自的平面上都加工有基准槽和坐标线，定位夹紧组合单元按各自的基准槽进行装配、检测，最后将三大部分组合起来，成为一套完整的夹具。

3. 车身焊装夹具的装配精度

装配精度包括两方面内容：外观精度与骨架精度，外观精度是指车门装配后的间隙面差，而骨架精度是指三维坐标值。货车车厢的装配精度一般控制在2mm内，轿车控制在1mm内。焊装夹具的设计既要保证工序件之间的焊装要求，又要保证总体的焊接精度，通过调整工序之间的匹配状态来满足整体的装配要求。

车身焊装的装夹采用六点定位原则。六点定位原则是指限制六个方向运动的自由度。在设计车身焊装夹具时，常有两种误解，一是认为六点定位则对薄板焊装夹具不适用，二是看到薄板焊装夹具上有超定位现象。产生这种误解的原因是把限制六个方向运动的自由度理解为限制六个方向的自由度，焊装夹具设计的宗旨是限制六个方向运动的自由度，这种限制不仅依靠夹具的定位夹紧装置，还依靠制件之间的相互制约关系。只有正确认识了薄板冲压件焊装生产的特点，同时又正确理解了六点定则，才能正确应用这个原则。

4. 车身焊装夹具的结构和要求

图4-31所示为使用车身焊装夹具焊装的情况。汽车焊装夹具通常由夹具地板、定位装置、

夹紧机构、测量机构及辅助机构五大部分组成。

（1）夹具地板

夹具地板是焊装夹具的基础元件，其精度直接影响定位机构的准确性，因此对工作平面的平面度和表面粗糙度均有严格的要求。

（2）定位装置

定位装置中的零部件通常有固定销、插销、挡铁、V形块，以及根据焊件实际形状确定的定位等。

图 4-31 使用车身焊装夹具焊装的情况

（3）夹紧机构

车身冲压件装配后，多使用电阻焊接。电阻焊是一种高效焊接工艺，通常在两个工件间进行，夹紧点一般都比较多，为减少装卸工人的辅助时间，夹紧应采用高效快速装置和多点联动机构。对于薄板冲压件，夹紧力作用点应作用在支承点上，只有对刚性很好的工件才允许作用在几个支承点所组成的平面内，以免夹紧力使工件弯曲或脱离定位基准。

（4）辅助机构

辅助机构一般包括旋转机构、翻转机构等，其作用主要是减少焊机的数量，节约生产成本，同时降低工人劳动强度。

（5）测量机构

利用夹具本体自身设计测量机构，是提高夹具设计和制造精度的重要措施。实践证明，利用夹具自身测量机构与三坐标测量仪配合使用，可大大提高焊装夹具的精度。

4.2.5 焊接机器人简介

汽车制造业对许多构件的焊接精度和速度等指标提出越来越高的要求，焊接生产线上大量应用多品种、高技术的焊接设备，一般工人已难以胜任这一工作，此外焊接时产生的火花及烟雾等会对人体造成危害，因此焊接过程的完全自动化已成为重要的研究课题，其中，最为重要的就是要应用焊接机器人。直接用于焊接的有电弧焊、电阻焊、气焊等机器人，点焊机器人使用最多，如图 4-32 所示。

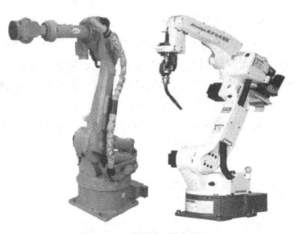

1. 焊接机器人的组成

焊接机器人主要由执行部分、控制部分、动力源及传递部分、工艺保障部分组成，如图 4-33 所示。

图 4-32 焊接机器人外观

1）执行部分。执行部分是机器人为完成焊接任务而传递力或力矩并执行具体动作的机械结构，包括机器人的机身、臂、腕、手等。

2）控制部分。控制部分是负责控制机械结构按所规定的程序和所要求的轨迹，在规定的位置之间完成焊接作业的电子、电气元件和计算机系统。

3）动力源及传递部分。动力源及传递部分可为执行部分提供和传递机械能的部件与装置，动力源多为电动或液压。

4）工艺保障部分。工艺保障部分主要包括焊接电源、送丝装置、送气装置等。

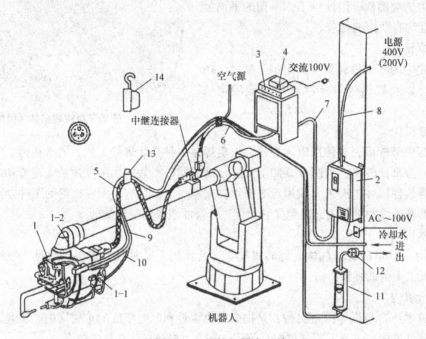

图 4-33 焊接机器人系统

1—焊钳（1-1—气管接头；1-2—水管接头） 2—主电力开关 3、4—控制箱 5—同轴电缆 6~8—导线套管 9—冷却水管 10—气管 11—流量计 12—水开关 13、14—吊挂件

2. 机器人的自由度

机器人的臂和腕是基本动作部分，任何一种设计的机器人臂部都有三个移动自由度，以保证臂的端部能够到达其工作范围内的任何一点。腕部的三个自由度是绕空间相互垂直的三个坐标轴 x、y、z 的回转运动，一般称其为滚转运动、俯仰运动和偏转运动。图 4-34 所示为焊接机器人的工作情形。

图 4-34 焊接机器人的工作情形

4.3 焊接质量

在汽车生产过程中，车身焊接的质量直接影响整车生产厂的制造水平，同时影响整车质量。控制焊接质量，是个很重要的课题。

4.3.1 点焊的质量管理

汽车车身的点焊点数有3000～40000个，点焊的质量管理是车身焊接质量管理的一个重点。对于这样众多的焊点质量应从两个方面进行管理：一方面细心稳妥地制订全部焊点的焊接条件，并做周期性检查；另一方面以统计方法确定出重点焊接部位，对其做频繁检查。

1. 影响点焊质量的主要因素

不言而喻，质量来自工艺并由工艺来保证，也可以说，质量始于设计阶段而决定于生产准备阶段。综合上述两种观点，影响点焊质量的主要因素如图4-35所示。

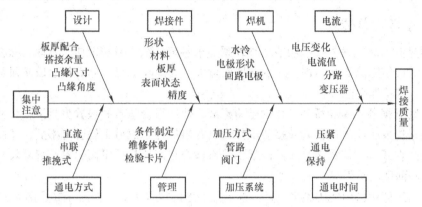

图4-35 影响点焊质量的主要因素

决定焊接质量的主要因素有设计质量的确定与试验鉴定，板厚的配合、焊点间距与焊接点数，焊接方法（关系到生产计划与投资效果），工艺方案、工夹具与设备计划，电流密度，焊接条件，以任务书形式向制造工序下达的指示，以检验卡片形式向管理与维修部门下达的指示，超声非破坏性检验与錾凿剥离破坏性检验，拉深、疲劳等项试验，修补工序等。

据之制订焊接质量管理程序，以达到质量的稳定化。

2. 点焊质量检验

点焊质量检验可分为超声非破坏性检验与錾凿剥离破坏性检验等两类，后者以其操作简便和可靠性大成为加工现场所采用的主要方法。检验部位可区分为全数检验、定期检验和抽查检验三种，记录在管理图表或检验卡片上，作为技术措施的基本资料。

3. 点焊缺陷的内容

点焊缺陷的内容有未通电、虽通电但未形成熔核、熔核虽形成但向四周脱落。

随着设备的高速化与自动化，点焊缺陷形成原因也趋于复杂。在上述三大条件得到满足后，还有一些会导致缺陷的因素，如电极端头磨损、二次线圈阻抗增大、回路电极接触不良、因分流使得电流密度极度衰减、加压力与通电时间不当、板件接合不良、板件浅面状况不良等。应该指出缺陷的确切原因与焊接的基本事项。

4. 点焊质量检测器

为了保证焊接质量，有些部分可采用检测器，被检测的对象有一次电流、通电周期、二次电流、加压力、二次电流与通电时间、熔核热膨胀与熔核温度等。目前正在进行这方面的研究，但尚无一种能够百分之百地保证点焊质量的方法。点焊熔核的生成与电流密度直接相关，目前重点在于掌握实现最佳工艺条件的手段与管理方法。

4.3.2 电弧焊的质量管理

点焊也会发生焊接变形，而电弧焊的变形更大。为了减少焊接变形，稳定电弧焊的焊接质量，所采取的措施有消除焊接部位之间的间隙、增加焊装夹具的刚度和紧固力并采用预变形法、冲压件的预变形修正、焊接顺序的合理安排、尽量避免焊缝过长等。

在使用CO_2气体保护焊时，为了防止因电弧吹偏所发生的气孔和焊道散乱的现象，应考虑各部位绝缘与地线敷设问题，确保接地电路畅通。通过试验，确定不发生电弧吹偏的接地电路，以进行质量管理。

4.3.3 尺寸与表面精度

汽车车身的产品质量主要从功能上和外观上来鉴定。在车身功能质量方面，除去车门的开关功能外，其内容随涂漆和内饰工序的进展而增多，为此在车身本体焊接总成阶段就应以尺寸检验为中心，进行外观检查。

各工序间根据各工序和每种部件的检验标准，使用组合量具和检验夹具进行尺寸检验与质量管理。至于构成车身外护板的铰接装配件，只有当每种总成单个检验合格后，才能安装到车身本体上去。在车身本体焊接总成阶段就要严格检查装配质量（平面错差、缝隙尺寸、缝隙平行度等）和表面凹凸不平度。

工序间与工序中检验使用刻度尺、游标卡尺、厚度规等工具，如图 4-36、图 4-37 所示。表面凹凸不平度检查，可采用观察透光程度的方法，以及用手抚摸感觉的方法。

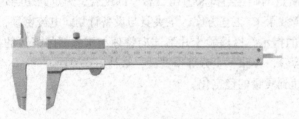

图 4-36　游标卡尺

图 4-37　厚度规

自动生产线上设自动检测机用于检查装配焊接质量和尺寸要求，在白车身焊装完成后用三坐标测量机进行抽检。

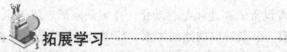 拓展学习

2005 年 4 月 12 日，高某在某农机有限公司购买 200P 轮式拖拉机一台。2005 年 4 月 15 日下午 6 时，高某驾驶该车辆行至某地方，转向盘突然脱落，导致高某被甩离驾驶座着地致死。

在处理事故期间，某农机试验鉴定站对事故现场和拖拉机脱落的转向盘进行了勘验和技术鉴定，经鉴定认为，转向盘的脱落原因是转向轴与辐轴的连接点焊接强度不够导致断裂，引起转向盘脱落。为此，死者家属于 2006 年 3 月 9 日诉至某人民法院，要求该公司赔偿死者家属被抚养人生活费、死亡赔偿金等共计 97637.62 元。

只是一个焊接强度问题就导致生命的丧失和巨大的经济损失，说明了焊接质量问题的重要性。焊接质量和其他很多质量要求一样，关系着人的生命财产安全，容不得半点马虎。由此希望同学们在学习和工作时一定要养成认真负责的工作态度，高度重视质量问题。

项目 5
车身涂装工艺

任务描述

某人从一家机械加工企业跳槽到了某汽车生产企业的生产部门,被分配到了涂装分厂工作。作为一个学习机械加工出身的工程师,他对涂装和涂料并不太了解,于是他认真学习,不断向相关的技术工程师请教。半年后,他需要调岗为分厂的工艺主管。企业人事部门和分厂主抓技术的厂长参与了对他的内部面试流程,并提出了一系列的问题。要想成为一名合格的涂装工艺主管,需要了解大量汽车涂装的工艺知识和技术。

学习目标

1. 能够掌握车身涂装的基本常识
2. 能够掌握车身涂装工艺流程
3. 熟悉涂装工艺设备

知识与技能点清单

序号	学习目标	知识点	技能点
1	能够掌握车身涂装的基本常识	1. 涂装的概念 2. 涂装的作用 3. 汽车涂装的工艺特点 4. 车身涂料的组成及分类	1. 能够正确描述车身涂装的概念、作用和工艺特点 2. 能够正确描述车身涂料的组成及分类
2	能够掌握车身涂装工艺流程	1. 涂装工艺的基本体系 2. 轿车车身涂装的主要工艺过程	能够正确掌握涂装工艺流程
3	熟悉涂装工艺设备	1. 涂装生产线 2. 涂装的方法 3. 涂装设备	1. 能够正确掌握涂装的方法 2. 能够正确认识涂装设备

学习信息

5.1 车身涂装工艺概述

车身焊装完成后，白车身需要经过涂装工艺过程，从而得到外观色泽靓丽、防腐防蚀的成品车身。涂装工艺是决定汽车外观质量，提高防腐蚀性能的关键工艺，是整车制造四大工艺之一。

5.1.1 车身涂装的作用

汽车是一种陆路交通工具，其使用的环境、气候、道路条件复杂多变，因此车身表面需要有良好的耐候、耐蚀、耐擦伤及抗石击的特性，应该在日晒、雨淋、风沙冲击、干湿交替、冷热变换、盐雾与酸雨侵蚀的环境下，具有良好的保光、保色、不粉化、不脱落、不起泡、不锈蚀能力。此外，覆盖在车身表面的涂装层还是汽车一层美丽的外装，对于绝大多数用户来说，外观往往是决定其是否购买某车的主要因素。因此汽车涂装应该具有防护和装饰两大功效。汽车涂装工艺的重点在于：在低污染、低成本的前提下，实现对汽车车身及其他各总成部件最有效的防护并达到最佳的美化效果。

微课视频
汽车涂装工艺的
作用和特点

1. 汽车涂装的概念

涂装是指将涂料涂覆于物面（基底表面）上，经干燥成膜的工艺。已经固化了的涂料膜称为涂膜（俗称"漆膜"）。由两层以上的涂膜组成的复合层称为涂层。汽车表面涂装是典型的多涂层涂装。

2. 汽车涂装的功能

汽车经过涂装后，不仅可以使车身具有优良的外观，而且还会使车身耐腐蚀，从而提高汽车的商品价值和使用价值。汽车涂装具有保护、装饰、特殊标识等作用。

（1）保护作用

汽车运行环境复杂，经常会受到水分、微生物、紫外线和其他酸碱气体、液体等的侵蚀，有时会被磨、刮而造成损伤。如果在其表面涂上涂料，就能保护汽车免受损坏，延长使用寿命。这是因为车身表面经过涂装以后，使零件的基本材料与大气环境隔绝，起到一种"屏蔽"作用而防止锈蚀和其他腐蚀，同时涂层有一定的硬度和厚度，可以抵抗和减轻外部力的破坏。如图5-1所示，汽车车身涂层受到损伤，但保护了车身基体不受破坏。

（2）装饰作用

现代汽车不但是实用的交通运输工具，更像是一种艺术品。车身颜色与车内颜色相匹配，与环境颜色相协调，与人们的爱好及时代感相适应。绚丽的色彩与优美的线型融合为一体，构成了汽车的造型艺术，协调的色彩烘托了汽车的造型，使汽车更具有艺术美，如图5-2所示。

图 5-1 涂层对车身的保护

图 5-2 装饰作用

（3）标识作用。

涂装的标识作用是由涂料的颜色体现的。在汽车上涂装不同的颜色和图案来区别不同用途的汽车。如消防车涂成大红色；邮政车涂成橄榄绿色，字号、车号为白色；救护车为白色，并做红十字标记；工程车涂成黄色与黑色相间的条纹，字及车号为黑色等，如图5-3～图5-6所示。

图 5-3 消防车

图 5-4 邮政车

图 5-5 救护车

图 5-6 工程车

5.1.2 车身涂装工艺的特点

汽车的使用工况复杂多变,决定了涂装效果必须达到高等级的装饰,使其具有极强的耐候性、耐腐蚀性。汽车生产技术复杂,投资成本巨大,因此先进的汽车生产均为大量流水线生产,车身的经济产量为 15~30 万辆/年。

1. 车身涂装的组成

汽车使用工况复杂,对涂料要求的功能多,因此汽车涂膜一般由底漆涂层、中间涂层、面漆涂层三层组成,如图 5-7 所示,每层分别承担不同的功能,涂层总厚度可达 80μm 以上。

图 5-7 汽车涂膜的三层涂层

（1）车身用底漆

底漆是直接喷涂于经过处理的车身表面的第一道涂料,是整个涂层的基础,如图 5-8 所示,主要用来增强车身表面的保护性（起防锈、耐水及防腐蚀等作用）,并增强中间层涂料或面漆的附着力。底层涂料是夹在车身金属表面和面层之间的保护层。底层涂料也是由颜料、黏合剂和溶剂三部分组成的。底层涂料的涂层形式有若干种,如预涂底层涂料、涂腻子和涂密封剂等。

图 5-8 底漆喷涂

1）车身用底漆的选用原则。

① 附着力强，除在车身表面上附着牢固外，并能与腻子或面漆黏附牢固。

② 有良好的防锈能力、耐腐蚀性和耐水性（耐潮湿性）。

③ 底漆涂膜应具有较高的机械强度和适当的弹性，当车身蒙皮膨胀或收缩时，不致脆裂脱落；当面漆老化收缩时，也不致折裂卷皮，能满足面漆耐久性的要求。

④ 应与中间涂层或面漆涂层有良好的配套性，即有耐溶剂性，不被中间层或面漆涂层所含溶剂咬起。

⑤ 有良好的施工性，应能适应汽车涂装工艺的大量流水线生产的特点。

2）车身用底漆的分类。

底漆涂装有电泳涂装、喷漆、浸涂三种涂装方式。车身底漆采用电泳涂装工艺，根据涂装方式的不同，可以分为电泳底漆（涂料）和有机溶剂性底漆。

电泳涂装是利用外加电场使悬浮于电泳液中的颜料和树脂等微粒定向迁移并沉积于电极之一的基底表面的涂装方法。

电泳涂料是一种水溶性或乳化性涂料，在水中能电离成带电荷的水溶性聚合物，在直流电场的作用下泳向相反电极（工件），在其上面沉积析出。

① 电泳涂料的特点。

a. 采用水溶性涂料，以水为溶解介质，节省了大量有机溶剂，大大降低了大气污染和环境危害，安全卫生，同时避免了火灾的隐患。

b. 涂装效率高，涂料损失小，涂料的利用率可达 90%～95%。

c. 涂膜厚度均匀，附着力强，涂装质量好，工件各个部位如内层、凹陷、焊缝等处都能获得均匀、平滑的漆膜，解决了其他涂装方法对复杂形状工件的涂装难题。

d. 生产效率高，施工可实现自动化连续生产，大大提高了劳动效率。

e. 设备复杂，投资费用高，耗电量大，其烘干固化要求的温度较高，涂料、涂装的管理复杂，施工条件严格，需要进行废水处理。

f. 只能采用水溶性涂料，在涂装过程中不能改变颜色，涂料贮存过久，稳定性不易控制。

② 电泳涂料的类型。根据电泳涂装方式的不同，电泳涂料可以分为阴极电泳涂料和阳极电泳涂料两种。

a. 阴极电泳涂料。阴极电泳涂料所用的成膜聚合物（由一种或几种结构单元通过共价键连接起来的分子量很高的化合物）是阳离子型树脂，在树脂骨架中含有多个胺基，中和剂是有机酸，例如甲酸、乙酸、乳酸等。阴极电泳涂料在水中离解成为阳离子聚合物，最常用的树脂有环氧树脂和聚酰胺树脂等。

b. 阳极电泳涂料。阳极电泳涂料所用的成膜聚合物是阴离子型树脂，常用的都是多羧基的聚合物，中和剂是无机盐和有机胺，例如 KOH、一乙醇胺、三乙醇胺、三乙胺等。阳极电泳涂料在水中离解成为阴离子聚合物，常用的有纯酚醛阳极电泳涂料、聚丁二烯阳极电泳涂料、顺酐化油阳极电泳涂料等。

③ 有机溶剂性底漆。汽车用有机溶剂性底漆所用的主要基料醇酸、酚醛及环氧等合成树脂，涂装方式有喷涂和浸涂两种。

汽车常见有机溶剂性底漆一览表见表 5-1。

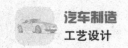

表 5-1 汽车常见有机溶剂性底漆一览表

型号	名称	组成	性能	应用
F06-9	铁红纯酚醛底漆	纯酚醛树脂、干性植物油及铁红、铁质颜料	附着力和防锈性能好	中高级轿车、驾驶室
F06-10	铁红纯酚醛电泳底漆	纯酚醛电泳漆料、防锈颜料、蒸馏水	附着力和防锈性能好,漆膜平整,与面漆结合力好	车身覆盖件
C06-1	铁红纯酸底漆	干性植物油改性醇酸树脂、氧化铁红、铅铬黄、体质颜料、催干剂二甲苯	附着力和防锈性能好,与多种面漆配套性好,耐湿、耐热性差	中高级轿车、驾驶室
H06-3	铁红锌黄环氧底漆	环氧树脂、三聚氰胺甲醛树脂、防锈颜料、溶剂	优越的附着力,耐水、耐化学药品	高级轿车、驾驶室
H06-5	铁红环氧酯电泳底漆	环氧树脂、亚麻油酸顺丁烯二酸酐、丁醇、胺类、蒸馏水	附着力、耐水和防锈性能同上	驾驶室
H06-19	铁红锌黄环氧酯底漆	环氧树脂、植物油、氨基树脂、铁红锌黄	漆膜坚硬耐久,附着力好,可以与磷化底漆配套使用	驾驶室

（2）车身用中间层涂料

中间层涂料是指介于底漆层与面漆层之间的涂层所用的涂料，其主要功能是改善底层的平整度，为面漆层创造良好的基地，以提高面漆涂层的附着力和整个涂层的装饰性。对于表面平整度较好、装饰性要求又不高的载货汽车和中级客车等车辆的车身，常不采用中间涂层，以简化工艺。但对装饰性要求较高的中高级轿车，一般均使用中间层涂料，有时甚至采用各种中间涂料。

1）车身用中间层涂料的特性。

① 应与底漆、面漆层具有良好的配套性。

② 应具有较强的结合力，硬度配套适中，保证不被面漆的溶剂咬起。

③ 应对底漆或腻子表面的缺陷有良好的填平性。

④ 应具有易干燥和良好的打磨性。打磨时不沾砂纸，在湿打磨后，能得到平整光滑的表面，并能高温烘干。

⑤ 有良好的抗石击性能。

2）车身用中间层涂料的分类。中间层涂料的种类也比较多，主要是环氧树脂、胺基醇酸树脂和醇酸树脂漆，现简介几种常用的中间层涂料。

① C06-10 醇酸二道底漆（醇酸二道浆）。

C06-10 醇酸二道底漆多用其喷涂在有底漆和腻子的表面或只有底漆的金属上，填平微孔和纹道。喷涂后可常温干燥，如果喷涂后放置半小时，再在 100～110℃温度下烘烤一小时，则能够提高漆膜性能。该涂料用二甲苯对稀后喷涂，与醇酸底漆、醇酸磁漆、醇酸腻子、氨基烤漆等配套使用。漆膜细腻、容易打磨，打磨后平整光滑。

② H06-9 环氧酯烘干二道底漆。

H06-9 环氧酯烘干二道底漆作为汽车车身封闭底漆，用在有底漆和打磨平滑的腻子上，填密性良好，可填密腻子孔隙、细痕，也易打磨。施工以喷涂为主，用二甲苯调稀，漆膜烘干后，可用水砂纸打磨，使底层平滑。

③ G06-5 过氯乙烯二道底漆（过氯乙烯封闭漆）。

用来作为头道底漆和腻子层上的封闭性底漆，可填平微孔和纹道，打磨性较好，能增加面漆的附着力和丰满度。适宜喷涂，用 X-3 过氯乙烯漆稀释剂和 F-2 过氯乙烯防潮剂调整黏度，除防潮外还可防止发白。可与过氯乙烯底漆、腻子、磁漆、清漆等配套使用。

此外，H06-12 环氧醇酸二道底漆、Q06-5 灰硝基二道底漆、T06-6 各色酯胶二道底漆和 F06-13 各色酚醛二道底漆等也是较常用的中间层涂料。

（3）车身用面漆

面漆是汽车多层涂层中最后涂层的涂料，直接影响汽车的装饰性、耐候性、耐潮湿性和抗污性。在汽车车身生产中，尤其是在轿车和高级客车生产中，对汽车用面漆的质量要求非常高。面漆喷涂如图 5-9 所示。

1）车身用面漆的选用原则。

① 面漆应符合不同档次汽车的外表装饰要求。涂膜外观应光滑平整、花纹清晰，对光泽度、橘皮程度、影像的清晰度都随着车型的不同而有不同的要求。

图 5-9　面漆喷涂

② 面漆与底漆应有良好的配套性，以保证良好的附着性和无咬底现象。

③ 面漆漆膜的性能应与车辆的使用环境要求相适应。一般情况下，面漆涂膜应坚硬耐磨，具有足够的硬度，以防止涂层在汽车洗刷时和行驶过程中，由于路面砂石的冲击产生划痕。面漆应具有一定的耐潮湿性，涂过面漆的工件浸泡在 40～50℃ 的温水中，暴露在相对湿度较大的空气中，面漆不应起泡、变色或失光。面漆还要具有一定的耐候性，在选用面漆时要通过耐寒性和耐温变性（-40～60℃）试验；汽车用面漆涂层在热带地区暴晒 12 个月，只允许极轻微的失光和变色，不得有起泡、开裂和锈点。此外，面漆漆膜还应具有一定的防腐蚀性和耐药剂性等。

④ 根据施工条件合理选用面漆。在大量流水线生产中，所选用的面漆应对其施工工艺具有良好的适应性。在装饰要求高时，面漆涂层应具有良好的抛光性能。此外，面漆还应具有较好的重涂性（即在不打磨的场合下再涂面漆时，结合力良好）和修补性。

2）车身用面漆的分类。汽车车身用面漆的种类很多，按其成分主要有以下几类。

① 硝基面漆。硝基面漆是一种挥发型喷漆，如图 5-10 所示，具有漆膜干燥快、漆膜坚硬耐磨、光泽较好、易施工和修补、能抛光、装饰性好等优点。但是因为涂料内固体成分少，溶剂挥发

图 5-10　硝基面漆

后成膜很薄，必须喷涂多次，所以施工工序较繁琐，并且打磨抛光劳动强度大，溶剂耗量大，火灾危险性也大。此外，硝基面漆价格较高，耐水性和耐候性差，即保光保色性差，耐化学药品性能也不好，且有毒性，喷涂时对人的健康还有危害。

② 过氯乙烯漆。过氯乙烯漆也是一种挥发性涂料，具有快干的特点，较硝基漆干燥得稍慢些。但其施工方便，耐候性、耐湿性和化学稳定性比硝基漆好，成本也较硝基漆低。其缺点是附着力较差、溶剂释放性差，固体含量低，漆膜薄，需要喷涂三道以上。

③ 醇酸树脂漆。醇酸树脂漆能常温干燥，涂膜能形成高度的网状结构。漆膜光亮，经久不变；漆膜柔韧，附着力好，耐久性强，不易老化。即漆耐候性、机械强度和附着力均显著优于硝基漆，且施工简便，不需要打磨抛光，可减轻劳动强度。但由于其装饰性和耐水性均差，在湿热的气候条件下易起泡。

④ 氨基醇酸烘漆。氨基醇酸烘漆是用氨基树脂与醇酸树脂配合而成的。汽车用氨基面漆均为三聚氰胺醇树脂体系。氨基树脂改善了醇酸树脂的硬度、光泽、烘干速度、漆膜外观，也提高了醇酸树脂的耐碱、耐水、耐油、耐磨等性能。醇酸树脂又改善了氨基树脂的脆性及附着力，互相取长补短，发挥两者优势。

⑤ 丙烯酸漆。汽车用丙烯酸漆可分为热塑性和热固性两大类，前者随溶剂的挥发而干燥，而后者要靠热、触媒或两者结合的作用才能固化成膜。热固性丙烯酸漆主要用于汽车面漆，以代替氨基漆，施工情况和配套漆与氨基烘漆大致相同。

按其用途分：

① 高级轿车装饰性涂层面漆。生产中常用的高级轿车装饰性涂层面漆主要有Q04-31、Q04-34各色硝基漆，A04-15各色氨基烘漆，B04-4各色丙烯酸烘漆及各种进口面漆等。

② 中级轿车装饰性涂层面漆。生产中常用的中级轿车装饰性涂层面漆主要有B04-9、B04-11各色丙烯酸磁漆，A04-9各色氨基烘漆，Q04-2各色硝基磁漆等。

③ 一般装饰性涂层面漆。一般装饰性涂层面漆主要用于要求不高的中、低档车辆的喷涂（如公共汽车车身等，如图5-11所示），常用的有C04-2、C04-18、C04-42、C04-48各色醇酸磁漆等。

④ 具有一定装饰及保护性的面漆。常用的具有一定装饰及保护性的面漆（如湿热地区使用的面漆），主要有G04-9各色过氯乙烯外用磁漆等。

2. 要有清洁的涂装作业环境及条件

汽车涂层的装饰性能主要取决于色彩、光泽、丰满度和外观等方面。涂层的综合装饰性可以用鲜映度表示，例如以高清晰的镜面映像能力定为1，那么高级轿车能够达到0.8~1.0，一般轿车0.6~0.8，载货汽车能够达到0.4~0.6。

为了使涂层达到良好的鲜映性，避免涂层颗粒现象，涂装车间应该具备空调除尘装置，车间

图5-11 公共汽车

厂房密封性好，如图5-12所示，为避免涂层橘皮现象，物流工具运行应该平稳等。

3. 应采用高效快速的漆前处理、涂装、干燥和物流装备

汽车生产均为大量流水线生产，车身涂装的生产节奏仅为几十秒至几分钟，应该采用高效

快速的漆前处理、涂装、干燥和物流储备。

图 5-12　全封闭无尘、恒温空间

5.1.3　车身涂装用涂料

1. 涂料的主要组成成分

目前,汽车所用涂料的品种很多,各种涂料的性能及其成分存在着较大的差异。涂料的主要成分有颜料、溶剂、树脂和辅助材料等部分,如图 5-13 所示。

微课视频
车身涂料

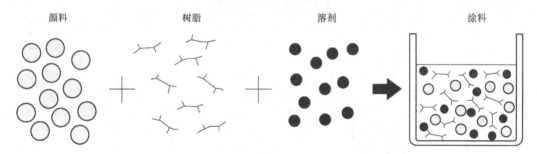

图 5-13　涂料的组成

按其对涂膜的贡献作用,分为主要成膜物质、次要成膜物质和辅助成膜物质三部分,如图 5-14 所示。

（1）主要成膜物质

主要成膜物质是使涂料黏附在制件表面上成为涂膜的主要物质,是构成涂料的基础和骨架,通常称为基料或漆基。在涂料原料中,作为主要成膜物质的是油料和树脂两大类。

以油料作为主要成膜物质的涂料,称为油性涂料;以树脂作为主要成膜物质的涂料,称为树脂涂料;以油和一些天然树脂合用为主要成膜物质的涂料,称为油基涂料。如以酚醛树脂或改性酚醛树脂为主要成膜物质的涂料称为酚醛树脂涂料。

图 5-15 所示为天然树脂。

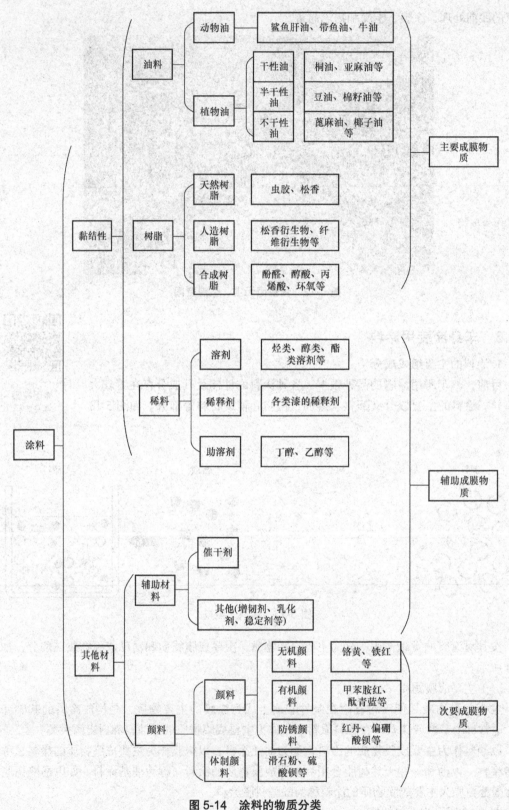

图 5-14 涂料的物质分类

(2)次要成膜物质

次要成膜物质也是构成涂膜的组成部分,但它不能离开主要成膜物质单独构成涂膜,而主要成膜物质可以单独成膜,也可以和次要成膜物质共同成膜。

次要成膜物质主要是颜料,如图 5-16 所示。颜料为白色或有色固体粉末,它不溶于水及有机溶剂,只能均布于涂料中,是不挥发的成膜物质之一。其作用是给涂料赋予颜色,以遮盖基底,增强装饰及保护效果。在涂料中加入颜料,还可以明显地改善涂料的性能,如增强漆膜的装饰性,提高漆膜的机械强度、附着力、防腐、防蚀、耐候及其他性能,延缓漆膜的老化,延长其使用寿命等。漆膜中有了颜料,能使涂膜性能增强和提高,使涂料品种增多,满足更多的需要。

图 5-15 天然树脂

图 5-16 颜料

(3)辅助成膜物质

辅助成膜物质是对涂料变成涂膜的过程或对涂膜性能起一定辅助作用,不能单独构成涂膜。辅助成膜物质包括溶剂等稀料和辅助材料两类,如图 5-17 和图 5-18 所示。

溶剂是涂料中的挥发性物质,具有溶解成膜物质的能力,其主要功能是使涂料具有良好的使用特性和成膜特性,以便在基层材料上形成附着性能良好的光滑漆膜。同时,溶剂还可以增加涂料的光泽,有助于涂料颜色的匹配。漆膜干燥后溶剂将完全蒸发。溶剂的挥发性及溶解能力对涂料的喷涂质量影响很大。

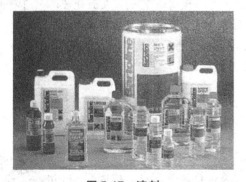

图 5-17 溶剂

图 5-18 辅助材料

在汽车涂料中,辅助材料所占的比例很少(一般不超过 5%),但它对涂料的性能却起着非常重要的作用,如加快涂料的干燥、增加漆膜的光泽,控制色素的沉淀、减少涂层的皱褶、改善漆膜干燥后的韧性及提高汽车涂层的抗腐蚀等能力。常用的辅助材料有稀释剂、防潮剂、催干剂、脱漆剂及固化剂等。

2. 涂料的分类

涂料的种类繁多，分类方法很不一致。下面就汽车车身用涂料有关分类方法简介如下。

1）按施工方法分：有刷漆、喷漆、烘漆、电泳漆、粉末涂装等。

2）按涂料的作用分：有底漆、面漆、罩光漆、腻子等，如图 5-19 所示。罩光漆用于装饰罩光，可保证漆膜光亮如新，延长使用寿命。

3）按涂料的使用效果分：有绝缘漆、防锈漆等。

4）按是否含有颜料分：入不含颜料的称为清漆（透明体），如图 5-20 所示。含有颜料的称为色漆（不透明体），含有大量体质颜料的稠厚浆状体的称为腻子。色漆包括厚漆、无光漆、皱纹漆、锤纹漆等。

5）按溶剂构成成分：以一般有机溶剂作稀释剂的称为溶剂型漆，以水作为稀释剂的称为水性漆；漆料组成中没有挥发性稀释剂的称为无溶剂漆；无溶剂而又呈粉末状的称为粉末涂料。

图 5-19　腻子粉

图 5-20　清漆

拓展学习

汽车涂装工艺与环保和生态文明建设密切相连。我国汽车涂装环保的意识越来越强，措施越来越严，成就斐然。

近年来各汽车制造厂纷纷加速建设新涂装厂，或对现有涂装线、表面处理工艺进行升级改造。在此过程中，水性 3C1B 等环保型紧凑涂装工艺开始逐渐被应用。

此外，粉末涂料凭借明显的环保优势，正逐渐成为可持续涂装的新宠。

相信，我国汽车涂装业在环保方面将取得更大的成就。

5.2　汽车车身涂装工艺流程

汽车车身涂装工艺是装饰、保护性多层涂装，是汽车涂装中工序最多、涂装质量要求最高的涂装工艺。这种工艺的涂装对象包括轿车车身、载货汽车的驾驶室及覆盖件、大客车的车厢、旅行面包车车身等。

微课视频
汽车车身涂装的主要工艺过程

5.2.1　车身涂装工艺三个基本体系

汽车涂装属于多层涂装，由于各种汽车的使用条件不同，涂装工艺也各不相同。概括起来，车身涂饰工艺可以分为三个基本体系。

1）涂三层烘三次体系。即底漆涂层＋中间涂层＋面漆涂层，三层分别烘干。对于外观装饰性要求高的轿车、旅行车和大客车车身，一般都采用这一涂装体系。如图5-21所示。

2）涂三层烘两次体系。涂层同上，底漆层不烘干，涂中间涂层后一起烘干，采用"湿碰湿"工艺，因而烘干次数由三次减到两次。对于外观装饰性要求不太高的旅行车和大客车车身及轻型载货汽车的驾驶室等一般采用此涂装体系。

图5-21 大客车

3）涂两层烘两次体系。即底漆涂层＋面漆涂层，无中间涂层。两层分别烘干，中型、重型载货汽车的驾驶室一般采用这一涂装体系。

典型涂装工艺体系见表5-2。在小批量涂装生产时与大批量流水作业时所用涂装方式及设备均有较大差异，但它们的涂装工艺体系是一样的。

表5-2 典型涂装工艺体系

涂装体系及类别 / 工艺		涂三层烘三次		涂三层烘两次		涂两层烘两次（无中间层）		
		1	2	3	4	5	6	7
去油清洗		碱性脱脂	碱性脱脂	碱性脱脂	碱性脱脂	碱性脱脂	碱性脱脂	碱性脱脂
磷化		锌盐磷化	锌盐磷化	锌盐磷化	锌盐磷化	锌盐磷化	锌盐磷化	未磷化
干燥		120℃, 10min	120℃, 10min	120℃, 10min	120℃, 10min	120℃, 10min	120℃, 10min	120℃, 10min
涂底漆	类型	溶剂型环氧脂底漆	电泳底漆	电泳底漆	电泳底漆	溶剂型环氧脂底漆	溶剂型环氧脂底漆	有机溶剂或电泳
	涂漆法	喷涂	电泳涂漆	电泳涂漆	电泳涂漆	喷涂	喷涂	电泳涂漆或喷涂
	膜厚/μm	15～25	15～25	15～25	20～30	20～30	20～30	20～30
烘干		150℃, 30min	150℃, 30min	晾干水分	160℃, 30min	150℃, 30min	150℃, 30min	120～150℃, 30min 或 150℃, 30min
打磨		干或湿打磨	干或湿打磨		干或湿打磨	干或湿打磨	干或湿打磨	干或湿打磨
干燥								
涂中间层	类型	溶剂型三聚氰胺醇酸树脂漆	溶剂型三聚氰胺醇酸树脂漆	与电泳底漆相适应的水性底漆				
	涂漆法	静电自动喷涂	静电自动喷涂	静电自动喷涂				
	膜厚/μm	20～30	20～30	20～30				

(续)

涂装体系及类别\工艺		涂三层烘三次		涂三层烘两次		涂两层烘两次（无中间层）		
		1	2	3	4	5	6	7
烘干		150℃,30min	150℃,30min	100℃,10min（预烘）或160℃,30min				
打磨		湿打磨	湿打磨	湿打磨				
干燥								
涂面层	类型	三聚氰胺醇酸树脂系面漆（金属闪光色用丙烯酸树脂系）	三聚氰胺醇酸树脂系面漆（金属闪光色用丙烯酸树脂系）	三聚氰胺醇酸树脂系面漆（金属闪光色用丙烯酸树脂系）	三聚氰胺醇酸树脂系面漆（金属闪光色用丙烯酸树脂系）	三聚氰胺醇酸树脂系面漆（金属闪光色用丙烯酸树脂系）	三聚氰胺醇酸树脂系面漆	三聚氰胺醇酸树脂系
	涂漆法	喷涂	喷涂	喷涂	喷涂	喷涂	喷涂	喷涂
	膜厚/μm	35~45	35~45	35~45	35~45	35~45	35~45	35~45
	烘干	130~140℃,30min	130~140℃,30min	130~140℃,30min	130~140℃,30min	130~140℃,30min	130~140℃,30min	130~140℃,30min
涂层总厚度/μm		70~100	70~100	70~100	55~75	55~75	55~75	55~75

5.2.2 轿车车身涂装主要工艺过程

典型的轿车车身涂装主要工艺过程如图5-22所示。

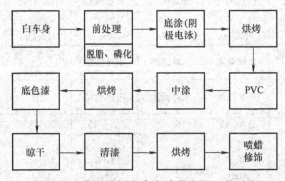

图 5-22 典型的轿车车身涂装主要工艺过程

1. 涂装前表面处理

在涂装前必须充分除去车身表面的各种污物，包括油污、氧化物（铁锈）、焊渣、其他酸碱污物，以及黏附性灰尘等，为涂层提供一个良好的基底；为了增加金属表面与涂料层间的结合力，提高涂层的质量，延长涂层的使用寿命，还要进行特殊一些的加工处理。这个过程称为涂装前表面处理，主要包括脱脂和磷化两大部分。

（1）前处理的目的

1）增强涂料的附着力，延长涂层的使用寿命。

2）为涂层的平整、光亮创造条件。
3）增强涂层的防腐蚀能力。
广州本田雅阁轿车的前处理工艺如图 5-23 所示。

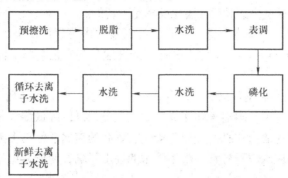

图 5-23　广州本田雅阁轿车的前处理工艺

（2）金属表面的脱脂
金属表面上油污的存在严重影响涂层的质量，因此在涂饰前必须彻底清除，将车身制件金属表面的油脂除掉的过程称为脱脂。

1）有机溶剂脱脂。有机溶剂脱脂是利用有机溶剂可以溶解油污的特性来清除车身表面的油污，其特点是溶脂能力强，特别是清除那些高黏度、高滴落点的油脂具有特殊的效果，除油速度快，对金属无腐蚀作用，使用方便，是生产中最常用的一种脱脂方法。生产中使用的主要有机溶剂有汽油、甲苯、酒精、丙酮、四氯乙烯等，其中最常用的是汽油。操作时一般采用刷洗法，如图 5-24 所示。

a）喷除油剂　　　　b）刷洗表面

图 5-24　刷洗法清除油脂

2）碱液脱脂。碱液清洗脱脂法在汽车车身制造中应用较为广泛，虽然近年来发展有各种新型的脱脂材料及工艺，但由于脱脂方法简单，成本低廉，故仍在金属表面清洗脱脂法中占优势地位。碱液不能溶解油脂，它是靠皂化和乳化作用进行脱脂的，其主要成分是氢氧化钠、碳酸钠、磷酸三钠、硅酸钠及肥皂等，如图 5-25 所示。

① 氢氧化钠（NaOH）。其是碱液清洗剂中的主要成分之一，又称为苛性钠，是一种强碱化合物，它在水中溶解后电离出 OH^-，提供碱性，与动植物油发生皂化反应，生成能溶于水的甘油和脂肪酸盐，溶解分散在水溶

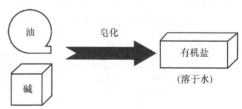

图 5-25　碱液脱脂

液中。所生成的脂肪酸钠皂不仅自身有水溶性，而且也起表面活性剂的作用，能使不活性的油污被残余的碱乳化、分散。当矿物油脂中存在羧酸基和磺酸基时，也能产生同样的现象。

氢氧化钠的皂化作用大，也最稳定，但是冲洗性差，而且对某些轻金属如铝等还有一定的腐蚀作用。过多地使用氢氧化钠对后续磷化处理是不利的。

② 碳酸钠（Na_2CO_3）。又称为苏打，是一种低廉的中等强度的碱，它在水中水解时生成OH^-，提供碱度。其皂化作用小，不像强碱那样能腐蚀某些有色金属，但有乳化作用能力，并能软化水。

③ 表面活性剂：也是脱脂剂的必要成分之一，具有去垢、湿润和乳化等作用，表面活性剂是一种有机物质，有阳离子、阴离子和非离子型三大类，可以降低溶液表面张力，改善湿润功能，并能除去金属表面的油脂和脏物。用于磷化前脱脂的表面活性剂多数采用非离子型的，这种表面活性剂的特点是在水中不分解，也不受水的硬度影响，使槽液保持稳定，具有良好的脱脂效果。

在选择表面活性剂脱脂时，要注意工艺所要求的温度。这是因为表面活性剂在不溶解的条件下，在水中发挥乳液、湿润、分散能力。当温度上升时，表面活性剂会从溶液中沉淀下来，失去净化作用。

3）金属清洗剂脱脂。金属清洗剂是专门用于清除零件表面油污的合成洗涤剂，它主要是靠乳化作用进行脱脂。

（3）金属表面的磷化处理

用磷酸或锰、铁、锌、镉的磷酸溶液处理金属制品表面，使金属表面生成一层不溶于水的磷酸盐薄膜的过程称为磷化处理。

磷化膜作为油漆涂层的基底，能显著提高涂层的耐腐蚀性，组织腐蚀在涂层下以及在涂层被破坏的部位扩展，并能增强涂层与金属之间的附着力，因此能大大延长涂层的使用寿命。磷化处理时，应该先将零件表面的油污彻底清除干净并干燥，然后利用浸、刷或喷射等方法将磷化液（如硝酸锌与马日夫盐等配成的溶液）涂于零件表面上，以实现其表面的磷化。

磷化按其处理方式的不同可分为浸渍式、喷射式和电化学磷化；而根据其反应时温度的不同分为高温、中温和低温磷化；根据反应时速度的不同又可分为正常磷化和快速磷化。

生产中常用的磷化处理膜（磷化膜）有磷酸锌型和磷酸锰型两大类。按其厚度的不同，磷化膜又可以分为中等膜（$0.3 \sim 1mg/cm^3$）和薄膜（$0.1 \sim 0.3mg/cm^3$）。

在磷化前，一般需要设置用钛的磷酸盐为主体的表调剂对表面进行化学处理，改变工件表面的微观状态，形成一层均匀的结晶核，有利于生成磷化膜，称为表面调整。

在磷化后，设置钝化作为磷化的后续工序，增强磷化效果。通过钝化，除去磷化膜表面疏松层，对磷化膜上的空穴进行封闭，提高致密性。与不钝化相比，可提高防腐性能10%～30%。

图5-26所示为全喷淋式漆前处理工艺流程。

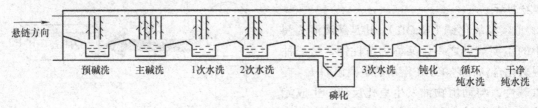

图5-26 全喷淋式漆前处理工艺流程

2. 底涂

底涂一般采用电泳涂装的方法。底涂主要用来增强车身表面的保护性（起防锈、耐水及防腐蚀等作用），并增强中间层涂料或面漆的附着力。

3. PVC 涂装

主要起到密封、防护、减振、隔热作用。

1）粗密封。用PVC胶对车身较大焊缝进行密封。被涂焊缝PVC严密、完整、均匀、平滑、无堆积。

2）细密封。用PVC胶对车身较小焊缝进行密封。被涂焊缝PVC严密、完整、均匀、平滑、无堆积。

3）底部喷涂PVC。用PVC胶对车底焊缝进行密封。其作用是抗石击、防腐、减振、隔热。在有车型要求涂膜的厚度为：底板 $700 \pm 200 \mu m$，轮罩 $1000 \pm 200 \mu m$。

4. 中涂

中涂是在电泳底漆涂层基础上，改善被涂工件表面和底漆的平整度，为面漆层创造良好的基底，提高面漆涂层的鲜映性和丰满度，提高整个涂层的装饰性和抗石击性。

5. 面漆涂装

面漆是汽车多层涂装中的最后涂层，它主要起外观装饰作用及抵抗外界环境（如酸雨、虫鸟粪、寒酸物质、尘土、碎石的冲击以及阳光的辐射等）对汽车的侵蚀。在整个喷涂工艺中，面漆的喷涂质量起着最终的决定性作用。图 5-27 所示为汽车面漆喷涂的基本程序。

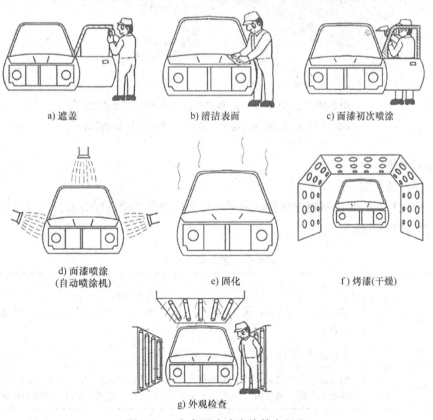

图 5-27　汽车面漆喷涂的基本程序

面漆一般涂底色漆及罩光清漆两层，先涂底色漆，再涂罩光清漆。轿车的涂面漆和涂清漆一般采用的是自动静电喷涂（ESTA）和其他喷涂方法，如图5-28所示。

生产中常用的底色漆可以分为单底色漆和金属闪光底色漆两种。金属闪光底色漆中加入了金属铝粉或珠光粉等效应颜料，在日光的照耀下具有鲜艳的金属光泽和闪光感，给整个汽车添加了诱人的色彩。例如广州本田雅阁轿车喷涂的面漆有五种颜色：白色、银灰色、黑色、墨绿色和红色。其中白色面漆为本色漆，其漆基是氨基树脂；银灰色面漆为金属闪光漆，其漆基是丙烯酸体系，底色漆含有铝粉颜料；黑色、墨绿色及红色面漆是珠光漆，其漆基也是丙烯酸体系，底色漆含有云母珠光颜料。

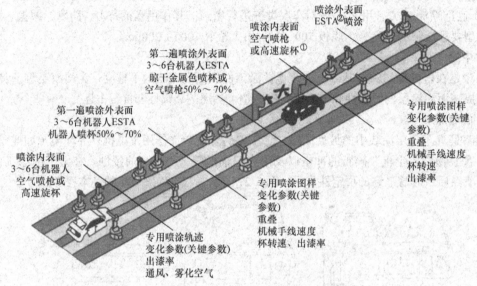

图5-28 车身中涂、面漆自动静电喷涂的工艺布置

① 适用于1K或2K罩光清漆　② ESTA为自动静电喷涂站

6. 涂装后处理

（1）遮盖物的处理

喷涂工作完毕后，封闭不喷涂部位的胶带和贴护纸的作用就已经完成，可以清除掉了。表5-3叙述了遮盖物的处理。

表5-3　遮盖物的处理

名称	说明
强制干燥的处理	要趁汽车车身还未冷却时撕去粘贴的遮盖物，这样比较省事，因为冷却后胶带会变硬，难以撕掉
自然干燥的处理	应该在喷漆结束后10~15min，再撕去胶带
硝基类涂料的处理	待涂膜干燥到能用手指触摸的程度，就可以撕去胶带，若待完全干燥后再撕，容易弄坏涂膜。在撕下遮盖物时，要十分小心细致，否则容易损坏涂膜，带来不必要的麻烦

提示：遮盖物要妥善处理好，不要到处乱丢，避免污染环境。

（2）抛光

抛光就是通过打磨的方法，除去附着在涂膜表面的灰尘和小麻点，对表面粗糙和起皱处等平整度不良的部位进行修整，以达到涂膜表面更加光泽、消除晕色的目的。这样作业是对涂膜的精加工，必须仔细进行。表5-4列出了油漆修补后最常见的漆膜缺陷。

表 5-4　油漆修补后最常见的漆膜缺陷

序号	说明
1	重涂表面与原始表面之间的纹理上的差异
2	由于灰尘和碎屑附着而在涂料表面上形成的颗粒
3	涂料流挂
4	在荫蔽以后再干燥过程中由于溶剂或稀释剂的蒸发而导致的光泽减退

（3）抛光操作

表5-5列出了抛光操作。

表 5-5　抛光操作

	说明	图片
灰尘和小颗粒嵌入较浅时	用1000～1500号水砂纸进行湿打磨，去掉灰尘和小颗粒，洗净表面，干燥后再用细研磨膏研磨，去掉砂纸痕	打磨块　1000～1500号耐水砂纸　灰尘　涂膜　将灰尘和麻点的凸出部分轻轻打磨掉
晕色处理时	应用超细微的研磨膏，薄薄地涂在晕色部位，然后用装了海绵毡打磨头的抛光机进行打磨。研磨时应该注意，抛光和打磨头只能轻轻接触涂膜，边观察光泽和涂膜状态，边仔细操作。要特别注意：晕色部位涂膜很薄，容易磨穿而造成露底现象	海绵抛光轮　晕色区采用超细微的研磨膏和海绵抛光轮进行研磨

（4）打蜡

抛光作业完毕后，应该彻底清洗车身，待干燥后，才能给汽车涂膜打蜡。汽车打蜡的主要目的是保持车身漆面亮丽整洁，保护车漆。

打蜡分为手工打蜡和机械打蜡，基本程序是上蜡、凝固、抛光。

手工打蜡简单易行，如图5-29所示。首先是上蜡，将适量的车蜡涂在专用打蜡海绵上（这种海绵与车蜡配套销售），每次按0.5m²的面积往复直线涂抹均匀，每道涂抹应该与上道涂抹区域有1/5～1/4的重合度，防止漏涂及

图 5-29　手工打蜡

保证均匀涂抹。值得注意的是，在边、角处的涂抹应避免超出漆面。上完蜡后等待几分钟时间，待车蜡凝固。最后用无纺干毛巾往复直线擦拭抛光，以达到光亮如新、清除剩余车蜡的目的。

机械打蜡是将液体蜡转一圈倒在打蜡机上的蜡盘套上，每次按 $0.5m^2$ 的面积涂匀，直至打完全车。值得注意的是，左边、角处的涂抹应该避免超出漆膜，在这方面手工上蜡更容易把握。上完蜡后等待几分钟时间，待车蜡凝固。将抛蜡盘套装上，确认绒线中无杂质。开启打蜡机，将其轻放在车体上横向或纵向进行覆盖式抛光，直至光泽令人满意。机械打蜡如图 5-30 所示。

（5）抛光时的注意事项

1）在干燥前除去遮蔽胶带的边界上重新贴上遮胶带。这是为了防止抛光剂附着于车厢门窗密封条或嵌钉条等橡胶或塑料上，因为一旦黏上就很难除去。

2）用双手紧握抛光机，同时将电线或空气软管通过肩膀置于身后，以防止电线或空气软管缠结。

3）如果有余量抛光剂留在涂料表面上，那么抛光剂中的溶剂可能损坏涂料。

图 5-30 机械打蜡

4）先将抛光垫抵压在表面上，然后再开动抛光机。如果抛光机在接触表面以前就旋转，那么它很容易划伤涂料。

5）抛光机在抛光涂料表面时，必须不停地移动。如果任其在一个地方停留若干时间，那么涂料便会被热软化，并且可能被抛光垫和抛光剂划伤。摩擦热可能引起板件变形。

6）使用喷雾瓶向工件表面及抛光垫喷水，能够防止板件变热，被抛光剂黏住。

5.2.3 轿车涂装工艺过程实例

某国产轿车涂装工艺过程，见表 5-6～表 5-8。

表 5-6 前处理和电泳工序流程

010	020	030	040.1	040.2	040.3	040.4	040.5
白车身检查	白车身转挂	预清洗	预脱脂	脱脂	一次喷淋水洗	一次浸渍水洗	表面调整

040.6	040.7	040.8	040.9	040.10	040.11	050	060.1	060.2
磷化	二次喷淋水洗	二次浸渍水洗	钝化	三次纯水洗	翻转沥水	滑撬转接	阴极电泳	一次UF喷洗

095	090	080	070	060.5	060.4	060.3
电泳返泳打磨	强冷	电泳烘干	电泳后滑撬转接	翻转沥水	三次UF浸洗	二次UF浸洗

PVC	1	2	3	4	5	6
	左前门打磨	右前门打磨	左后门打磨	右后门打磨	顶盖打磨	前后盖打磨

表 5-7 PVC-中涂工序

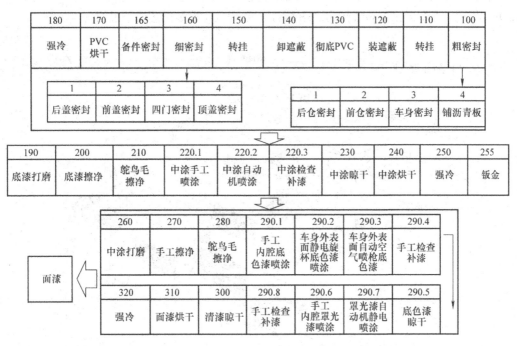

表 5-8 面漆、修饰工序

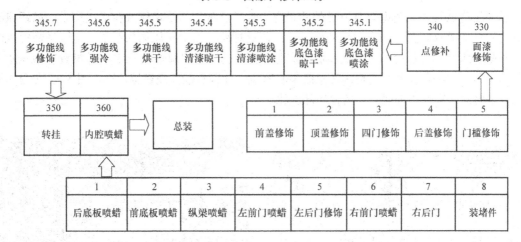

5.3 涂装生产线、涂装方法及设备

涂装生产线的发展经历了由手工生产线到自动生产线的过程，车身的涂装工艺、涂装方法及涂装设备的选择取决于产品涂层的质量要求和生产批量。

5.3.1 涂装生产线

涂装生产线一般主要由前处理电泳线、密封底涂线、中涂线、面涂线、精修线及其烘干系统组成。涂装车间的内部布置，分为防尘区、清洁区、高

微课视频
电泳涂装

温区三个工作区域。防尘区主要布置预处理线、电泳线和车身密封线,清洁区主要布置喷中涂、喷面漆生产线,高温区主要布置烘房。图 5-31 所示为汽车涂装工艺线示意图。

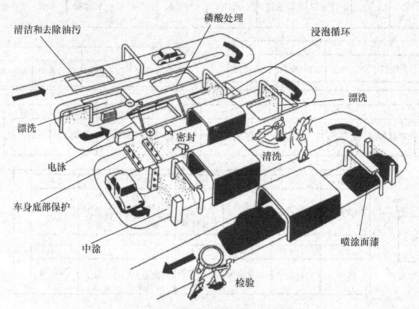

图 5-31　汽车涂装工艺线示意图

涂装生产线辅助设备有车身输送的四条空中输送链和地面输送链及输送滚道。一般还设有二氧化碳自动灭火装置,两个中央通风系统,预处理及店面漆送风加热系统,电泳槽液冷冻装置,阴极电泳专用的备用供电系统及备用发电系统。机械化控制采用 PLC 可控编程,根据生产工艺的实际要求编程控制,实现现场总线中心监控,分区自动实现转接运行。图 5-32 和图 5-33 所示分别为涂装车间生产线中心监控和面涂线。

图 5-32　涂装车间生产线中心监控

图 5-33　面涂线

5.3.2　涂装方法及设备

车身涂装能否达到预期效果,除了涂料质量外,与涂装方法的选择是否恰当也是有很大关系的。常用的涂装方法有刷涂法、浸涂法、淋涂法、压缩空气喷涂法、静电喷涂法、电泳涂装法、粉末涂装法，以及高压无气喷涂法等。不同的涂装方法，所使用的涂装设备也不尽相同。

1. 刷涂法

刷涂法就是使用各种刷子蘸漆在被涂饰表面形成漆膜的方法。将漆刷刷毛小于 1/2 总刷毛长度的部分浸入油漆中蘸少许油漆，然后在待涂装部位按"自下而上，自左至右，先里后外，先斜后直，先难后易"的原则进行纵横涂刷，最后用漆刷轻轻修饰。

这个方法的优点是，设备简单、施工方便、灵活性大、适应性强，可用于各种厚漆、调和漆、沥青漆和其他干燥慢的油漆施工。

这个方法的缺点是，手工操作的劳动强度大、生产率低，对一般快干性油漆不适应。例如操作不熟练，容易产生刷痕、流挂及不均匀等缺陷。

刷涂法用的刷子种类很多，按形状分为扁形的、圆形的、歪把的三种；按照制造的材料可分为硬毛刷和软毛刷，硬毛刷主要用猪鬃制作，软毛刷常用羊毛制作。生产应用最多的主要是羊毛排笔和扁鬃刷两种。

刷涂时应该注意：

1）施工垂直表面，最后一次应该由上向下进行涂刷。
2）刷涂水平表面，最后一道应按光线照射的方向进行。
3）刷涂木材表面，最后一道应顺着木材的纹理进行。
4）刷涂厚薄应该适当，过厚容易皱皮，过薄容易露底，保护能力差。
5）漆刷使用完毕后应该及时清洗干净。

2. 浸涂法

用悬挂的吊钩将工件浸没在盛漆的槽中，一段时间后将漫过漆的工件取出，经过滴漆、流平、干燥过程的涂装方法，如图 5-34 所示。

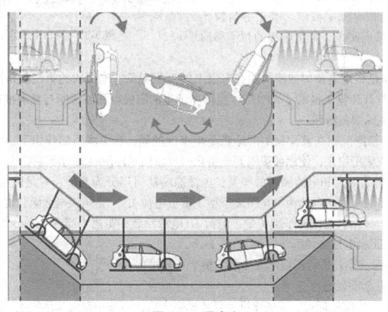

图 5-34 浸涂法

浸涂方法很多，有手工浸涂法、传动浸涂法、回转浸涂法、真空浸涂法等。浸涂设备所用的大型漆槽中装有搅拌器,以防止涂料中的颜料沉降,此外还装有加热或冷却设施和循环泵、过滤器等附属设备,但在浸涂时不能搅拌,以免漆中出现气泡。浸漆的涂膜厚度主要取决于漆的黏度。被浸工件在浸漆、流漆及干燥过程中应处于同一水平线上,并使凹面向下,使余漆很快流尽,保证涂膜均匀无流痕。

浸涂法具有省工省料、生产效率高、设备与操作简单、可采取机械化或自动化进行连续生产的特点,最适宜于单一品种的大批量生产。但在应用上也有不少限制,例如被涂工件不能太大,物面不可有积漆的凹面,仅能浸涂表面同一颜色的产品,不适用于要求细微精美装饰的工件。

浸涂法一般易产生涂层薄而不均匀、有流挂等弊病,因此含有大量低沸点溶剂或重质颜料、表面易结皮的涂料,不宜采用此法涂装。

3. 电泳涂装法

电泳涂装法是将具有导电性的被涂物浸入水稀释的电泳涂料(涂料树脂做成水溶性的阴离子或阳离子)槽中作为阳极(或阴极),在槽中另设置与其对应的阴极(或阳极),在两极间通直流电,使在被涂物上析出均一、水不溶的涂膜的一种涂装方法。电泳涂装是一种特殊的涂膜形成方法,仅适用于与一般涂料不同的电泳涂装专用的(水性水溶性或水乳液)涂料(简称电泳涂料)。图 5-35 所示为汽车电泳涂装。

电泳涂装过程会伴随电解、电泳、电沉积、电渗四种化学物理现象。

1)电解是指电泳过程中水发生电解,在阴极上放出氢气,在阳极上放出氧气,金属阳极产生溶解,产生金属离子。

2)电泳是指电泳漆液中,带正电荷粒子在电场作用下移向阴极,带负电荷的粒子移向阳极。

图 5-35　汽车电泳涂装

3)电沉积是指带电荷的油漆树脂在电极上的沉积现象。电沉积的第一步是阴极界面上的电解反应形成氢气和氢氧根离子(OH),当阳离子里的阴极电泳漆树脂与氢氧根离子反应变成不溶物时就产生涂膜的沉积。

4)电渗是指刚沉积在被涂物上的涂膜是半渗透的膜,在电场力的作用下,涂膜内部所含的水分从涂膜中渗析出来,使涂膜脱水而致密化,可以用水冲洗表面的浮漆液。

根据被涂物的极性和电泳涂料的种类,电泳涂装法可以分为两种:一是阳极电泳涂装法,被涂物为阳极,所采用的电泳涂料是阴离子型(带负电荷);二是阴极电泳涂装法,被涂物为阴极,所采用的电泳涂料是阳离子型(带正电荷)。电泳涂装在英语中简称 ED、AED(阳极电泳涂装)、CED(阴极电泳涂装)。

图 5-36 所示为车身进行阴极电泳涂装的整个工艺过程。

(1)阴极电泳涂装的特点

1)高效。从漆前处理到电泳底漆烘干可实现生产线,可适用于大流水线生产。

2)优质。泳透力好,提高了工件内的防腐蚀性(其对工件内腔、焊缝、边缘等的防腐能力是其他涂装法所不能比拟的,漆膜耐盐雾试验可达 1000 小时);可得到均一的膜厚,外观好。

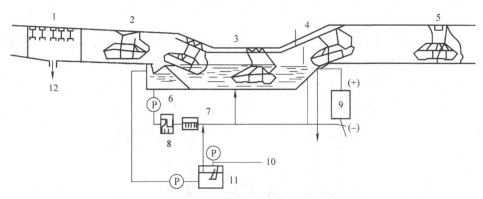

图 5-36 车身进行阴极电泳涂装的整个工艺过程

1—水洗　2—滴漏　3—电泳涂漆　4—接触极杆　5—电极安装　6—溢流槽　7—热交换器
8—过滤器　9—电源　10—涂料补充　11—溶解槽　12—排水

3）安全。属于低公害水溶性涂料，溶剂含量少，无火灾危险，尤其在采用 UF 装置后，涂料回收好，大大减少了对水质和大气的污染。

4）经济。涂料利用率高，可到 95%。

（2）电泳涂装主要设备

电泳涂装的主要设备有电泳槽、漆液搅拌设备、电泳电源装置、导电机构、冲洗设备和漆液净化设备等。如图 5-37 所示。

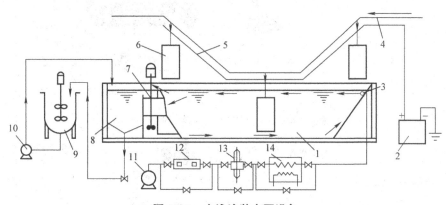

图 5-37 电泳涂装主要设备

1—主槽　2—直流电源　3—喷嘴　4—输送链　5—供电机构　6—工件　7—搅拌器　8—溢流槽
9—涂料补充槽　10—泵　11—循环泵　12—磁性过滤器　13—过滤器　14—热交换器

1）电泳槽。电泳槽用钢板或硬聚氯乙烯板制成。槽体大小和形状根据工件和工艺而定。槽底四角应该避免死角。槽分主槽和副槽，漆液通过单向定量泵在两槽内不断循环。槽内装有冷却和自动控温装置，以保持漆液的一定温度。

2）漆液搅拌设备。为了使工作漆液均匀一致，槽内必须有搅拌装置，一般采用单项定量泵或循环泵，将漆液从副槽泵经主槽底部的多孔排管而入主槽，将槽底沉积冲起，如图 5-38 所示。

3）电泳电源装置。一般采用直流电源。整流设备可采用硅整流器或可控硅，也可采用直流发电机。整流器的电流密度一般为 2~4mA/cm²。

设备容量根据使用电压和电流而定,而电流的大小又与涂料的性质、温度、工件表面积、通电方式等有关,一般为 3~5mA/cm²。

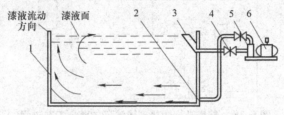

图 5-38　漆液搅拌设备示意图

1—电泳槽　2—锥形喷出口　3—溢流槽　4—阀门　5—水泵　6—电动机

4) 导电机构。一般由直流输出的直流电通过阴极汇流排(导电梁),送到工件或挂具,正极线路直接连接槽体,并使槽体接地,即形成阳极接地;阳极接地的另一种形式是将正极线路接悬于漆槽中的阳极板,使槽体接地。

5) 冲洗设备。用于电泳涂漆前后工件的冲洗,如图 5-39 所示。

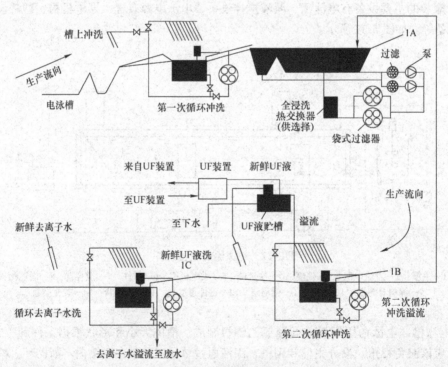

图 5-39　电泳后清洗系统

① 根据被涂物结构及涂膜要求进行选择,汽车车身电泳后清洗采用多工序喷浸结合的方式,对提高车身内表面和焊缝的清洗质量、清除二次流痕非常有效。对于单一涂膜可以简化清洗。

② 设备长度取决于清洗的工艺时间及沥液时间。

③ 清洗液输送一般采用立式泵，泵与喷管之间应该装有过滤器，过滤精度为 25μm，喷洗流量为 15～20L/m²，喷洗槽容积应该为泵流量的 3～4 倍。

④ 后清洗设备（尤其在阴极电泳时）必须用耐蚀材料（如不锈钢等）制造，槽体与槽上壳体需进行涂层防护。

⑤ 新鲜超滤液、循环超滤液无论生产或不生产都以逆工序方式流回电泳槽。

6）漆液净化设备。随着电泳过程的进行，在漆槽内出现多种副反应，特别是中和树脂的胺留在漆槽中导致 pH 值增大，这会使沉积的涂膜有再溶解的可能，影响电泳操作。一般采用阴极隔膜装置作为净化设备。将阴极装在原帆布制成的布袋内，袋内放入蒸馏水，使胺能透过，漆液不能透过。定期更换蒸馏水，以达到稳定漆液 pH 值的目的。

4. 喷涂法

（1）喷涂法原理

喷涂包括压缩空气喷涂和静电喷涂。

通常所说喷涂是指压缩空气喷涂。它是利用压缩空气气流使涂料出口产生负压，涂料自动流出并在压缩空气气流的冲击混合下被充分雾化，漆雾在气流推动下射向工件表面而沉积的涂漆方法。

1）涂装效率很高。每小时可喷涂 150～200m²，是刷涂的 8～10 倍。可手工喷涂，也可以机械喷涂。

2）涂膜厚度均匀，光滑平整，外观装饰性好。

3）适应性强。对各种涂料和各种材质、形状的工件都适应，不受场地限制（但环境不允许有灰尘），是目前广泛采用的一种涂装方法，特别适合于快干性涂料的施工。

空气喷涂的缺点是，喷涂稀释剂用量大，作业时溶剂大量挥发，涂料利用率低，一般只有50%～60%，小件只有 15%～30%，容易造成空气污染，作业环境恶劣，容易引起燃、爆等事故。作业点必须有良好的通风设施。

静电喷涂与空气喷涂不同，它是用静电粉末喷涂设备把粉末涂料均匀地喷涂到工件表面，在静电的作用下，粉末会均匀地吸附于工件表面，形成粉状的涂层。

静电喷涂的优点是，生产率高，每个行程使更多的工件表面被喷涂，从而提高喷涂生产线的效率；表面质量好，涂料被施加静电荷后会进一步雾化，更小的涂料颗粒带来更好的涂膜质量；节省油漆，静电作用带来的环保效应和均匀的喷涂界面使更多的涂料喷涂到工件表面，其结果是不仅有更好的表面质量，同时节省涂料20%～30%；减少喷房维护，更多涂料喷涂工件上，更少涂料喷涂到喷具、地面、墙壁及滤网上，减少了喷房维护费用，为操作者创造了清洁的工作环境；保护环境，高传递效率使得涂料消耗少，减少了危害大气臭氧层的挥发性有机物（VOC）挥发，更好地保护环境。

喷涂方式有：人工喷涂，如图 5-40 所示；自动机喷涂如图 5-41 所示，自动机结构有顶喷机和侧喷机，如图 5-42 所示；机器人喷涂，如图 5-43 所示。

图 5-40 人工喷涂

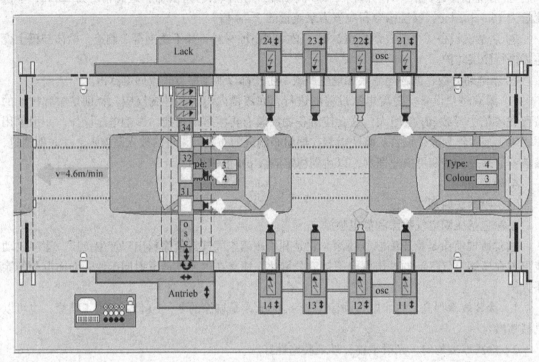

图 5-41 自动机喷涂

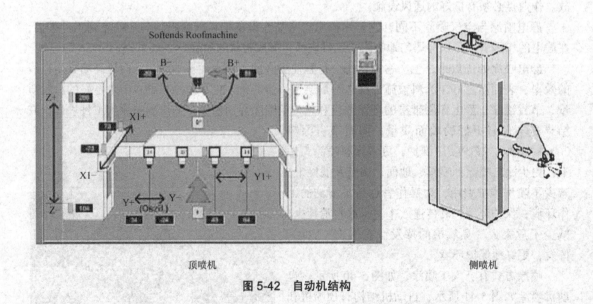

顶喷机　　　　　　　　　　　　　　侧喷机

图 5-42 自动机结构

顶喷机主要用来喷涂车身的前部、顶部和后部，一般一台顶喷机配备两三支高转速旋杯；

侧喷机主要用来喷涂车身侧垂直表面,每侧配备两台侧喷机三支高转速旋杯。

(2)喷涂室系统设备及其组成

大量生产时,喷涂应在专门的喷漆室内进行。喷涂室系统设备一般由喷漆室主体、供风系统、漆雾捕集装置、循环水系统、排风系统及废漆清除装置等组成,如图5-44所示为文丘里式喷漆室。由于喷漆室的用途不同,其形状、大小和结构也有较大差异,国内外各涂装设备公司最新的设备是上供风下抽风大型喷漆室。

图5-43 机器人喷涂

1)喷漆室主体。喷漆室是由动压室、静压室、喷涂作业室和格栅底板组成。由供风系统送来的空调风进入动压室,经导流板、多元调节阀(均流板)或袋式过滤器,气流分布均匀地进入静压室。喷漆室室体两侧板设有用6mm厚的钢化玻璃或隔胶玻璃窗,两端设有仿形门洞或门、日光灯照明灯箱设置在侧壁外,灯光通过密封的玻璃窗照射到作业室内。喷漆室的地板是隔栅板,栅孔一般为30mm×90mm,格栅板用普通钢板焊成,不需要涂漆或镀锌。

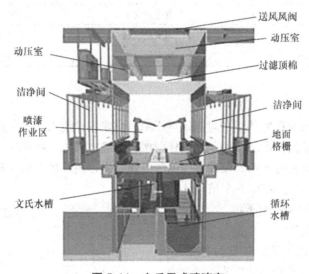

图5-44 文丘里式喷漆室

2)供风系统。供风系统是向喷漆室供给经调温、调湿、除尘的清洁新鲜空气的设备,是一个多功能的大风量系统。

3)漆雾捕集和排风系统。漆雾捕集和排风系统由漆雾捕集装置、排风风机以及分管等组成,漆雾捕集装置设置在喷漆室的格栅底板下或喷漆室一侧的排风通道中,有干式和湿式两种。

4)循环水系统。湿式喷漆室漆雾捕集系统是借助水幕、水流来捕集漆雾。循环水系统由循环水槽、泵及管路、除渣装置、凝聚剂添加装置等组成。

(3)喷涂实例

见表5-9~表5-11。

表 5-9 丙烯酸磁漆的喷涂

涂料黏度	春秋季为 20~22s，夏季为 18~20s，冬季为 24~26s（用 X-5 丙烯酸稀释剂或 X-1 硝基稀释剂调整）		
喷涂空气压力	0.3~0.4MPa	重叠幅度	1/2
喷距	200~300mm	面漆总厚度	60~80μm
运枪速度	12cm/s	喷涂间隔时间	15~30min（25~30℃），相对湿度≤70%

表 5-10 金属闪光漆的喷涂

涂料黏度	春秋季为 17~25s，夏季为 15~18s，冬季为 22~28s（按产品规定比例加入稀释剂）		
喷涂空气压力	0.25~0.35MPa	重叠幅度	3/4
喷距	200~250mm	面漆总厚度	30μm
运枪速度	15cm/s	喷涂间隔时间	15~30min（25~30℃）

表 5-11 罩光清漆的喷涂

涂料黏度	春秋季为 16~20s，夏季为 13~16s，冬季为 20~25s（按产品规定比例加入配套的固化剂和稀释剂）		
喷涂空气压力	0.3~0.4MPa	重叠幅度	3/4
喷距	250~300mm	面漆总厚度	40~60μm
运枪速度	15cm/s	喷涂间隔时间	15~30min（25~30℃）

5. 常用干燥设备

（1）电热烘箱

电热烘箱是一种最简单的热空气对流式烘干箱，烘箱内部装有多根电热丝，分布在烘箱内部两侧及底层。外壳是黑铁皮制成的，分内外两层，两层之间填满隔热保温材料，一般为石棉丝、玻璃丝。烘箱顶部装有排污管及测温用的热电偶。烘箱内部的底面装有两根小钢轨，便于推盘出入烘箱。烘箱门上装有一个玻璃小窗，便于观察工件在烘箱内的加温情况。

（2）辐射式干燥设备

辐射式干燥设备是将热能转变为各种波长的电磁振动的辐射能，利用热辐射来干燥物件。一般以红外线作为辐射热源，这就是所谓的红外线干燥设备。

红外线干燥室的外壳是用钢板焊接在角钢的骨架上的，钢板外加保温层，顶部安装排风管，两侧按需要安装活门，为制造和安装方便，整个烘干室分成若干节，并用螺钉连接。一般烘干室分为预热、加热和保温三个阶段，每阶段由若干节组成，每阶段配置数量不等的红外线辐射器。热风远红外线炉如图 5-45 所示。

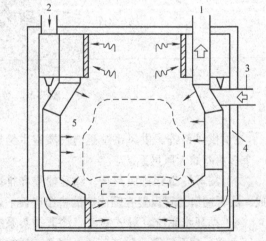

图 5-45 热风远红外线炉

1—热风输出烟道 2—热风输入烟道 3—送风机
4—铝板 5—辐射板

项目 6
汽车总装工艺

任务描述

汽车总装是汽车制造最后的工艺过程。汽车总装就是把经过检验确认合格的各种零部件及总成，按规定的技术条件和质量要求连接组合成整车，并经严格检测程序确保整车产品合格的生产工艺过程。

学习目标

1. 能够正确了解汽车总装的基础知识
2. 能够正确了解汽车总装的技术要求
3. 能够正确认识汽车的总装设备
4. 能够正确掌握汽车总装工艺和生产线

知识与技能点清单

序号	学习目标	知识点	技能点
1	能够正确了解汽车总装的基础知识	1. 汽车总装的基本概念 2. 汽车总装工艺特点 3. 汽车总装的常用方法 4. 汽车总装精度的意义和内容 5. 质量管理	能够了解汽车总装的基本概念、工艺特点、常用方法和质量管理等
2	能够正确了解汽车总装的技术要求	1. 汽车总装的技术要求 2. 汽车总装技术的发展趋势	能够正确了解汽车总装的技术要求和汽车总装技术的发展趋势
3	能够正确认识汽车的总装设备	1. 总装线输送设备 2. 大总成上线设备 3. 各种油液加注设备 4. 专用总装设备 5. 出厂检测设备	能够正确认识汽车的总装线输送设备、大总成上线设备、油液加注设备、专用设备以及出厂检测设备
4	能够掌握汽车总装工艺并认识总装生产线及其相关检测与调整方法	1. 总装作业的任务 2. 总装工艺过程 3. 总装生产线 4. 检测与调整	1. 能够掌握汽车总装工艺的任务、过程 2. 能够认识总装生产及其相关检测与调整方法

6.1 汽车总装基础知识

汽车总装是汽车制造工艺过程的最后一个环节,它是把经检验合格的数以万计的各种各样的零件,按照规定精度标准和技术要求组合成分总成、总成和整车,并经严格检测程序确认其合格的完整工艺过程。

6.1.1 汽车总装的基本概念

汽车产品要求具有良好的动力性、经济性和耐久性,以实现其在各种复杂环境中的运载功能。现代汽车产品更要求其具有安全可靠、造型美观、乘坐舒适等性能并满足环保要求。这些要求最终是通过总装工艺来保证的。若总装不当,以昂贵的代价制造出合格零件却不一定能够装配出合格的汽车。因此,总装是保证产品质量的重要环节。图 6-1 所示为汽车总装流程图。

项目 6 汽车总装工艺

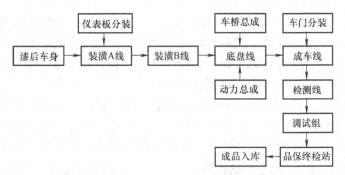

图 6-1 汽车总装流程图

1. 总装

汽车总装是将各种零件、合件、部件或分总成和总成，按规定技术条件和质量要求连接组合成完整产品的生产过程。总装中的连接方式有可拆卸活动连接、不可拆卸活动连接、可拆卸固定连接和不可拆卸固定连接等。图 6-2 所示为轿车总装车间情景。

2. 装配工

装配工是一类具有良好素质和熟练装配技术的专职人员。装配工通过使用手动、气动、电动工具与工装等机械设备定点或在生产线上进行汽车部件、分总成及总成装配调试工作。图 6-3 所示为装配工正在工作。

图 6-2 轿车总装车间情景

图 6-3 装配工正在工作

6.1.2 汽车总装工艺的特点

汽车零部件包括大至车身，小至螺钉等数千个不同的零部件。实际的汽车生产过程是由若干个不同的专业生产厂（车间）合作完成的。为了经济、高效率地制造汽车，这些专业生产厂（车间）按产品的协作原则组织生产、分工合作。一般来说，发动机、车身等主要总成由整车企业自己制造，而轮胎、玻璃、电器、车身内饰件与其他小型零部件等多靠协作，由外面专业厂生产。整车企业完成最后的总装。

微课视频
汽车总装工艺
的特点

汽车制造工艺过程以总装工艺为核心，各个工艺过程彼此之间相互协调，以最终装出整车为目标。总装工艺有如下特点。

1) 总装在汽车制造中据有最重要的地位和作用。总装将最终检验零部件的制造质量，可以通过了解整个工厂的生产情况，发现生产过程中的薄弱环节。总装是汽车制造最后的阶段，它将影响产品的最终质量。

2）总装作业内容复杂，零部件的品种、数量多。据统计，一辆轿车总装的零部件约 1200 多种。除了发动机、车身、悬架、车轮等大的总成和部件外，还有大量的外饰件、电器、线束、管路、玻璃、油液加注等需要完成。操作内容包括螺纹连接，销、键连接，铆接，粘接，镶嵌，配管，配线，油液加注等。其中螺纹连接装配最多。

各零件之间的连接可分为固定连接和活动连接，可拆分连接和不可拆分连接等形式。

3）汽车以大量生产为原则，以移动式装配（流水线）装配为主，流水线作业与固定式（线下）装配相结合，生产效率高，图 6-4 和图 6-5 所示分别为流水线装配图和固定式装配图。

图 6-4　流水线装配图

图 6-5　固定式装配图

4）先分装，后总装。

5）以人工操作为主。流水线各操作工人必须在一定节拍时间内，完成规定的作业内容，生产节奏性强。操作工人单台作业时间相互基本均衡。

6）各装配点所需的零部件和各种物料必须根据生产需求源源不断地运达。生产组织和管理复杂严密，要求高。

6.1.3　汽车总装的常用装配方法

汽车总装工作量占全部制造工作量的 20%～25%，其操作内容包括螺纹连接、粘接、卡接、各种油液加注、卡接组装、铆接、卡箍连接、销连接、电器线束的插接等。汽车各类装配内容占比如图 6-6 所示。

微课视频
汽车总装的常用
装配方法

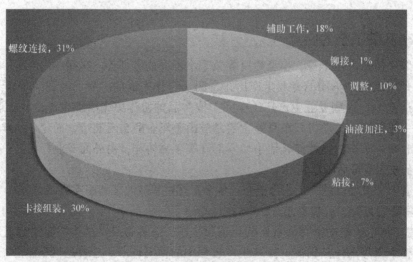

图 6-6　汽车各类装配内容占比

1. 螺纹连接

螺纹连接是机械装配的基本方法，由于它具备操作简单、适用于批量生产、可快速拆卸、成本低廉及具备高强度载荷能力等优点，大量应用于汽车总装，它约占汽车装配作业工作量的31%，目前汽车直接影响整车安全性能的零部件几乎全部采用螺纹连接形式。

螺纹连接是总装部件装配的基本方式，除了个别部位的螺纹连接采用手动扳手，目前大多数整车厂较普遍采用的是风动扳手，部分总装厂采用电动扳手以及电动螺钉旋具装配。风动工具采用气压驱动，主机厂需要建空压站，风动工具通过专用气管接头与管道连接，总装风动工具的正常工作气压为 0.50~0.65MPa。风动工具拧紧受工作气压的影响较大。电动工具一般为手持式，输出力矩比较稳定，不受气管连接控制，操作比较方便，采用蓄电池驱动。此外，为了使紧固力矩保持稳定，很多整车厂都对扭力要求严格的特殊工位使用螺母拧紧器。如果在许多部位上同时安装螺母，可以使用装有多点螺母拧紧器的工具。对于那些因安全和性能需要必须保证一定紧固力的部位，通常需要以扭力扳手将螺母拧紧。

所谓螺纹连接，是指采用紧固件连接两个或多个部件，在连接过程中，通过施加预紧力，使紧固件转动，最终紧固件拉深变形后将连接部件压在一起，形成夹紧力而达到部件连接的目的。螺纹连接后的主要受力分析如图 6-7 所示。

2. 粘接

粘接主要是采用胶黏剂为介质，将部分零件粘接起来或直接粘接到车体上的装配方式。它约占汽车装配作业工作量的7%。需粘接的内饰件一般有衬垫、隔声材料、车门内装饰护板，外饰件一般有风窗玻璃、外标志等。在粘接过程中，通常小件需预先在车身上涂胶黏剂，大件则需要在零件上直接涂胶黏剂。由于许多胶黏剂的粘接性能受温度的影响较大，往往在粘接前会将胶黏剂加热到理想温度，部分先进整车厂已经采用了整车加热和挤胶泵带加热功能的工艺。

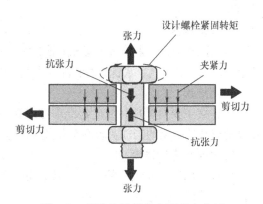

图 6-7 螺纹连接后的主要受力分析

粘接法应用最为广泛的地方就是前、后风窗玻璃的装配。此法仍是将由两三种高分子材料按固定比例混合成的胶黏剂，连续、均匀地涂在玻璃上，然后把玻璃紧压在车身上。经过一定时间，即可把玻璃粘牢。粘接处可保持橡皮那样的弹性。这种粘接方法所用的设备有压送材料的空气泵、计量材料比率的测量计、混合材料用的混合机和涂敷材料用的喷枪。

3. 油液加注

油液加注是指装配时注入发动机机油、变速器油、燃油、冷却液、制动液等各种液体的方法。油液加注按照加注原理一般分定量加注和定压加注两种。为了能够定量注入发动机机油和变速器油，使用油脂类定量供给装置。而由于汽油注入时易起火，应使用气控启闭注入阀的加油枪。散热器中加注冷却液，则采用专门的供给装置，加注制动液时使用真空泵，以加速排气过程。

4. 卡接组装

卡接组装也是汽车总装的主要内容之一，约占汽车总装作业工作量的30%，目前大量应用于内饰件连接组装和线束连接等部位，采用卡接组装通常由两个因素决定：

1）该部位不能应用螺纹连接。

2）该部件在汽车运动中通常不直接承受大载荷，对连接力要求不高。

卡接组装是采用过盈配合使零部件达到固定的安装方式。汽车上采用卡接固定的零部件有内装饰板、仪表台与相关装饰附件、线束固定等，其他如门框密封条、玻璃密封条等采用卡嵌的方法进行装配。卡接对车身制造工艺、零部件之间的相关配合尺寸要求较高，如车身孔位的尺寸偏差对内饰件的装配影响较大。不论是使用卡脚、卡扣还是卡子的方式连接，卡接组装都是采用设计过盈量卡接，使得部件与部件之间达到固定的效果。图6-8所示为常见的卡接。

5. 铆接

铆接就是运用拉力膨胀原理来紧密连接物体。铆接可分为活动铆接、固定铆接、密封铆接。汽车上普遍采用抽芯铆钉进行固定铆接。铆接具备永久连接、安装方便的优点，但是不易拆卸。

图6-8 常见的卡接

6. 卡箍连接

卡箍连接就是用卡箍来束紧相关连接零件的方法。卡箍具有钢带式、钢丝式和蜗杆传动式等类型，多用于油、气、水管路的装配与束紧。卡箍在软管和硬管插接后能对管件起到固定作用。

7. 销连接

销连接主要对零件装配起到准确定位而不起紧固作用。在汽车装配中也是如此，一般通过开口销或其他类型的销轴实现两个相关零件连接时的定位。

8. 电器线束的插接

插接多用于电器线束的装配，以实现整车电路的接通。通常在线束之间、线束与汽车电器装置之间设计成公母两端的插接。

6.1.4 汽车总装的装配精度的意义和内容

从汽车总装来讲，其重点就是装配精度的问题。装配精度是指产品装配后的实际几何参数、功能与理想几何参数、功能要求的符合程度。

1. 装配精度的意义

正确规定机器和部件的装配精度是产品设计的重要环节之一，它不仅关系到产品的质量，也会影响到产品制造的经济性。装配精度是制定装配工艺规程和选择合理装配方法及确定零件尺寸公差与技术条件的主要依据。

2. 装配精度的内容

汽车装配精度同其他机器一样，其内容包括零部件间的相互位置精度、相对运动精度和相互配合精度。

（1）相互位置精度

相互位置精度是指产品中相关零部件间的位置尺寸精度和几何位置精度。位置尺寸精度是指相关零部件间的距离尺寸精度，如汽车发动机缸体各气缸中心距的尺寸精度等。零部件间的几何位置精度是指相关零件之间的同轴度、平行度、垂直度及各种跳动等的精度要求，如汽车发动机缸体各气缸曲线与曲轴主轴承座孔轴线的垂直度等。

（2）相对运动精度

相对运动精度是指具有相对运动的零部件间在运动方向和运动速度上的运行偏差。它包括运动方向上的精度和运动速度上的精度。

运动方向上的精度是指零部件间相对运动的直线度、平行度和垂直度等，如发动机活塞与曲轴连杆轴颈的运动垂直度等。

运动速度上的精度是指内传动链的传动精度，即内传动链首末两端件的实际运动速度关系与理论值的复合程度。

（3）相互配合精度

相互配合精度是指零部件间的相互配合精度，包括配合表面的配合精度和接触精度。其中，零部件间的配合精度是指配合面间达到规定间隙或过盈要求的程度。它关系到配合性质和配合质量。相互配合精度由国家标准确定，例如轴和孔的配合间隙或配合过盈的变化范围等。

零部件间的接触精度是指两相互接触、相互配合的表面接触点数和接触点分布情况与规定值的符合程度。

装配接触精度影响到接触刚度和配合质量，例如曲轴轴瓦和轴颈的接触面、锥体配合面和齿轮啮合等。

3. 装配精度与零件精度的关系

装配精度和零件精度的关系包含以下四方面的内容。

1）零件精度是保证装配精度的基础，但装配精度不仅取决于零件的加工精度，还取决于装配方法实际达到的精度。

2）装配方法不同，对各零件的精度要求也不同。实际上，即使零件加工精度很高，由于采用的装配方法不当，也无法保证装配后的产品满足高品质的要求。

3）装配精度由零件的加工精度和合理的装配方法共同保证。

4）装配精度如完全靠装配尺寸链中各组成零件的自身加工精度直接保证，那么对零件的加工精度要求就会很高，甚至导致零件加工困难或无法加工。

因此，在生产中将以经济精度加工的相关零部件，通过采取一系列的装配工艺措施（如选择、修配和调整等），形成不同的装配方法来保证装配精度。

6.1.5 质量管理

1. 装配作业标准一般包括的内容

1）操作要点。说明部件的装配顺序及每一装配工序的装配时间。例如，当采用螺栓装配时，应该说明螺栓拧紧的顺序和拧紧的技术要求。

2）质量要求。装配完成后应进行自检，操作工人必须知道产品质量的控制数据，如紧固件的拧紧力矩要求、油液的加注量要求等。

3）装配工具和设备。指明操作时所用的装配工具、设备的型号及规格、装配车辆的型号以及装配零件的名称、编号和规格。

4）零件装配关系图。这种图是轴测图，立体感强，非常直观，给操作工人提供了极大的方便。

2. 操作人员上岗前应具有的资质

1）能具备保证装配质量的意识。
2）能按照作业标准进行装配作业。
3）能了解本工位的特殊工艺规定。
4）能熟悉本工位的零部件及其编号。
5）能正确使用和维护本工位设备和工具。
6）能在所规定的时间内完成操作。
7）能了解本工位的安全因素。
8）能进行自主检查。

只有达到上述要求的操作者才能上岗作业，这样才能充分保障整车的装配质量。

3. 汽车总装的注意事项

汽车总装是指以车架为基础，将所有总成、零件等各连接件往车架上安装，使之成为一辆完整的汽车。在装配前，应对所有要安装的总成进行试验，给予严格的检查，必须符合使用要求，不能带任何故障装车。在装配中，应尽量做到装配顺序合理、位置准确、正确无误、锁紧牢固。除此之外，还有很多需要注意的地方。

1）所有用螺栓、螺母紧固的部位，均应使用垫圈，并按规定力矩拧紧。
2）凡要密封的部位，必须用密封胶、密封膏、密封垫等给予密封，防止漏油、漏气、漏水现象发生。
3）凡有安装标记和事前做上标记的部位，均应按标记、记号给予安装。
4）装配中应正确使用工具，不能用硬金属硬敲、硬打，以免损坏机件。
5）汽车总装中，车架要固定牢固，注意安全，防止意外事故发生。
6）前后风窗玻璃、各类标牌、装饰条的安装部位在装配前必须用蘸酒精的抹布擦拭，以保证这些零部件与安装部位贴合牢靠。
7）装配中重要或主要的螺栓丝扣均应长出螺母平面1~3扣，和螺栓平齐。
8）各种电器件的电源插头必须插接到位，卡扣牢固可靠。
9）对于有力矩要求的紧固件连接，必须用扭力扳手校验紧固件的拧紧程度，力矩校验合格后，在螺栓、垫片与螺母或零部件之间或螺母、垫片与零部件之间打上连续的绿色漆标；对于无力矩要求的紧固件连接，可以通过观察螺栓弹簧垫圈断口是否压平或螺母与车身贴合程度来判断是否已拧紧。
10）管接头必须连接牢固。软管与硬管连接时，软管套入深度符合要求，卡箍要卡在规定部位；硬管与硬管连接时，拧紧转矩要复合工艺要求。
11）各类油液加注量要符合工艺要求，储液装置有刻度规定。
12）内饰件装配时要保证表面无损伤，内饰件与车身贴合面及内饰件之间搭接平顺。

4. 装配操作要求

1）按工序进行装配，当车身移动到本工位区域后开始装配，不准跨越工位进行装配，坚决杜绝影响上一工位的正常装配。
2）需将零部件（总成）移动位置时，必须轻拿轻放，防止磕碰划伤，零部件（总成）不能直接落地。
3）严格按照工艺要求进行操作，杜绝自行其是。

拓展学习

汽车总装是汽车制造最后的工艺过程，总装从业人员的工作态度和技术水平，对汽车产品的最终质量影响重大。在我国汽车行业里，有很多对工作认真负责，精益求精的总装技能人才在工作中做出了显著的成绩。在他们身上，体现出我们常提倡的"工匠精神"。

2019年，在日本的广岛，来自长安马自达的庄马宁凭借出色的表现，斩获了第三届马自达汽车全球装配竞赛的冠军，这也是长安马自达装配员工第二次摘得该赛事的桂冠。长安马自达装配员工能够取得如此好的成绩，得益于他们历经十余年来始终坚守着的"工匠精神"，将刻板、严厉、追求极致的态度引入到每个岗位，专注做好每件事情。

1989年，赵郁进入北京吉普汽车有限公司，成为汽车流水线上的一名安装风窗玻璃的普通工人。在工作间隙，赵郁钻研汽车构造原理和装调知识，练就了一手装调绝活儿，由生产线的普通装配工逐步成长为业内的技能大师。现在，他是首届"北京大工匠"之一、北京奔驰汽车有限公司首席技师，他和团队用精湛的技术让每一辆经他们手的汽车都合格地交到车主手上。

吕义聪是吉利汽车公司的一名员工。进厂时，吕义聪被安排在生产线上做装配工，从小就非常喜欢汽车的他，在吉利找到了奋斗的方向，从一个最普通的装配工人成长为汽车装调能手。年轻的吕义聪获得了全国劳动模范、全国五一劳动奖章、中国青年五四奖章等诸多荣誉。他说："所谓的工匠精神，就是一种责任。就是要求我们绝对不能应付工作，而是要把工作当成事业去做。"

6.2 汽车总装的技术要求

汽车产品的质量，应以合格零件进行装配为前提，加上合理规范的装配工艺，才能制造出合格的汽车产品。在整车制造过程中，必须达到技术要求。

6.2.1 汽车总装的装配技术要求

汽车总装是汽车的最后一道工序，装配质量的高低直接关系到整车质量。因此，整车装配必须达到下列技术要求。

1. 装配的完好性

按技术要求对配合件进行装配，不能损坏表面的精度、间隙不能过小。对所装零件、总成（包括油管、压缩空气管、覆盖件），不得有凹痕、弯曲、变形、机械损伤及修饰现象。

2. 装配的完整性

汽车零部件的类型及数量繁多，因此总装必须按工艺规定将所有零部件、总成全部装上，不得有漏装现象，不要忽视小零件，如螺钉、平垫圈、弹簧垫圈、开口销等。

3. 装配的统一性

根据生产计划，对基本车型、装配方法必须按"三统一"工艺要求进行，即两车间装配的同种车型统一、同一车间装配的同种车型统一、同一工位装配的同种车型统一。不得误装、错装、漏装。

4. 装配的紧固性

装配时螺栓、螺母、螺钉等连接件必须达到规定的力矩要求。应交叉紧固的必须交叉紧固，否则会造成螺栓或螺母松动的现象，产生安全隐患。螺纹连接严禁松动现象，同时，力矩过大会造成螺纹变形等。

5. 装配的润滑性

按工艺要求，润滑部位必须加注定量的润滑油（润滑脂）。如果发动机内的机油过少或者漏加，发动机一旦运转，齿轮就会磨损，甚至会造成拉缸直到整机损坏。加注过多，当发动机运转时机油很容易窜到燃烧室燃烧后产生积炭。因此，必须按工艺要求加注润滑油（润滑脂）。

6. 装配的密封性

1）冷却系统的密封性。各接头不得泄漏冷却液。

2）燃油系统的密封性。燃油系统的各管路连接和燃油滤清器等件不得存在泄漏现象。

3）油封装配密封性。安装油封时，先将零件擦拭干净，涂好机油，轻轻装入。

4）气管装配密封性。要求气管连接处必须均匀涂上一层密封胶，锥管接头要涂在螺纹上，管路连接胶管要涂在管箍接触面上，管路不得变形或凹陷。

7. 装配的准确性

装配时要确保如燃油、转向助力液、制动液等油液加注量的准确性。

6.2.2 汽车装配技术的发展趋势

近年来，随着汽车消费市场需求的个性化和多样化，汽车装配作业也从传统的单一品种、大批量生产向多品种、中小批量转化，装配生产的批量性特点趋于复杂，安装零件的品种、数量进一步增多，对零部件的接收、保管、供给和装配作业指导等都提出了新的要求。市场的变化，必将使装配生产方式产生新的变革。

微课视频
汽车装配技术的
发展趋势

1. 机器人在汽车装配中被广泛使用

随着机器人技术的日渐成熟，机器人已经逐步进入到装配领域，并在国外各大汽车公司装配生产中被广泛使用，从而使汽车装配自动化水平大大提高。图6-9所示为汽车装配机器人。

目前，国外大量生产的轿车装配自动化程度有的已经达到50%~60%。另一方面，机器人的使用减轻了工人的劳动强度，减少了故障与事故的发生，并大大提高了劳动生产率。在汽车整车装配中，机器人不仅用于风窗玻璃的密封剂涂敷及车轮、仪表板、后悬架、车门和蓄电池等部件的安装，也用于发动机动力总成等大件的安装。

图6-9 汽车装配机器人

2. 电子计算机技术在生产管理系统中得到广泛应用

电子计算机技术在装配厂的重要功用是进行大量多品种混流生产的管理，这也是汽车装配技术发展的一个重要标志。采用计算机进行生产管理是靠设在中央控制室的主机和各分控制点终端机组成的计算机控制生产管理系统，来指挥全部生产工艺和储取信息，使得制定计划、准时制供给、监控库存量、向协作厂订货、带装件输送等全部内容均有计算机控制,从而根据用户需求及时生产、及时供货,具有很高的精度和效率。

汽车生产采用计算机进行自动化控制和生产管理的目的,不只在于节省人力,提高产品质量,更重要的是它能满足和适用生产工艺和产品品种迅速变化的要求。计算机控制有效地保证了总装线上混流装配的正常进行。因此,目前新建的大型汽车装配厂都采用计算机控制系统进行生产管理。

3. 采用柔性装配线

汽车市场竞争的不断加剧,促使汽车制造厂依靠多品种来满足不同层次和个性化的用户需求,因此汽车产品的生命周期逐渐缩短。如果每次更换产品,设备与工装必须全部更新,新产品就有可能因投入生产时间过长而失去市场。因此,企业要利用一次改造在相当长的时期内满足日益变化的多种车型混流生产的要求,同时又具有高的生产率,唯一的途径就是采用可以满足大量生产要求的柔性装配生产线。

柔性装配生产线就是指能够同时满足一个或多个系列汽车产品生产要求,可以灵活改变夹具及运行方式,以适应无法预知的产品更新变化。同类汽车产品装配需要的生产线具有以下特点。

1)具有灵活多变的运行速度以适应不同生产节拍的生产要求。
2)具有积放功能,使装配工时具有弹性。
3)被运输的产品能在任意位置停止,以满足不同产品、不同装配内容的不同操作要求。
4)具有可编程序控制系统。
5)随行夹具的装夹和支撑形式能够灵活改变以适应多品种的装配要求。

在汽车装配生产中,柔性装配输送线的主要形式有积放式悬挂输送机、自行葫芦输送机、滑橇式输送系统和RAMRUN输送系统,又称为电动单轨输送系统,其按形式可分为悬挂式电动单轨输送系统(OH型)和地面式电动单轨输送系统(FL型)。这种输送系统在日本汽车装配生产线上被广泛使用。

4. 采用模块化装配

所谓模块化就是零部件和子系统的组合。为了提高装配的自动化水平,人们越来越意识到必须加强产品开发设计、生产工艺、生产管理和产品制造的密切合作。从产品设计开始就应尽可能考虑简化总装工序,使尽可能多的分总成在总装线外先进行预装配,构成整体后再上总装线安装到车体上,也就是采用模块化装配。这样不仅可大大减少总装线上的装配时间、降低成本、提高产品的可靠性,而且便于实现自动化装配。目前总装模块化主要由车门、仪表板、车头、底盘等模块化组成,如图6-10所示。

模块化装配结构一般包括:

(1)车门模块

在车门分装线上,以内板为中心将门锁、玻璃、玻璃升降器以及密封护板等用螺栓安装于其中部,再将车门外把手、车门铰链、密封条及玻璃滑轨安装在一起,形成车门模块,然后将其安装到车身上。图6-11所示为车门模块化。

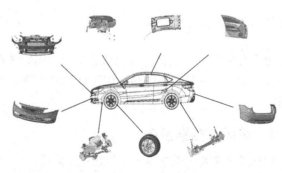

图6-10 总装模块化

（2）仪表板模块

在模块骨架上安装仪表板、空调、离合器踏板、制动踏板及转向柱，分装好后检查仪表和开关的技术性能，然后装到车身内。

（3）车头模块

车头模块是指安装于车门前段覆盖件上的前照灯、雾灯、喇叭、发动机舱盖锁和散热器面罩等。

（4）底盘模块化

底盘模块化将常规的前悬模块、后悬模块、动力系统、排气管总成、油箱总成、下车体附件及冷却模块等集成在底盘模块上，形成底盘模块一体化，非常适合自动化装配。即使在新能源车型上，也形成电机系统、动力蓄电池包和电机控制器等三联电系统集成在底盘模块上以适应自动化装配。图6-12所示为底盘模块化。

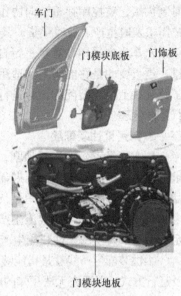

图6-11　车门模块化

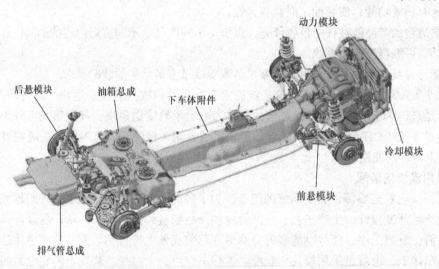

图6-12　底盘模块化

6.3　汽车总装设备

整车总装所用的主要设备包括装配线所用输送设备、发动机和前/后桥等各大总成上线设备、各种油液加注设备、各种专用装配设备以及出厂检测设备。

6.3.1　装配线输送设备

输送设备主要用于总装线、各总成分装线。

轿车及部分微型车为承载式车身或半承载式车身，根据其装配工艺特点，

微课视频
汽车总装设备

既有车内外装配也有车下底盘部件装配，因此轿车总装线通常由两类输送机组成，一类是高架空中悬挂输送机，另一类是地面输送机。货车根据其装配工艺特点，其装配线一般为地面输送线，但其大总成上线的输送也会采用空中悬挂输送机。

1. 空中悬挂输送机

空气悬挂输送机（图 6-13）的主要形式有普通悬挂输送机、积放式悬挂输送机和自行葫芦输送机等。

图 6-13　空中悬挂输送机

（1）普通悬挂输送机

普通悬挂输送机属于刚性运送线，运行速度一般为 0.5～15m/min，其特点是结构简单，价格低，动力消耗小，但无积放功能，工件上下需要配置升降设备，用作内饰装配线时操作稳定性较差。该输送机适用于单品种大批量生产，如图 6-14 所示。

图 6-14　普通悬挂输送机

（2）积放式悬挂输送机

积放式悬挂输送机既能担负简单的物料搬运功能，同时又能解决复杂的物料储存问题。积放式悬挂输送机的运行速度一般为 0.5～15m/min，如图 6-15 所示。

图 6-15 积放式悬挂输送线

其特点是根据工艺需要借助升降机构实现输送机中某一段承载轨道的上升或下降；载货小车之间具有自动积放功能，可根据工艺需要利用停止器控制载货小车定点停止。该输送机集精良的工艺操作、储存为一体，便于实现自动化、柔性化，在汽车生产线上主要用于运送发动机、变速器和车桥等大总成。其缺点是造价较高。

某汽车制造厂总装车间车身输送线采用 4″积放式悬挂输送机，主要负责涂装好的车身分类储存和转运。整条输送线采用了 3 个驱动单元，链条速度为 12m/min，出库频率为 3.4min/次。在涂装车间设有升降机，用于转挂涂装的车身至车身储存线。总装车间内饰线的起始点设有升降机，以将生产所需的车身转挂到内饰线上。在涂装车间升降机处每一个进入总装车间的车身都打号，车身进入总装线后，积放链的控制系统控制不同的道岔将车身自动分配至不同的储存区域。

车身储存线共有两道分类储存线，线体在通过操作工人活动的区域均设置安全网，以确保安全。积放式悬挂输送机的主要技术参数见表 6-1。

表 6-1 积放式悬挂输送机的主要技术参数

序号	项目	参数	单位
1	输送机型号	4″积放式悬挂输送机	
2	生产节拍	3.4	min/辆
3	吊具数量	70	个
4	积放长度	5105	mm
5	链条型号	X-458	
6	链条节距	102.4	mm
7	驱动单元数量	3	个
8	驱动电机功率	5.5	kW
9	运行速度	12	m/min
10	推杆间距	1433.6	mm
11	张紧形式	气动张紧	
12	张紧行程	R50 S750	mm

（3）自行葫芦输送机

自行葫芦输送机也称为电动小车运送机，属于间歇式流水设备，常用运行速度为10~30m/min，最大运行速度为60m/min。其特点是可采用集中控制和分散控制方式，并能实现自动控制。载货小车可以根据工艺需要，按设定的程序在制定工位上进行自动停止、自动行走、自动升降等各种动作，也可以人工控制停止、行走及升降等动作。自行葫芦输送机是集储存、运输、装卸、工艺操作为一体的柔性生产系统，适用于频繁升降要求的工位，其缺点是造价高，如图6-16所示。

图 6-16　自行葫芦输送机

2. 地面输送机

在汽车装配中常用的有地面板式输送机和滑橇式输送机。

（1）地面板式输送机

地面板式输送机属于刚性输送机，有单板输送机和双板输送机两种，其运行速度一般为0.6~18m/min，如图6-17所示。

图 6-17　地面板式输送机

地面板式输送机的特点是结构简单,故障率低,便于维修。单板输送机一般适用于前段车身内饰线,双板输送机适用于后段车身内饰线。地面板式输送机的缺点是造价较高,其主要技术参数见表6-2。

表6-2 地面板式输送机的主要技术参数

序号	项目	参数	单位
1	站距	6300	mm
2	工位数	按工艺要求设定	
3	输送线宽度	3200	mm
4	两轴中心距	131040	mm
5	链条节距	315	mm
6	电动机功率	11	kW
7	运送速度	1~2.5	m/min

(2)滑橇式输送机

滑橇式输送机具有自动储存、运输等功能,是机械化程度较高的综合性地面输送系统,其主要功能是输送工件经过电泳烘干、电泳后储存、钣金修整、PVC喷胶、焊缝密封、胶烘干、底漆打磨、中涂喷漆、中涂晾干、中涂烘干、强冷、中涂储存、中涂打磨、面漆喷漆、面漆烘干、强冷、检查、点修、成品存放、成品输送以及空橇返回等。滑橇式输送机常用于车身涂装线,其运行速度一般为1.5~60m/min,如图6-18所示。

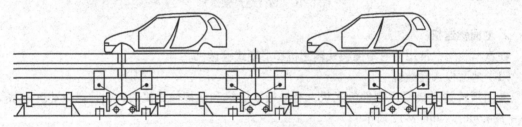

图6-18 滑橇式输送机

滑橇式输送机的主要特点是灵活性大,工艺性好,柔性好,容易与其他运行装置连接,适用于多品种大批量生产,其缺点是占地面积大,造价高,其主要技术参数见表6-3。

表6-3 滑橇式输送机的主要技术参数

序号	项目	参数	单位
1	生产节拍	6.88	min/件
2	工件最大外形尺寸	5100×1810×1960	mm
3	工件最大质量	500	kg
4	橇体中心距	1000	mm

总成分装线可以使用机动辊道输送线,还可以采用人工移动输送线。图6-19所示为人工输送线。

图 6-19 人工输送线

6.3.2 大总成上线设备

大总成上线设备是指发动机、前桥、后桥、驾驶室、车轮等总成在分装、组装后送至总装线并在相应工位上线所采用的输送、吊装设备。

车轮上线一般采用普通悬挂输送机和积放式悬挂输送机。根据车型、生产条件的不同，发动机、前桥、后桥、驾驶室等大总成上线，可采用自行葫芦输送机和积放式悬挂输送机，还有带有升降装置的电动磁轨小车（AVG），如图 6-20 所示。

图 6-20 电动磁轨小车（AVG）

自行葫芦输送机的特点是工人操作方便，可实现自动控制，可根据工艺需要，按设定的程序在工位上进行自动停止、自动升降、自动行走等各种动作，并可空中积放储存，节省地面面积，因此被广泛应用。AGV 是指装备有电磁或光学等自动导引装置，能够沿规定的导引路径行驶，具有安全保护以及各种移载功能的运输车。一般可通过计算机来控制其行进路线以及行为，或利用电磁轨道(electromagnetic path-following system)来设立其行进路线，电磁轨道粘贴于地板上，AGV则依循电磁轨道所带来的信息进行移动与动作。AGV具有自动化程度高、充电自动化、占地面积少、美观方便等优点，广泛应用于汽车装配柔性生产线。

6.3.3 各种油液加注设备

燃油、润滑油、清洁剂、冷却液、制动液、制冷剂等各种加注设备由过去的手工加注发展到采用设备定量加注，直到自动加注。尤其是在轿车装配中，普遍采用有抽真空、自动检漏、自动定量加注等功能的加注机，保证了加注的高质量，如图6-21所示。

图 6-21 油液加注设备

各种油液加注设备和加注方法见表6-4。

表 6-4 各种油液加注设备和加注方法

序号	油液名称	加液设备	加注方法
1	冷却液	冷却液真空加注机	抽真空后定量加注
2	制动液	制动液真空加注机	
3	空调制冷剂	制冷剂真空加注机	
4	动力转向液压油	动力转向真空加注机	
5	发动机机油	发动机机油定量加注机	定量加注
6	变速器齿轮油	变速器齿轮油定量加注机	
7	风窗玻璃洗涤液	洗涤液定量加注机	
8	后桥齿轮油	后桥齿轮油定量加注机	
9	燃油	电动计量加油机	

6.3.4 专用装配设备

随着汽车产量的提高和质量的高要求，高效专用的装配设备进入装配线。现已广泛应用于整车装配的专用装配设备主要有以下几种。

（1）螺纹紧固设备

在汽车产品的装配过程中，螺纹连接占有较大的工作量，由以前普遍使用噪声比较大、精度比较低的冲击气动扳手，逐渐发展到使用静扭扳手和定扭电动扳手。以静扭扳手和定扭电动扳手代替冲击式气动扳手是装配工具的一大进步，减少了噪声对环境的污染，确保了连接质量。图 6-22 所示为几种常见的总装用螺栓紧固工具。

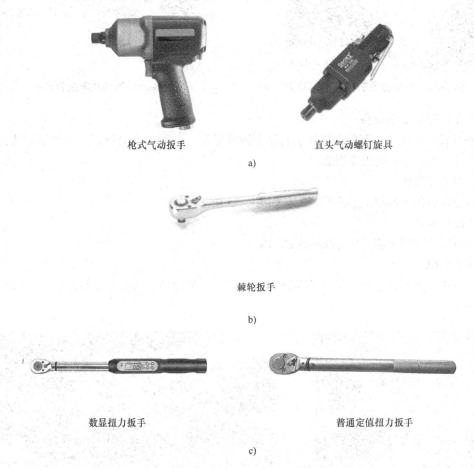

枪式气动扳手　　　　　　直头气动螺钉旋具

a)

棘轮扳手

b)

数显扭力扳手　　　　　　普通定值扭力扳手

c)

图 6-22　几种常见的总装用螺栓紧固工具

a) 气动工具　b) 手动工具　c) 扭力扳手

整车装配最重要的螺栓拧紧部位是车轮螺母和前/后桥与钢板弹簧连接使用的 U 型螺栓和螺母。车轮螺母采用定扭多头拧紧机，U 型螺栓和螺母采用定扭四头螺母拧紧机（用于载货汽车），这样能充分保证装配质量并提高生产效率，改善工人的工作环境。图 6-23 所示为多头拧紧机拧紧车轮螺母。

对于其他安全、重要件的螺纹连接以及工艺上有力矩要求的螺纹连接部位，也可采用单头定扭气、电动扳手。

（2）车架打号机

车架打号机用于在车架上打车型代号，有液压式车架打号机和气动式车架打号机两种形式，图 6-24 所示为气动式车架打号机。

图 6-23 多头拧紧机拧紧车轮螺母

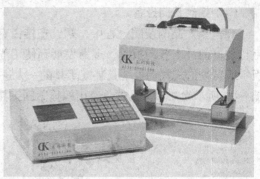
图 6-24 气动式车架打号机

（3）车轮装配专用设备

在各总成分装线中，车轮分装线的自动化程度最高，一般由机动辊道、自动装配机、快速自动充气机、车轮动平衡机等组成。

（4）自动涂胶机

自动涂胶机用于风窗玻璃涂胶装配，如图 6-25 所示。

（5）液压桥装小车

液压桥装小车用于前、后悬架的输送和举升。

（6）助力机械

助力机械用于帮助装配人员将汽车部件安装到位，如座椅、后备车轮装配的助力机械，如图 6-26 所示。

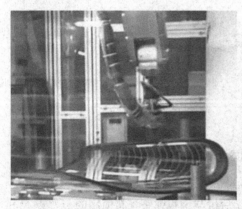
图 6-25 自动涂胶机

图 6-26 助力机械

6.3.5 出厂检测设备

整车出厂试验的水平也有了较大的提高，由过去采用室外道路试验发展到现在采用室内检测线。出厂检测线一般由前束试验台、侧滑试验台、转向试验台、前照灯检测仪（图 6-27）、制动试验台（图 6-28）、车速表试验台、排气分析仪等设备组成。对于独立悬架的车辆，还应配置车辆定位仪。

图 6-27 前照灯检测仪

图 6-28 制动试验台

整车出厂检测设备及检验内容见表 6-5。

表 6-5 整车出厂检测设备及检验内容

序号	检测项目	检测设备	主要检测内容
1	前轮定位	前束试验台	检测前轮前束和前轮外倾角
2	转向角	转向试验台	检测汽车转向轮的左右最大转角
3	制动	制动试验台	检测各轮的制动力和同轴左右轮制动力差值
4	灯光	前照灯检测仪	检测前照灯的发光强度和光轴位置
5	侧滑	侧滑试验台	动态下检查前轮前束与前轮外倾角是否正确匹配
6	车速表	车速表试验台	检测车速表的精度、汽车动力装置的工作情况,如变速器有无跳档、脱档现象及传动装置有无异响等
7	排气分析	排气分析仪	检测发动机怠速时废气中的 CO 和 HC 的浓度
8	淋雨	淋雨试验室	检测整车的密封性
9	电器综合检测	整车电器综合检测台	对整车电器系统进行综合检测

通常在检测线边设置返修区,对于某个项目检验不合格的车辆进行返修并返回检测线复测,直到合格为止,图 6-29 所示为总装检测流程示意图。

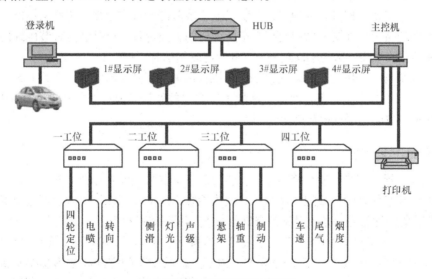

图 6-29 总装检测流程示意图

先进的装配工艺需要先进的工艺装备,工艺装备设计制造水平,对保证高效率的生产和产品的高质量至关重要,也是汽车装配技术水平的标志。我国汽车工业发展,一开始从国外引进了大量先进的设备,使汽车工业装备水平有了很大的提高;同时,许多设备制造企业也纷纷引进技术,购买产品生产专利权及合资合作生产国内急需的装备。从整体来说,我国的装备制造水平有了很大的提高,对汽车工业的发展起到了推动作用。

6.4 汽车总装的装配工艺和生产线

6.4.1 总装作业的任务

在汽车制造过程中,总装作业的任务在于将动力传动系统部分、车内总成部分、车外总成部分以及电子装置部分等装配成整车。装配作业由总装线和车辆行驶性能检查调整线两部分组成。表 6-6 及表 6-7 所列分别为装配作业的组成和总装线上装配实例。

表 6-6 装配作业的组成

总装线				整车检查调整线
车内总成部分	动力传动系统部分	电子装置部分	车外总成部分	

表 6-7 总装线上装配实例

部件名称	代表性部件名称
车内总成部分	仪表板、座椅、加热与冷却装置、车顶内饰件、车门内饰件
动力传动系统部分 电子装置部分	发动机、变速器、传动轴、前悬架系统、后悬架系统、转向系统、散热器、车轮、电控燃料喷射装置、自检测系统、电控防滑控制器、电控自动变速器、座椅安全联锁装置
车外总成部分	散热器护栅、前照灯、风窗玻璃、保险杠、后组合灯、后视镜、标示器等

装配作业任务和生产方式,因轿车、货车、客车、特种用途车等所装配汽车的种类,以及生产量和厂址条件等因素而异,各具特点。因产量关系,轿车装配多采用同型车辆专用生产线的方式。由于同型轿车拥有多种规格,总装线上待装部件的种类繁多,为此采用电子计算机以发出装配部件的指示,并同步供应装配汽车所需要的各类部件。此外,这种装配线的特征是变动装配车辆的投入顺序,可使不同规格汽车的装配时间达到平衡。

货车、客车与特殊用途车的装配,根据产量,常采用多种车型混合生产的方式,即在一条生产线上,装配不同类型的各种车辆。这种生产方式的特征是能够根据车型变动来供应部件,所用设备的附件也能共用或相互交换。

6.4.2 装配工艺过程

汽车总装包括装配与性能检修两部分。装配工序主要采用流水作业方式,由各种输送机构成的主装配线及其附属的分装配线所组成。性能检修工序的作用在于检查、调整车辆,使之具备各种行驶性能,通常是一条由各种检查机器按工艺顺序排列的生产线。

通常汽车装配车间由存储区、工件装配区、升降区、检修区、检测区、下线区组成。

图 6-30 所示为一般的装配工艺过程图。由于受到装配车间空间和车辆装配流动方向的限制,地板下面动力系统部分的装配,有时先于车外前部总成部分的装配。此外,基于同样理由,

也可将车外前部总成部分的装配工序与性能调整工序相混合。电子装置部分的装配一般分散到各工序之内,而在作为总装最后工序的性能综合调整工序内,接通全部线路。

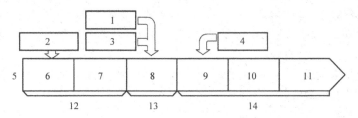

图 6-30 一般的装配工艺过程图

1—发动机变速器分装线 2—仪表板分装线 3—车轴分装线 4—座椅分装线 5—主装线
6—除地板外车内总成部分的装配工序 7—除前部外,车外总成部分的装配工序 8—地板以下部位的动力传动系统部分的装配工序 9—地板部位车内总成部分的装配工序 10—前部车外各总成部分的装配工序
11—性能综合调整工序 12—前内饰线 13—车轮部分装配线 14—后内饰线

图 6-31~图 6-34 所示为总装过程中不同工序的装配情况。

图 6-31 仪表板总成

图 6-32 车内线束装配

图 6-33 车身与动力总成合装

图 6-34 总装检测

6.4.3 装配生产线

汽车装配生产线一般是指由输送设备(空中悬挂输送设备和地面输送设备)和专用设备(如举升、翻转、加注设备,助力机械手,检测设备,螺栓螺母的紧固设备等)构成的有机整体。装配生产线的布置决定于厂址条件、生产能力、部件供应方式、车辆构造等因素。

1. 轿车装配生产线

下面是某汽车制造厂轿车装配生产线的组成情况。总装生产线包括:

1) 车体储运输送线。
2) 空滑橇返回线。
3) 内饰装配线。
4) 底盘装配线。
5) 最终装配线。
6) 车门分装及输送线。
7) 仪表板分装及输送线。
8) 发动机分装线。
9) 后桥分装线。
10) 发动机、后桥总成线。
11) 淋雨及烘干线。
12) 所有线体间转接机构及吊装系统。

生产线配备有自动导引小车、各种助力机械设备、各种加注设备等先进工业设备。总装生产线具备较强的柔性化生产能力，能适应多种车型的混线生产。轿车装配生产线布置如图 6-35 所示。

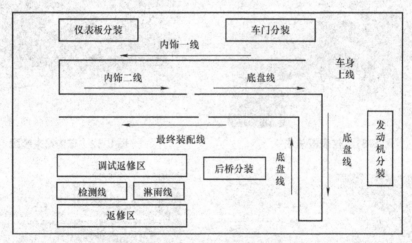

图 6-35 轿车装配生产线布置

① 车体储运输送线。车体的储运和输送采用滑橇式输送机和积放式双链输送机，工件的转向采用旋转滚床，横移采用电动移行机或者链式移行机，车体从平台转至内饰线采用滚床升降机。

② 空滑橇返回线。在内饰线尾部，车身被转挂到底盘线吊具上，空橇体经移行后由滚床升降机升至空中平台，由双链输送机等设备输送至涂装车间或者在线上进行储存。

③ 内饰装配线。该系统用于完成车身的内饰装配，共设置 43 个工位，分为 A 生产线、B 生产线；A、B 生产线之间的转接通过顶升旋转滚床、链式移行机、顶升滚床完成；内饰 A、B 生产线采用板链结构，承载车身的滑橇通过板链进行输送，板链中部设有维修地坑。

其中，一个工位配备有车门助力机械手用于拆卸车门，一个工位配备有仪表台板助力机械手用于仪表台板总装，一个工位配备有玻璃挤胶机用于前、后风窗玻璃挤胶。

④ 底盘装配线。底盘装配输送系统用于完成车身底盘装配，设置 20 个工位，完成发动机、

后桥、后保险杠、前保险杠和车轮等的装配，1~4.5m/min 连续运行装配。输送方式采用五轨制积放式悬挂输送机，吊具在上、下坡时呈水平状态。在装配段设扶正轨以减少车身晃动。吊具采用 L 形结构，平面定位，能左右开合，可以最大限度地提供操作空间。图 6-36 所示为底盘装配线。

图 6-36　底盘装配线

积放式输送机底盘装配输送系统设置有两套动力系统：一套为慢速，和内饰生产线同步，连续运行，完成 20 个工位的操作；另一套为快速，将卸完件的空吊具快速送回内饰生产线上件处，连续运行，最快速度 15m/min。

其中两工位与自动导引小车配合用于发动机和后桥总装，一个工位配备有轮胎螺母拧紧机用于轮胎螺母拧紧。

⑤ 最终装配线。采用加宽板链，设置 20 个有效工位，完成安装座椅、蓄电池以及加注制动液、制冷剂、冷却液、汽油等。

⑥ 车门分装及输送线。分装线采用积放链，上、下车门均以悬链上、下坡形式完成。一条为工艺分装线，另两条为储存及快速输送链。工艺段设置平衡轨，以保证车门在装配时不发生倾斜及晃动，如图 6-37 所示。

图 6-37　车门分装线

⑦ 仪表板分装及输送线。仪表板主体上线，进行线束总成、扬声器、收放机、继电器、安全气囊和饰板的装配。分装线采用积放链，一条为工艺分装线，另一条为快速输送链。工艺段设置平衡轨，以保证仪表板在装配时不发生倾斜及晃动。

图 6-38 所示为仪表板分装及输送线。

图 6-38　仪表板分装及输送线

⑧ 发动机分装线。发动机总成分装线用于发动机总成的分装。发动机吊上分装线进行分装，分装后进入自动导引小车，随底盘装配线同步运行进行装配，装配完后空托盘随自动导引小车返回至分装线首端。分装线采用单层机动辊道形式，与自动导引小车形成封闭结构，生产线体水平封闭。

图 6-39 所示为一条发动机分装线的情况。

图 6-39　一条发动机分装线的情况

⑨ 后桥分装线。后桥分装线用于后桥总成的分装。后桥吊上分装线进行分装，分装后吊上自动导引小车，随底盘装配积放输送机同步运行进行装配。

分装线采用双层动力辊道（带工装板、接油盘）；生产线体垂直封闭，两端设气动升降机供工装板返回；在两工位间可积放一托盘作为缓冲。

⑩ 发动机、后桥总成线。具有动态跟踪的 AGV 系统由一条环线组成，即发动机或后桥装配环线，根据产量确定环线上自动导引小车数量。一个环线由若干自动导引小车、控制台、充电器和地面导航系统组成，控制台用于调度该环线上的自动导引小车运行及与总装控制室通信。

⑪ 淋雨及吹干线。淋雨测试线用于整车的密封性试验，由板式输送链、喷淋系统、吹干系统、淋雨房、循环水沉淀池及循环水池、沥水区等部分组成。

板式输送机采用单链传动，链板、链节采用不锈钢制作，滚轮采用尼龙加滑动轴承，淋雨室采用不锈钢板制作。图 6-40 所示为汽车淋雨线。

图 6-40　汽车淋雨线

2. 货车装配生产线

装配车间的特点是车轮部分装配线较长，以适应车辆构造的要求。货车装配车间装配平面布置如图 6-41 所示。

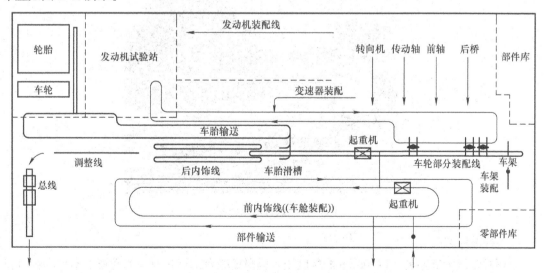

图 6-41　货车装配车间平面布置

6.4.4 检测与调整

对于装配完成驶下总装线的汽车，首先要进行外观装配质量检查。另外根据国家标准规定的项目，在专门的检测线上检查其主要性能与机能，并做必要的调整。检测项目主要有侧滑、转向、制动、前照灯、车速表等安全性检测项目和废气排放、雨淋密封试验等。

某汽车厂的轿车检测线和雨淋试验线如图 6-42 所示。

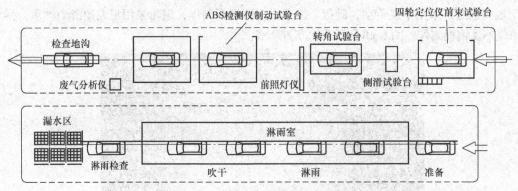

图 6-42　轿车检测线和雨淋试验线

（1）前束检测调试

引车员将车辆对准导向装置缓慢驶入前束试验台，熄火，换档处于空档位置，行驶中不允许紧急制动。开始测试后，观察左右前轮前束角度值大致相同，用转向盘夹具固定转向盘；前束调整员松开转向拉杆螺母，均匀调整左、右转向拉杆螺母，测量前束值在规定角度范围内，左右大致均等，实际调试以满足测滑为准。图 6-43 所示为进行前束检测。

图 6-43　进行前束检测

（2）侧滑检测

车辆对正侧滑试验台，以 4km/h 的速度驶入侧滑试验台，通过时在侧滑板上不允许转向和制动。在前轮完全通过试验台时，目视侧滑仪表数值量，记录侧滑数据，应在规定范围内。图

6-44所示为侧滑检验台。

图 6-44　侧滑检验台

侧滑检测是前轮定位的动态测试，反映前束与前轮外倾角的匹配情况。如侧滑不合格，应返回前束试验台重新调整前束，重复上述试验。

（3）前轮转角检测

车辆缓慢驶入试验台，不允许转向和紧急制动。

在前轮完全驶入试验台后，拉紧驻车制动杆，换档处于空档位置，左右转动转向盘至极限位置，目视数字屏数值量，记录转角数据，应在规定范围内。如转角不合格，重新调整，重复上述试验。

（4）前照灯测试

测试仪处于正常状态，引车员将车辆保持空档、急速停在转角试验台上，打开近光灯，前照灯调整人员启动测试仪，调整测试左、右前照灯的近光明暗截止线交点位置满足要求，打开远光灯，测试前照灯的发光强度，如图6-45所示。

图 6-45　前照灯测试

（5）转鼓试验

试验台及各种安全防护装置、排烟装置处于正常状态。换档处于空档位置，起动发动机，检查各部分应无振动和异响，离合器踏板按踩到底和不踩两种情况检查各部位，应无异常振动和异响。

图6-46所示为车辆转鼓试验。进入试验台后，使其中心线和试验台中心线基本一致，在3s和0.5s内使节气门从全闭到全开，分别进行各档位的缓加速和急加速试验，不允许变速器各档

位脱档、离合器打滑、转向轴窜动、发动机及其他各部位产生异常振动和噪声等不正常现象出现，其车速表指针摆动在 ±1km/h 范围内。

图 6-46　车辆转鼓试验

在倒档加速到 10km/h 以上车速时，各部位应无异常振动和响声。

分别进行 60km/h 和 80km/h 的定额运转以及 100km/h 的高速运转 3s 以上，不允许转向轴窜动、转向盘抖动、发动机及其他各部位产生异常振动和噪声等不正常现象出现。

以 40km/h 定额运转 5s 以上，记录车速表数据应在 40～45km/h 范围内。

检查各种灯光指示和电器工作是否正常。

（6）制动系统（ABS）检测

车辆垂直驶入试验台滚筒上（图 6-47），中心线与试验台中心线基本一致，换档处于空档位置，测试前、后制动力。然后用 ABS 测试仪进行 ABS 的检测。最后按照检测规范检测真空助力器工作情况。制动测试不合格时，需要检查调试制动系统，重做制动试验。

图 6-47　制动系统的检测

（7）怠速排放检测

车辆停在废气分析仪旁，在发动机暖机情况下，将采样探管插入排气管 400mm 左右，怠速稳定 5s 后，检测仪开始记录 30s 内的 CO 和 HC 的平均值。测试完毕后，取出抽样探管，按清洗键，废气显示回零。图 6-48 所示为汽车怠速排放检测。

项目 6 汽车总装工艺

图 6-48　汽车怠速排放检测

（8）发动机电喷控制系统检测

车辆停在电喷检测仪旁，发动机处于怠速工况。插上检测插头，连接车辆和检测仪。确认发动机 ECU 工作正常后进行系统自诊断，检测仪可显示发动机 ECU 自诊断到的各种传感器参数。如无故障，则检测仪显示"当前无故障"。

（9）利用检查地沟进行底盘检查

各零部件应装配正确、紧固，无松动、错装、漏装现象；各部分连接可靠，无渗漏、干涉现象；电气线束与发动机转动部分间隙大于 3mm。

（10）淋雨试验

在以上的测试内容完成后，车辆依次驶入淋雨试验室。淋雨管路压力调整到 0.15MPa，从车辆的上下、左右方向喷水，如图 6-49 所示。

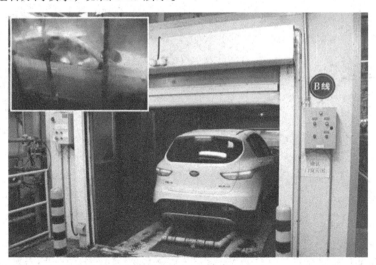

图 6-49　淋雨试验

车辆在输送机上向前移动，淋雨 3min 后驶出，观察车体各部位应无渗漏，如图 6-50 所示。如淋雨试验不合格，应调整后重做试验。

图 6-50　观察车体是否漏水

在检测线检测后,车辆还需要到路试场进行路试,检测其行驶性能。检测线和路试发现的不合格车辆,送至车辆修整区进行包括涂漆在内的各种修整。

项目 7
汽车装配工艺规程制定

任务描述

装配工艺规程是规定产品或部件装配工艺过程和操作方法等的工艺文件,是制定装配计划和进行技术准备,指导装配工作和处理装配工作问题的重要依据。它对保证装配质量,提高装配生产效率,降低成本和减轻工人劳动强度等都有积极的作用。因此,掌握制定装配工艺规程的原则和方法至关重要。

学习目标

1. 掌握装配单元的概念,初步具备制定装配工艺系统图的能力
2. 掌握汽车装配工艺规程的制定原则和步骤
3. 掌握装配工艺卡和作业指导书的作用和内容
4. 初步具备编制装配工艺规程的能力

知识与技能点清单

序号	学习目标	知识点	技能点
1	掌握装配单元的概念，初步具备制定装配工艺系统图的能力	1. 装配单元的概念 2. 装配系统图	掌握装配单元的概念，初步具备制定装配工艺系统图的能力
2	掌握汽车装配工艺规程的制定原则和步骤	汽车装配工艺规程的制定原则和步骤	掌握汽车装配工艺规程的制定原则和步骤
3	掌握装配工艺卡和作业指导书的作用和内容	1. 制定装配工艺规程的过程 2. 关键和重要工位的确定 3. 装配工艺卡和作业指导书的作用和内容	掌握装配工艺卡和作业指导书的作用和内容

7.1 装配单元和装配系统图

汽车装配是汽车制造的最后阶段，汽车质量最终是由装配来保证的，装配工艺是决定产品质量的关键环节，也是对产品设计制造过程的验证过程。不断提高装配技术水平，是提高劳动生产率，降低产品成本，保证用户对汽车产品的质量要求，适应汽车工业发展的要求。

微课视频
装配单元和装配
系统图

7.1.1 装配单元的概念

装配单元是指能独立进入装配过程的单元。一个产品的装配可以有若干个装配过程，每个装配过程由相应的装配单元完成装配。比如：汽车整车装配有车门总成的分装、仪表总成分装、动力总成分装及主线总装等装配过程；主线总装包含了车门总成、仪表总成、动力总成等装配单元，而车门总成的分装又包含了车门、玻璃、升降器、扬声器等装配单元，动力总成分装包含了发动机总成、托架总成、驱动轴总成（左右）、冷却风扇总成等装配单元。

装配单元可以是一个零件，也可以是零件的集合——套件、组件、部件等。套件、组件、部件又有自身的下属装配单元。小到一个螺栓、螺母，大到前/后桥、发动机、变速器、车身等，都可以作为一个独立的装配单元。

1. 零件

零件是组成机器的最小单元，比如图连杆（图 7-1）、活塞等。零件很多时候需要预先装配成套件、组件或部件再进入下一级的装配。

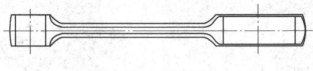

图 7-1　连杆

2. 套件

套件是在基准零件上装上一个或若干个零件构成的。零件之间为永久性连接，一般不能再拆卸。

比如要装配曲柄连杆组件时，先将钢球零件永久性压入到曲柄 2 零件里，就得到一个套件，如图 7-2 所示。

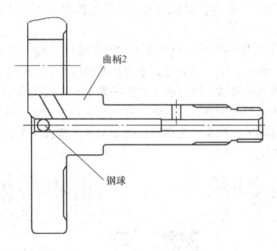

图 7-2　钢球、曲柄 2 套件

3. 组件

组件是在基准件基础上，装上若干个零件（套件）构成的装配单元。组件没有明显完整的作用，比如发动机主轴组件就是在主轴上装上若干齿轮、套、垫、轴承等零件得到的组件。

4. 部件

部件是在基准件上装上若干个组件、套件和零件构成的。部件具有一定完整的功能，比如柴油机上的喷油泵、喷油器、增压器、调速器等。柴油机喷油泵如图 7-3 所示。

为得到部件而进行的装配工作称为部装。一般部装（部件）和组装（组件）没有太严格的区分，很多时候从业人员都称部装（部件）或组装（组件）。

5. 产品总成

一台机器是在基准件上装上若干部件、组件、套件和零件构成的，为此而进行的装配称为总装，比如汽车、发动机等。有的机器（如发动机）既是完成的产品，也是别的机器（汽车整车）的一个装配单元。发动机如图 7-4 所示。

图 7-3 柴油机喷油泵

图 7-4 发动机

7.1.2 装配系统图

在装配工艺规程设计中，常用装配系统图表示装配流程和各个装配单元之间的相互装配关系。

在装配工艺系统图上，每一个单元用一个长方形框表示，每一长方格内有三格，标明零件、套件、组件和部件的名称、编号及数量，上方注明装配单元名称，左下方填写装配单元的编号，右下方填写装配单元的件数。在装配工艺系统图上，装配工作由基准件开始沿水平线自左向右进行绘制，画一条较粗的横线，一般将零件画在横线上方，套件、组件、部件画在横线下方，其排列次序就是装配工作的先后次序，横线左端为基准件（可以是任意一种装配单元）。装配工艺系统如图 7-5 所示。

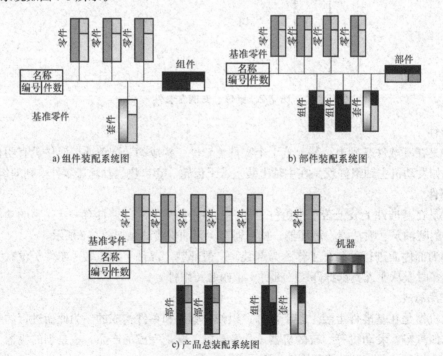

a) 组件装配系统图　　b) 部件装配系统图

c) 产品总装配系统图

图 7-5 装配工艺系统图

在装配单元系统图上加注所需的工艺说明，如焊接、配钻、配刮、冷压、热压和检验等，这就形成了一份较详细的装配工艺系统图。对于结构复杂，组成的零部件很多，装配过程既有组装、部装，又有总装的产品，需要把各个装配过程的系统图集合起来，形成一个完整的装配系统合成图，如图 7-6 所示。装配系统图有多种形式，以上图例只是其中的两种。

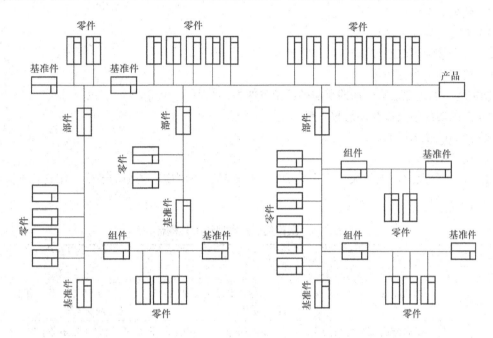

图 7-6　装配工艺系统合成图

7.2　装配工艺规程

规定产品的装配工艺过程和方法的工艺技术文件，称为装配工艺规程。它是指导装配工作的技术文件，也是制定装配生产计划和技术准备的依据。装配工艺规程对保证装配质量、提高装配生产效率、缩短装配周期、减轻工人的劳动强度、缩小装配占地面积和降低成本等都有重要的影响。

装配工艺规程是指导装配生产的纲领和法律，要严格贯彻执行。装配工艺规程需要改进时，必须通过一定的审批手续才能更改。

7.2.1　制定装配工艺规程的原则和依据

1.制定装配工艺规程的基本原则

1）保证产品的装配质量要求。
2）合理安排装配工序，尽量减少装配工作量，减轻劳动强度。
3）装配周期尽量短，提高装配效率，保证对装配的生产率的要求。
4）占用的车间生产面积尽量小。

在装配工艺规程制定中，必须采取各种技术措施和组织措施，合理地确定以下所述的装配工艺规程各项内容，以实现上述各项基本原则。

微课视频
制定装配工艺规程
的原则与依据

2. 装配工艺规程的基本内容及制定的依据

装配工艺规程的基本内容包括：

1）装配单元，即需要装配的各零部件的名称、代号、数量。
2）装配顺序、装配步骤。
3）装配的组织形式。
4）装配设备和工夹具。
5）各个装配工序的技术条件、质量标准。
6）检查项目和方法等。

制定装配工艺规程的依据即所需的原始资料为：

1）产品装配图及重要件的零件图。
2）产品的技术标准。
3）生产纲领。

由产品特征及生产纲领大小决定装配的生产类型，不同生产类型的装配工作具有不同的工艺特点，见表7-1。

表7-1 装配的生产类型和工艺特点

生产类型项目	单件小批量生产	中批量生产	大批量生产
产品变换	产品经常变换，生产周期一般较长	几种产品分期交替投产，或同时投产	产品固定，长期重复生产，生产周期较短
装配方法	以修配法及调整法为主，完全互换法占一定的比例	主要采用完全互换法，也采用其他方法，以便节省加工费用	按完全互换法装配，允许少量调整及分组互换装配
工艺过程	工艺过程的划分较粗，工序内容可适当调整	工艺过程的划分要与批量大小相适应	工艺过程的划分很细，各工序尽量均衡
设备、工装	一般为通用设备及工、夹、量具	通用设备及工、夹、量具较多，但也采用一定数量专用的设备及工、夹、量具	采用专用、高效设备及工艺装备，易于实现机械化、自动化
生产组织形式	多用固定式装配	根据批量的不同，采用固定式装配或流水装配	尽量均衡流水装配线，还可采用自动装配机或自动装配线
手工操作	手工操作的比重很大，要求工人技术水平高	手工操作比重较大，对工人技术水平要求较高	手工操作比重相对较小，对工人技术水平要求较低
举例	重型机床、重型汽车、汽轮机、大型内燃机等	机床、矿山采掘机械，某些汽车、拖拉机等	轿车、内燃机、自行车等

7.2.2 制定装配工艺规程的过程

1. 研究产品装配图、装配技术条件和其他原始技术资料

审核产品图样的完整性、正确性；对产品结构作装配尺寸链分析，主要装配技术条件要逐一进行研究分析，包括所选用的装配方法、相关零件的相关尺寸等；对产品结构作结构工艺性分析。发现问题，应及时提出。

2. 决定装配生产组织形式

根据产品的结构特点（包括尺寸、重量和装配精度等）、生产纲领（生产

微课视频
制定装配工艺规程的步骤

类型）和现场生产条件选择适当的生产组织形式。

装配组织形式有固定式装配和移动式装配两种。

（1）固定式装配

全部装配工作都在固定工作地，在装配台架上进行这种装配方式称作固定式装配。据生产规模，固定式装配又可分为集中式固定装配和分散式固定装配。

（2）移动式装配

被装配产品（或部件）不断地从一个工作位置移动到另一个工作位置，每个工作位置重复地完成某一固定的装配工作，这种装配方式称作移动式装配。移动式装配又有自由移动式和强制移动式两种，强制移动式装配又可分为连续移动和间歇移动两种方式。

3．划分装配单元，选择装配基准件

1）将产品划分为零件、套件、组件、部件等能进行独立装配的装配单元，是设计装配工艺规程中最重要的一项工作，这对于大批量生产中装配那些结构较为复杂的产品尤为重要。套件、组件、部件又有自身的下属装配单元。

2）装配基准件是首先进入装配过程的装配单元，无论哪一级的装配，都要选定某一零件或比它低一级的装配单元作为装配基准件。装配基准件通常应是产品的基体或主要零部件。基准件应有较大的体积和重量，有足够的支承面，以满足陆续装入零部件时的作业要求和稳定性要求。例如，发动机气缸体是发动机气缸体组件的装配基准，汽车车架分总成是非承载式车身汽车的装配基准。基准件补充加工量应最少，尽可能不再有后续加工工序。另外，基准件的选择应有利于装配过程的检测，有利于工序间的传递运输和翻身、转位等作业。

4．确定装配顺序

在划分装配单元、确定装配基准零件后，即可安排后续装配顺序。确定装配顺序后就可以将装配过程用装配系统图的形式表示出来。

编排装配顺序可以参照以下原则。

1）预处理工序在前。装配前先安排零件的预处理工序，如零件的倒角、去毛刺与飞边、清洗、防锈与防腐处理、涂装、干燥等。

2）先下后上，首先进行基础零部件的装配，使机器在装配过程中重心处于最稳定状态。

3）先内后外，先装配机器内部的零部件，使先装部分不成为后续装配作业的障碍。

4）先难后易。在开始装配时，基准件上有较开阔的安装、调整、检测空间有利于零部件的装配。

5）先进行会破坏后续工序装配质量的工序。有些装配工序需施加较大装配力或高温，这样容易破坏以后装配工作的质量。如冲击性质装配作业、压力装配作业、加热装配、补充加工工序等应尽量安排在装配初期进行，以保证整台机器的装配质量。

6）及时安排检验工序。在完成对机器装配质量有较大影响的工序后，必须及时安排检验工序，检验合格后方可进行后续装配工序，以保证装配精度和装配效率。

7）集中安排使用相同设备、工艺装备以及具有共同特殊环境的工序。这样可以减少装配设备和工艺装备的重复使用，以及产品在装配地的迂回。

8）处于基准件同一方位的装配工序应尽可能集中连续安排，以防止基准件的多次转位和翻身。

9）电线、油（气）管路的安装应与相应工序同时进行，以防止零部件的反复装卸。

10）易燃、易爆、易碎、有毒物质或零部件的安装，尽可能放在最后，以减少安全防护工作量，保证装配工作顺利完成。

5. 划分装配工序，进行工序设计

划分装配工序，进行工序设计的主要任务是：

1）划分装配工序，确定工序内容。在划分工序时确保前一个工序的活动应保证后一个工序能顺利地进行，应避免妨碍后一个工序进行的情况。采用流水线装配作业时，工序的划分必须符合装配节拍的要求，使每个工序作业花费的时间大致相等。

2）确定各工序所需设备及工具。汽车装配工艺装备主要分为六大类，输送设备、加注设备、螺栓紧固设备和专用装配设备、检测设备、质量控制设备。

根据产品的结构特点和生产规模，尽可能地选用先进的、适用的装配设备、工夹具及辅料。如需专用夹具与设备，须提交设计任务书。

3）制定各工序装配操作规范，例如过盈配合的压入力、装配温度、拧紧固件的额定转矩等。

4）规定装配质量要求与检验方法。

5）确定产品、部件和零件在装配过程中的运输方法。

6）确定时间定额，平衡各工序的装配节拍等。

6. 制作装配工艺规程文件

表达装配工艺规程的文件主要有装配工艺卡和装配作业指导书等。

装配工艺卡有装配工艺过程卡和装配工序卡（工位卡）等形式。

1）装配工序卡，标明了每个工序（工位）的装配对象、工作方法、设备名称、工夹具名称与编号、技术要求等内容，并画出局部指导性装配简图。大批量生产时，需要为每个工序制定装配工序卡。

2）装配工艺过程卡则是把所有工序的要求集中在一起，简要地说明每个工序的要求，适用于简单产品的非大量装配，或者作为装配工艺规程的目录使用，后面再配上装配工序卡。

对于结构比较简单、组成的零部件少的小批量装配产品，可以用装配工艺系统图替代装配工艺卡。

装配工艺过程卡、装配工序卡和装配作业指导书的实例见附件。不同的企业，有不同格式。一个工序的装配工序卡可以是一页（本项目后面附件2），也可能是三页一套（本项目后面附件3、4、5），还有是两页一套（本项目后面附件8、9）。

装配作业指导书在装配工艺卡的基础制作，更加偏重实际操作要求，用它直接指导每个工位的装配人员进行正确操作，一般由作业班组来编写。它与装配工艺卡不同在于：

1）显示每个动作所用的时间。

2）显示生产制作过程中的安全防护装备。

3）有作业员、小组长、组长、主任、安全卫生、环保、维护相关人员签字确认。

4）并非长期不变，随时处于被更新及修改的状态。

5）以所有步骤的作业时间总和作为改善的基准，进行持续改善，缩短作业时间。

7.2.3 关键和重要工序的确定

编制汽车装配工艺时，要对各工序的重要性进行界定。分为关键、重要和一般工序。对于关键、重要工序,要在工艺规程和生产线上标识出来,重要工序标识为 Z,关键工序标识为 G。

1)关键工序通常是指对产品质量起决定性作用的工序。该工序没有满足要求的话,产品的质量会引起使用人或者周围人、组织的财产安全的失效或者主要功能的失效。

2)重要工序是对产品质量起重要作用的工序。该工序没有满足要求的话,产品功能、性能或寿命会明显变差,产生废品率,或容易被顾客发现,抱怨,提出意见。

关键工序、重要工序工艺资料的编制和更改要求更加慎重;采用新工艺、新技术时必须经过技术鉴定,其鉴定结论认为可行时方可纳入工艺规程。

关键工序、重要工序必须实行"三定",即定人员、定设备、定工序。实行"三定"前要对操作者进行应知、应会的培训。

一个工序可以既是关键工序,又是重要工序。

如图 7-7 所示的(Z)制动液管总成装配为一重要工序。

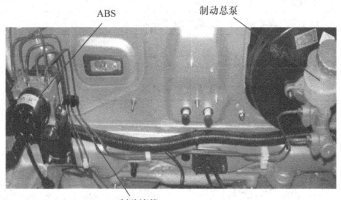

图 7-7 (Z)制动液管总成装配

7.2.4 汽车总装工艺规程

汽车总装过程是借助规定的工具和量具(包括设备)将规定的汽车零部件装配到车身而能达到产品规定的性能要求的操作过程。汽车总装工艺规程就是对总装操作过程的规定,简单来说,总装工艺规程就是汽车总装流程或过程的规范。

一般来说,汽车总装工艺规程应该具备这几个要素:可操作性、规范性、可视化以及满足产品性能要求。

微课视频
汽车装配的
工艺卡片

1. 总装工艺规程文件

某汽车公司总装工艺规程卡片包含工艺卡片(一)、工艺卡片(二)、装配工艺卡(简图卡片)和封面四种,具体版式见附件 3、4、5、6。另外,由总装工艺规程卡派生出装配作业指导书,在装配工艺卡的基础上更加详细,用其直接指导每个工位的装配人员进行正确操作。版式见本项目后面附件 8、9。

2. 总装工艺卡片填写规定

(1)汽车装配工艺卡片(一)

汽车装配工艺卡片(一)填写规定见表 7-2。

表 7-2　汽车装配工艺卡片（一）填写规定

空格号及名称	填写内容	备注
1. 管理号	填外购（外协）厂家零（部）件进厂装箱号	一般可不填写
2. 序号	按零（部）件在工位中的装配顺序填写	
3. 对应件号	填外购（外协）厂家的零（部）件号	一般可不填写
4. 数量	填外购（外协）厂家的零（部）件号对应的装配数量	一般可不填写
5. 件号	填零（部）件代号	
6. 数量	填零（部）件代号对应的数量	
7. 名称	按具体名称及规格填写	
8. 转矩/N·m	填写需注明的转矩值	
9. 工位号	填写处于生产线上的工位编号	
10. 工艺过程	填工艺过程类型，如"总装"或"分装"	
11. 操作名称	填具体操作名称	
12. 其他	绘制装配系统图或填写其他内容如技术要求、装配要求等	
13. 工艺装备	填写本工位所用的工艺装备代号及名称	

（2）汽车装配工艺卡片（二）

汽车装配工艺卡片（二）填写规定见表 7-3。

表 7-3　汽车装配工艺卡片（二）填写规定

空格号及名称	填写内容	备注
1. 工步名称	填写本工序名称，应与对应的工艺卡片一致	
2. 编号	填入需控制的产品过程特性的编号，该编号来自如图纸及相关文件	一般可不填写
3. 产品特性	该过程需要控制的产品特性，其特性为在图样或其他工程技术标准中所描述的部件、零件或总成的特点或性能	
4. 过程特性	该过程需控制的过程特性（过程参数），过程特性与被识别出的产品特性有因果关系，过程特性仅在其发生时才可测量，对于每一个产品特性可能有一个或多个过程特性	
5. 特殊特性	"关重特性"分类符号，"G"表示关键，"Z"表示重要	非关重特性则不填
6. 产品过程规范	对应的需控制的产品/过程特性的规定值和公差	
7. 评价测量技术	测量产品/过程采用的量具、检具、工具或实验装置	若无工具可填"目测"
8. 容量	当需要取样时，列出抽样的样本容量，如"1 件/次""10%"	
9. 频率	抽样的频率，如"每班""每小时""每 100 件"等	
10. 控制方法	对操作将怎样控制的控制方法，如统计过程控制、检验、计数数据、防错（自动/非自动）控制、抽样计划等方法，通常要包括程序编号及操作记录等	
11. 反应计划	为避免不合格产品或操作失控所需要的纠正措施，必须是现场操作者第一时间想到的纠正措施	常见的有"标识、隔离、调整参数、报告"等措施

(3)汽车装配简图卡片

1)根据零件装配具体情况可画向视图、局部视图,允许不按比例绘制。

2)装配示意简图应包含前面工艺卡片中所有的零部件,并且能清楚表达出装配层次。

3)当装配示意简图尺寸较小时,可以直接插入汽车装配工艺卡片(一)的第12栏中,不需要再追加汽车装配简图卡片。

(4)封面填写规定

封面填写规定见表7-4。

表7-4 封面填写规定

空格号及名称	填写内容	备注
(1)工艺类别	填"机加""焊接""铸造""总装""涂装""冲压"等	
(2)产品代号	如"SC6350.R1K""JL472Q2"等	
(5)册号	填本册工艺规程的册号	
(6)总页数	填本册工艺规程的总页数(包括封面)	
(7)批准栏	由总工程师或主管副总工程师签署	
(8)版本	填写样车(机)阶段的第几版	按实际生产,可不填
(9)版本	填写试生产阶段的第几版	按实际生产,可不填
(10)版本	填写生产阶段的第几版	按实际生产,可不填

(5)其他通用规定

1)各格式、幅面尺寸应按本标准执行;计算机自制表格时,允许在格式左、右裁剪线外各增加5mm。

2)工艺规程格式中文字应正确、字体端正,封面、格式中的字体、字号按本标准规定执行,格式中填写技术内容的文字为字高2.5mm、3mm、3.5mm的仿宋体。同一页工艺规程的字体原则上应一致。

3)多格卡片填写时一般均应空一行填写。

4)签字规则:

编制:由技术部门工艺技术人员签字。

校核:由技术部门中级或中级以上职称的技术人员签字。

审查:由技术部门室主任签字,若是室主任编制的工艺,则由中级或中级职称以上的技术人员签字。

标准检查:由专职标准化人员签字。

会签:由相关协作专业的工艺人员签字。

审定:由技术部门领导签字。

批准:由总工程师或分管该产品的副总工程师在封面签字。

5)签字日期按GB/T 7408《数据元和交换格式 信息交换 日期和时间表示法》的规定。例如:2018年3月12日写为20180312。

>
>
> 下面是某企业对工艺工程师岗位职责的规定。
> 1）制定并下发工艺流程，改善工艺流程，提高生产率及降低成本的构思推动。
> 2）组织落实和检查各生产单位对生产操作人员的安全技术培训考核。
> 3）负责组织工艺技术方面的安全检查，深入现场，及时解决工艺技术上存在的问题。
> 4）建立产品标准工时，并按月季或视情况更新人工，成本进行产能分析。
> 5）负责因工艺技术原因引起的事故的调查处理和统计上报，参与有关事故的调查处理。
> 6）作业方法研究改善，生产工具、仪器及设备合理化分析与提议。
> 7）建立生产设备产能负荷分析数据。
> 8）主导新产品导入，制定工艺规程，预估生产工时。
>
> 从中可以看出，作为一名工艺技术人员，承担着很大的责任。
>
> 之所以在代表装配工艺规程的工艺卡片（一）、工艺卡片（二）和装配简图卡片的下方都有更改标记栏和签字栏（签字栏包含了编制设计、校核、审核、审定等人员的签字），就是为了明确各自的责任，同时也是对工艺技术人员工作成果的展现。全部人员签字完毕后，工艺卡片就正式生效，用于指导生产，成千上万的汽车会按照制定的方法生产出来。这既是荣誉，也是责任。一套好的装配工艺卡片，会给生产带来很好的效果，给我们以成就。反之如果存在问题，可能会带来很大的损失。
>
> 一名在汽车行业工作过的人员，曾经谈到他参加建设、制定工艺的汽车装配生产线，在近十年时间里生产了大量性能优良、质量可靠、畅销全国的某型号轿车，话语里满是骄傲和自豪。

7.3 案例：发动机分线装配工艺

发动机在进入轿车总装之前，先要与动力转向器总成、驱动轴、稳定杆、散热器、托架总成等零部件进行装配，形成一个整体后作为独立的一个装配单元进入总装。为了完成这部分装配，轿车总装厂设有专门的装配分线——发动机分线。

微课视频
发动机的分线装配

7.3.1 主要装配零部件

主要装配零部件有发动机总成、发动机托架总成、动力转向器总成、前摆臂总成（左右）、驱动轴总成（左右）、前稳定杆总成、抽油管总成、前连接杆总成（左右）、散热器带附件总成、冷却风扇总成、冷凝器总成、制动真空管总成、空滤器出气管、空滤器出气管谐振腔、蓄电池电源线束总成、前保险杠中安装支架、螺栓后支架、散热器托架总成等。

7.3.2 发动机分线主要装配工艺过程

1. 托架分装

发动机托架组件是发动机的安装支承，是发动机分线的装配基准件。发动机通过托架再装配到车身上。发动机分线在上线装配之前,设有一专门的固定装配工序——托架分装。托架分装完成后再上线装配。

分装过程:

1)如图 7-8 所示,取发动机托架 1 至分装托盘上,装配前稳定杆总成 2、前稳定杆衬套 3、前稳定杆托架 4。用六角法兰面螺栓 5 紧固,转矩为 26±3N·m。另外再装配弹性环箍 6。

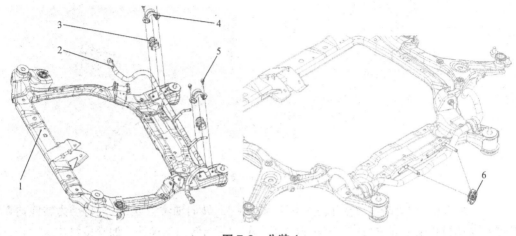

图 7-8 分装 1

2)如图 7-9 所示,取动力转向器总成 1 在发动机托架上安放到位,再将转向器齿条侧托架 3 安装在动力转向器上,用 4 颗六角法兰面螺栓 2 和 4 紧固。用风扳机打紧固定,用扭力扳手 QSP-100N 打转矩 95N·m(关键特性)。

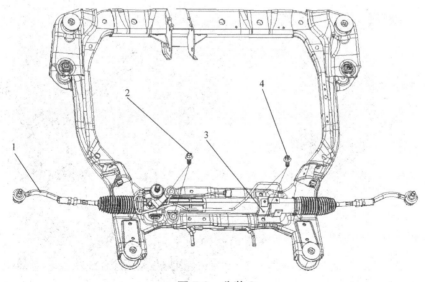

图 7-9 分装 2

3)如图 7-10 所示,在发动机托架上装配左、右前摆臂总成 1 和 2,用六角法兰面螺栓 5 加弹性垫圈 6 紧固后端,转矩为 100N·m;用六角头螺栓 3 加弹性垫圈 4 紧固前端,转矩为 120N·m。打转矩完成后涂色标。

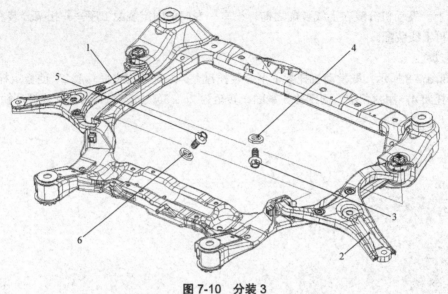

图 7-10 分装 3

4) 取动力转向油管装配总成 1、消声器隔热板 3、转向轴防尘罩 5，先将动力转向油管装配总成在发动机托架上安放到位，将压力油管、回油管与转向器连接，油管接口位置对正，防止漏油发生。用 5 颗十字槽六角头螺栓 2 固定，用开口型扭力扳手打转矩 15±3N·m（关键特性），作红色标记。

消声器隔热板用十字槽六角头螺钉 4 固定到安装点，再将转向轴防尘套固定到转向器壳体上，装配时配合面涂钙基润滑脂，如图 7-11 所示。

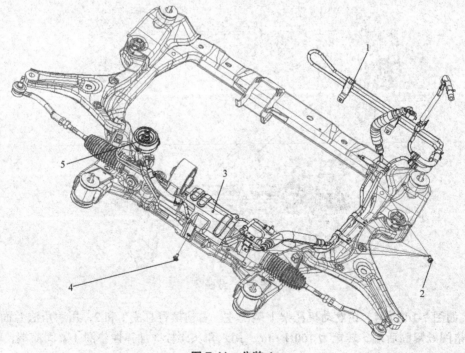

图 7-11 分装 4

2. 线上装配

1）用行车将发动机总成吊起，安放到发动机托架上。用风扳机装配螺栓将发动机总成固定到软垫总成上，用单能型扭力扳手打转矩 $50\pm5N\cdot m$，作黄色标记。撕下发动机条码将其贴在发动机罩上。

2）装配左、右驱动轴总成 1 和 2，如图 7-12 所示。六角法兰面螺栓 3 的装配转矩为 $46\pm5N\cdot m$。

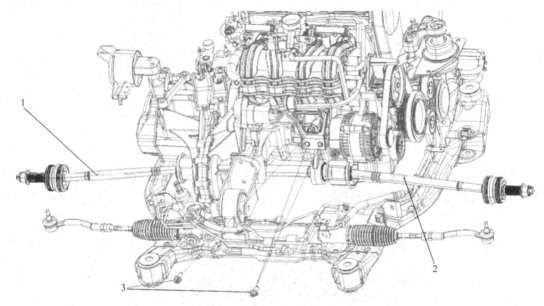

图 7-12　装配左、右驱动轴总成

注意事项：

① 用手将驱动轴差速器侧钟型壳端推入变速器侧，可用木锤轻敲轴外端，直至钟型壳端差动弹簧插入差速器内相应的槽中，将其定位为止。

注意：装配时切不可使用铁锤敲击驱动轴外侧，以免破坏端部螺纹。

② 在装配驱动轴总成时，为了防止（车轮侧和差速器侧）防尘罩损坏，应小心，不得使防尘罩与其他零件接触。

注意：装驱动轴总成时，不允许敲打防尘罩，否则会损毁防尘罩。

③ 在将驱动轴与变速器连接时，需注意驱动轴上的密封圈不能受损。

3）装配制动真空管，并保证制动真空管处于水平位置，然后夹紧卡箍。

4）装配悬架，打紧悬架转矩，转矩为 $50\pm5N\cdot m$，作黄色色标。

5）取压力油管螺栓、压力油管垫圈，在压力油管上安装压力油管螺栓和垫圈，转矩为 $26\pm5N\cdot m$，作黄色标记。另外装配抽油管总成。

取 1 号吸入管总成、1 号排出管总成，用六角法兰面螺栓安装至安装点，1 号吸入管装配前注意检查是否破损。

6）装配前连接杆 1 和 2，用六角法兰面螺栓 3 紧固，如图 7-13 所示，紧固转矩为 $68\pm8N\cdot m$（关键特性）。

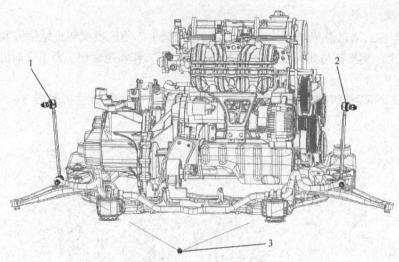

图 7-13 装配前连接杆

7)如图 7-14 所示,将空气滤清器出气管总成 1 与发动机连接并用卡箍 3 将其固定,空滤器出气管谐振腔 2 与出气管总成连接。

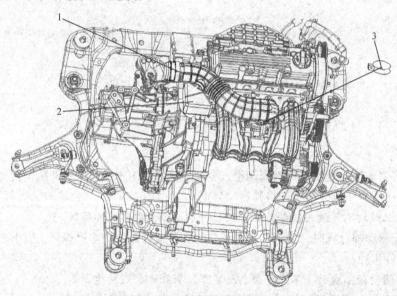

图 7-14 装配出气管总成

8)取散热器托架总成(散热器),前保险杠中安装支架,用十字槽六角螺钉一起固定在发动机托架上的支架上。另外装配车外温度传感器及线束。

9)在散热器上安装冷却风扇总成和冷凝器总成。冷却风扇总成用六角螺钉一起固定,冷凝器总成与散热器上的插槽配合安装。

10)装配蓄电池电源线束。与发电机连接,连接紧固转矩为 $20 \pm 2\text{N} \cdot \text{m}$;与起动电机连接,连接转矩为 $12 \pm 2\text{N} \cdot \text{m}$,作红色色标。

11)加注变速器齿轮油,将散热器进、出水管与发动机相连,用弹性卡箍紧固,进水管卡箍方向竖直,出水管卡箍方向水平。

附件 1 装配工艺过程卡

装配工艺过程卡		工序内容						备注
工序								
								共　　页
								第　　页
								编制
								校对
								审核
								批准
更改标记	更改单号	签名	日期	更改标记	更改单号	签名	日期	

附件 2 装配工序卡

装配工序卡		产品名称	产品代号	部件名称	部件代号	工艺规程编号			
						设备和工艺装备		工具辅料	
						名称	型号 编号		
装配简图									
					工作内容		工时	作业标准	
								编制	
								校对	
								审核	
								批准	
								共 页	
								第 页	
装配作明细表									
序号	数量	代号							
更改标记	更改单号	签名	日期			更改标记	更改单号	签名	日期

178

附件3 汽车装配工艺卡（一）

管理号	⑫	汽车装配工艺卡			车型		工位号	工艺过程	操作名称
		所装零(部)件				转矩 N·m		要求前后左右门内开手柄总成压在门内饰薄膜上进行装配	前门内开手柄总成,左
	NO.	对应件号	件号	数量	名称				
	1		6105300-H01	1	前门内开手柄总成,左				
	2		Q398803	1	A型通孔沉式嵌装塑料螺母				
	3		Q2714213	1	十字槽盘头自攻螺钉				
	4		6105400-H01	1	前门内开手柄总成,右				
	5		Q398803	1	A型通孔沉式嵌装塑料螺母				
	6		Q2714213	1	十字槽盘头自攻螺钉				
	7		6205300-H01	1	后门内开手柄总成,左				
	8		Q398803	1	A型通孔沉式嵌装塑料螺母				
	9		Q2714213	1	十字槽盘头自攻螺钉				

工艺装备	NO.9 NO.12 NO.3 NO.6 3号十字头风板机UX-500D	辅料：粗纱手套 棉纱					
						编制	
						校对	
						审核	标准检查
							会签
							审定
旧底图档案索号		标记	处数	文件号	签字	日期	共7页
旧底图号	更改	标记	处数	文件号	签字	日期	第1页

责任	签字
描图	
描校	

附件4　汽车装配工艺卡（简图卡）

⑫ 汽车装配工艺卡（简图卡）				QY16
车型	工位号 (1)	工艺过程 (2)	操作名称 (3)	共 页　第 页
绘制汽车装配简图				

责任	签字				编制			标准检查		
描图					校对			会签		
描校					审核			审定		
旧底图档案号					签字	日期		签字	日期	
旧底图号										
更改	标记 处数	文件号	签字	日期		标记 处数	文件号			

项目 7 汽车装配工艺规程制定

附件5 汽车装配工艺卡（二）

汽车装配工艺卡(二)					车型		工位号		工艺过程 总装		操作名称 控制单元总成(ECU)	
工步名称	特性		过程	产品/过程规范		评价/测量技术	方法			控制方法		反应计划
	编号	产品			特殊特性分类		样本容量	频率				
控制单元总成(ECU)			安装位置	符合装配工艺要求		目测	100%	连续		异常情况计入检验卡片		返工
			零件型号	符合装配工艺要求		目测	100%	连续		异常情况计入检验卡片		报告
两定搭铁线			安装位置	符合工艺图纸要求		目测	100%	连续		异常情况计入检验卡片		返工
		转矩		25±5N·m	Z	扭力扳手	1次	每班		班前检查扳手校验记录		报告
							100%	连续		打完转矩，涂色标		返工
										标准检查		
								编制		会签		共 页
								校对				
								审核		审定		第 页
更改	标记	处数	文件号	签字	日期							
责任 签字 描图 描校												
旧底图档案号 旧底图号	标记	处数	文件号	签字	日期							

附件 6 汽车装配工艺卡封面

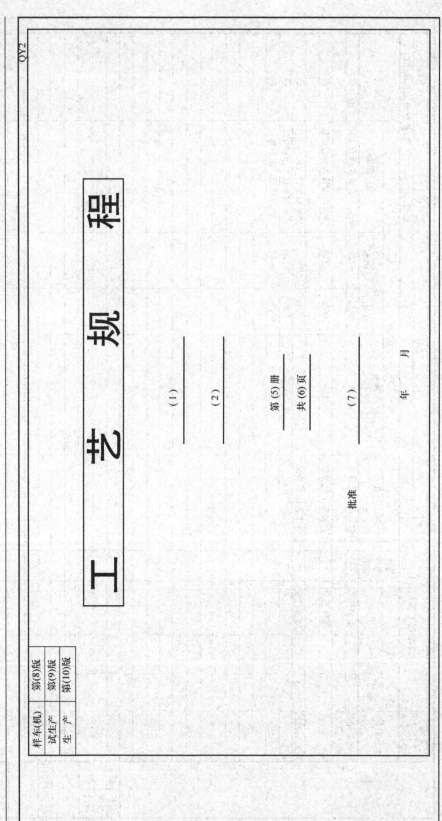

附件7 装配生产作业指导书

生产作业指导书

单位：		工序编号/名称： CO1-2R发动机前支架软垫		型号：		RPN值	SRA编号	日期：		版次：
总装车间		安全人体工学	防呆装置	品质检查	快速转换	目视化工厂	长安全员生产维护系统	周期时间：		作业顺序图
在制品					QCO		CTPM	生产速度(秒)：76		
符号							环保	其他		

物流要求事项									
步骤	作业序号	作业内容		时间观测			符号	注意事项	作业要点表对应图编号
				手动NVA	手动VA	机器走路			
作业前		开线前穿戴好劳保用品，检查风板机是否正常							
作业中	1	检查现场零件摆放是否整齐							
	2	开线前穿好劳保用品，检查风板机是否正常，确认车型选装零件							
	3	协助将发动机吊放在托盘上，并将打包箱放在流水线上							
	4	穿六角法兰面螺栓(100006A8A81)聚将发动机固定到前支架软垫上，用风板机(UL90DtT器六角法兰面承面带齿螺母M12×1.25(091159-12005)固定，用单能型扭力扳手打转矩50-5N·m，作黄色标记							
	5	撕下发动机条码将其贴在发动机舱盖上							
作业后		将蓄电池电源线(372A140-1601)与发电机连接，与起动电机连接							
		下班后将工具、劳保用品放回指定位置							
		合计：		0	0	0			

安全装备	安全帽	安全眼镜	短裤	安全鞋	棉纱	手套	耳塞	口罩	前排	滴茶	其他

作业指导书号码：

作业员	组长	段长	主任	安全卫生	环保	设备维护	CPS工程师	质量	技术组长	技术处长

第 页 共 页

附件8 装配工艺表（一）

生产线名：底盘线		保密级别：公司外秘		版本：暂定版		发布对象：技术中心、质量中心	
车间	总装车间	产品名称	A302	产品型号	96V铅酸电池	制造中心	总装车间
重庆长帆		工序NO.	002-2	工序名	安装后桥总成	发行	2016年6月30日
		装配工艺表		规格、操作方法、条件		制定	

设备名称：
设备编号：

操作步骤：

1、先将板簧前端与车架用六角法兰面螺栓M12×100连接，紧固螺母，转矩值90±5N·M，作漆封；
2、安装后吊耳衬套，调整板簧位置，装配后吊耳联接外板总成，用2颗六角法兰面螺栓M10紧固螺母，转矩值55÷5N·M，检查减振垫无倾斜，作漆封；
3、紧固骑马螺栓螺母，转矩值110±5N·M，作漆封；
4、将后减振器总成上端固定在车架上，扭紧螺母，拉紧减振器至后桥减振器支座位置六角法兰面螺栓M12×55，面螺母紧固M12紧固，扭力值90±5N·M，作漆封；减振器上端用M10自锁螺母紧固螺母，转矩值55±5N·M，作漆封；
5、安装96V控制器，用4颗六角法兰面螺栓M8×30紧固，作漆封；
6、安装96V充电机，用4颗十字槽六角法兰面螺栓M6×12紧固控制器相连固定支架上，并将电机线束同固定在控制器B+和B−动力线束，转矩值16±1N·M，作漆封；
7、连接电极到控制器的3根插头线束，线束插接件插接牢固，连接控制指示装置；
8、安装好充电机防尘罩，用4颗十字槽六角法兰面螺栓M16×12固定，作漆封；

注意点：
① 各螺栓紧固可靠，打转矩值，作漆封；
② 安装好后的状态如图1

设备辅助用具（作业区）			
NO.	名称	型号	
1	气动扳手	OP-409LB	
2	气动起子	OP-409LN	
3	1/2"长套筒	14mm17mm 24mm	
4	3/8"长套筒	10mm 24mm	
5	3/8"长套筒	17mm 24mm	
6	3/8"长套筒	13mm	
7	棘轮扳手	18mm	

计量仪器		
NO.	名称	型号
1	扭力扳手	NB-180
2	扭力扳手	NB-25

修订经历		
NO.	修订日期	修订内容

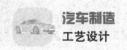

图1：加工图(加工基准、测量点)

发生不良品时，将不良品放入不良品箱内与上司联络后按指示处置。发生异常时，按异常处置要领进行。
不良项目及数量，依照品质管理图运用要领，记录卸表中进行统计。

修订者	质量主任	技术主任	制作	审核	标准化	会签	批准

总计页：6/85

项目 7 汽车装配工艺规程制定

附件 9 装配工艺表（二）

生产线名：底盘线			保密级别：公司外秘		版本：暂定版		发布对象：技术中心、质量中心		发行	制造中心	总装车间
车间	重庆长帆		装配工艺表		产品名称	A302	96V铅酸电池		制定	2016年6月30日	
	总装车间				工序NO.	002-2	安装后桥总成		管理方法		

装配零部件目录

NO.	图号	件号或标准号	名称	规格	数量	备注
1	1	2104100-A02	96V驱动控制系统总成		1	
2	2	2915010-A01	后减振器总成		2	
3	3	2912030-A01	后吊耳总成		1	
4	4	2107100-A04	96V充电机总成		1	
5	5	09128-06002	十字槽六角法兰面螺栓6×12		8	
6	6	Q1840830	六角法兰面自领螺母M8×30		4	
7	7	Q33010	六角法兰面自领螺母1.5牙距		2	
8	8	2107112-A01	六角法兰面螺栓M12×100		1	
9	9	Q18412100	六角法兰面螺栓-M12		2	
10	10	Q32012	六角法兰面螺栓M12×55		4	
11	11	Q1841255	六角法兰面螺栓M12×55		2	
12	12	2105080-A02	控制器正极连接线		1	
13	13	2105070-A02	控制器负极连接线		1	
14	14	2104124-A01	充电机相线压板		1	

辅助材料

NO.	名称	规格	数量
1	记号笔	蓝色	1

工序号	产品确认 / 工艺参数	特性（上栏）/ 计量仪器（下栏）	管理方法	间隔	实施者
1	产品确认	外观：无破裂、无变形、无湿污 目视	手法 核对	全数	作业者
2		位置：尺寸、安装无异常 目视	核对	全数	作业者
3		螺母：紧固、打转矩、作漆封 目视	核对	全数	作业者
4					
5					
1	工艺参数	弹簧钢板：转矩90±5N·M 扭力扳手：NB-180	核对	全数	作业者
2		后吊耳：转矩55±5N·M 扭力扳手：NB-180	核对	全数	作业者
3		骑马螺栓：转矩110±5N·M 扭力扳手：NB-180	核对	全数	作业者
4		控制器B+和B-转矩16±1N·M 扭力扳手：NB-25	核对	全数	作业者

修订经历	修订内容	修订者	质量主任	技术主任	审核	标准化	会签	批准
NO.								
1								

| 修订日期 | | | | | | | | |

发生不良时，将不良品放入不良品箱内与上司联络后按指示处置。发生异常时，按异常处置要领进行。
不良项目及数量，依照管理图运用要领，记录到P表中进行统计。

总计页 7/85

项目 8
利用尺寸链分析装配精度

任务描述

在制定汽车产品的装配工艺规程时，首先要研究产品的装配图及验收技术条件，分析产品的结构工艺性，审核产品图样的完整性、正确性，分析和计算产品装配尺寸链，判断在现有的零部件制造精度和装配条件下，能否满足设计的装配精度要求。如有问题，该怎样调整零件制造精度或装配方法以达到必需的装配精度要求。在生产过程中发现装配质量问题，也需要用装配尺寸链分析产生问题的原因并提出修改意见。

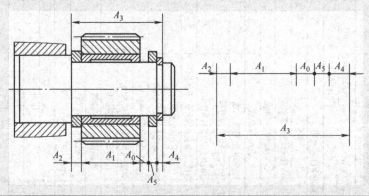

学习目标

1. 能够正确认识保证装配精度的装配方法
2. 能够正确认识尺寸链的基本概念
3. 能够掌握尺寸链的计算方式方法
4. 能够根据装配精度或方法建立和解算尺寸链

项目 8 利用尺寸链分析装配精度

知识与技能点清单

序号	学习目标	知识点	技能点
1	能够正确认识保证装配精度的装配方法	1. 装配精度 2. 互换装配的原理和方法 3. 选择装配的原理和方法 4. 调整装配的原理和方法 5. 修配装配的原理和方法	能够正确识别保证装配精度的装配方法
2	能够正确认识尺寸链的基本概念	1. 尺寸链的定义 2. 尺寸链的基本术语 3. 增、减环的确定 4. 尺寸链的分类	能够正确认识尺寸链的基本概念
3	能够掌握尺寸链的计算方式方法	1. 基本尺寸计算公式 2. 偏差计算公式	能够掌握尺寸链的计算方式方法
4	能够根据装配精度或方法建立和解算尺寸链	1. 装配尺寸链计算方法的选择 2. 装配尺寸链的正计算和反计算 3. 装配尺寸链的建立	能够根据装配精度或方法建立和解算尺寸链

学习信息

8.1 保证装配精度的装配方法

制造汽车或者其他机械产品,要达到满意的产品质量,使机器具有正常的工作性能,不仅要保证每个零件的加工精度,还要使得零部件能顺利装配,在装配完成以后达到规定的装配精度要求。

装配精度就是装配以后出现的一些尺寸、相互位置等实际值与理想值的符合程度。汽车的装配精度通常包含 4 个方面的含义。

微课视频
保证装配精度的
装配方法

微课视频
装配方法
运用实例

1)零件或部件间的尺寸(距离)精度。如装配后出现的间隙或过盈等,如图 8-1 所示。

2)相互位置精度。指产品中相关零部件装配后之间的平行度、垂直度和同轴度等要求。

如图 8-2 所示,曲轴、连杆、活塞装配后要保证一定的平行度和垂直度,存在相互位置精度要求。

3)相对运动精度。指产品中有相对运动的零部件之间在运动方向和相对运动速度上的精度,如传动精度、回转精度等。

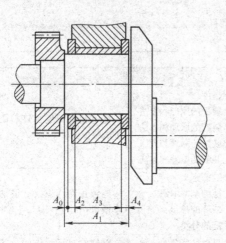
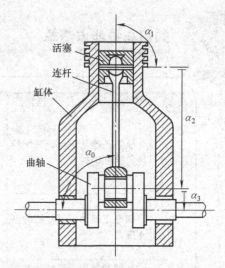

图 8-1 曲轴装配间隙精度　　　　图 8-2 曲轴连杆活塞相互位置精度

4) 相互配合精度。指配合表面间的配合质量和接触质量。

一般情况下，装配精度首先是由有关组成零件的加工精度来保证的。零件都允许有一定的加工误差，装配时各零件加工误差的累计就会影响装配精度。零件的加工精度不但受到制造技术的限制，还会受到经济性的限制，不能无限度地提高零件加工精度。这会给加工带来困难，甚至无法加工。

因此，还需要从装配方法上考虑保证装配精度。为了获得一定的装配精度，除了保证一定的零件加工精度外，也需要根据不同情况选择适当的装配方法。对于某些装配精度要求高或组成零件较多的部件，装配精度更需要由适当的装配方法来获取。在生产中常用的保证装配精度的方法有互换装配法、选择装配法、调整装配法和修配装配法。

8.1.1 互换装配法的原理和方法

互换装配法即零件具有互换性，装配时不经任何调整和修配，装上后就能达到装配精度要求的装配法。其实质就是直接靠零件的加工精度来保证装配精度。根据零件的互换程度不同，互换装配法可分为完全互换法和大部互换法。

1. 完全互换法

完全互换法是指装配中的每个待装的合格零件不需要挑选、修配和调整，装配后就能达到装配精度要求。这种方法是在满足各环经济精度的前提下，依靠控制零件的制造精度来保证产品装配精度的。

采用完全互换法进行装配，装配过程简单、效率高；对工人的技术水平要求低；便于组织流水作业及实现自动化装配；容易实现零部件的专业协作，组织专业化生产，降低成本；便于备件供应及机械维修工作。因此，只要能满足零件加工的经济精度要求，无论在任何生产类型下，都应首先考虑采用完全互换法装配。

2. 大部互换法（不完全互换法）

使用完全互换法装配时，对零件尺寸精度要求较高。其实所有零件同时出现极值的概率是很小的。因此，舍弃这些小概率情况将零件公差适当加大，可降低零件尺寸精度要求。装配时极少数的达不到装配要求的组件、部件或产品留待以后再分别进行处理,这种装配方法称为不完全互换法(又称为大数互换)。

不完全互换法的基本理论就是概率理论,按所有零件出现尺寸分布曲线的状态来处理。假如零件的尺寸分布是正态分布曲线,其尺寸分散范围为 $\pm 3\sigma$,则产品合格率有 99.73%,也就是只有 0.27% 的产品达不到装配要求。

采用不完全互换法装配,可扩大零件加工公差(比完全互换法扩大根号 N 倍),使零件加工容易,成本降低,同时保证装配精度要求。但有部分产品要进行返修,因此,不完全互换法多用于大批量生产、装配精度要求不是很高,而组成环数较多的装配尺寸链中。

8.1.2 选择装配法的原理和方法

选择装配法是将零件的公差放大到经济可用的程度,然后选择合适的零件进行装配,以保证规定的装配精度要求。选择装配法又分直接选配法、分组装配法、复合选配法几种。

(1)直接选配法

由装配工人从许多待装零件中,凭经验挑选合适的零件通过试装配并保证装配精度。这种方法简单,但劳动量大,并且装配精度在很大程度上取决于工人的技术水平和测量方法。故不宜用于大批量的流水线装配。

(2)分组装配法

装配的零件按公差预先分组,装配时同组零件进行装配。分组越多,获得的装配质量越好。

大批量生产中,当装配要求较高时,零件的制造十分困难。采用分组装配法可将相关零件公差增大若干倍,使其加工可以按经济精度进行方便的加工,再将加工后的零件按实测分组,保证同组内零件互换并能全部达到装配要求。分组装配法使用于配合精度要求很高但相关零件较少的大批量生产。

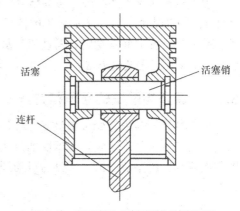

图 8-3 活塞销与活塞销孔的装配图

如某发动机活塞销与活塞销孔的装配就是一例。如图 8-3 所示,活塞销与活塞销孔配合为过盈配合。最大过盈为 0.0075mm,最小过盈为 0.0025mm。若按完全互换法进行装配,则活塞销外径为 $\phi 28_{-0.0100}^{-0.0075}$ mm,活塞销孔的孔径为 $\phi 28_{-0.0150}^{-0.0125}$ mm,销子和销孔所分配到的公差仅为 0.0025mm,而这样高的精度,加工极难。于是,生产上采用分组选配法装配,将它们的公差均放大四倍,即活塞销外径为 $\phi 28_{-0.0100}^{0}$ mm,活塞销孔为 $\phi 28_{-0.0050}^{-0.0050}$ mm。由于公差放大,加工变得容易。按该公差进行加工后,对这些零件进行测量,并按尺寸大小分为四组,用不同颜色进行区别,按分组顺序、对应组的零件进行装配,保证装配精度的要求。活塞销与活塞销孔的分组尺寸见表 8-1。

用分组选配法装配,需利用尺寸链极值法计算分组尺寸,以便保证各对应组内零件在装配时能够互换并满足装配精度的要求。

分组装配法的优点是,降低了零件的加工要求,仍能获得很高的装配精度,同组内的零件可以互换,具有完全互换法的优势。其缺点是,零件加工后要进行测量、涂色、分组保管等,工作比较复杂,工作量大。

表 8-1　活塞销与活塞销孔的分组尺寸　　　　　　　　　　（单位：mm）

组别	标记颜色	活塞销直径	活塞销孔直径	配合情况	
I	白	$\phi 28_{-0.0025}^{0}$	$\phi 28_{-0.0075}^{-0.0050}$	最小过盈	最大过盈
II	绿	$\phi 28_{-0.0050}^{-0.0025}$	$\phi 28_{-0.0100}^{-0.0075}$	0.0025	0.0075
III	黄	$\phi 28_{-0.0075}^{-0.0050}$	$\phi 28_{-0.0125}^{-0.0100}$		
IV	红	$\phi 28_{-0.0100}^{-0.0075}$	$\phi 28_{-0.0150}^{-0.0125}$		

在汽车制造中，一些精密偶件都采用分组装配法。

总之，选择装配法适用于成批或大量生产中，装配精度要求高、组成环数少的场合。

采用分组装配法应注意如下几点。

1）为保证分组后各组的配合精度和配合性质符合设计要求，配合件的公差应相等，公差增大的方向应相同，增大倍数应等于分组数。

2）为方便配合件分组、保管、运输及装配工作，分组数不宜过多。

3）分组后配合件尺寸公差放大，但形位公差、表面粗糙度值不能放大，仍按照原设计要求制造。

4）应使分组后内相配零件数相等，以免出现某些尺寸的零件积压浪费。

分组选配时，同一组内用极值法计算装配尺寸链。

（3）复合选配法

复合选配法是上述两种方法的结合，即先把零件测量分组，装配是在对应组零件中直接选择装配。这种方法，在不增加分组的情况下，能提高装配精度。但装配精度仍取决于工人的技术水平，且装配时间不稳定。发动机气缸孔与活塞的装配有采用这种装配方法。

8.1.3　调整装配法的原理和方法

调整装配法是用改变可调整零件的相对位置或选用合适的调整件来达到装配精度的方法。根据调整件的不同，调整装配法又可分为可动调整法和固定调整法。

（1）可动调整法

可动调整法是用改变预先选定的可调整零件（一般为螺母、螺钉）在产品中的相对位置来达到装配精度的要求。

图 8-4 所示为奔驰 123 型车的前轮毂部分装配图，图中两端轴承的装配间隙就是靠可动调整法保证的。前轮毂两端轴承的装配间隙是一项重要的装配技术要求，如果轴承间隙过小，会导致车轮不能在轴承上灵活地旋转而出现卡滞现象，如果轴承间隙过大，则会使车轮轴承过松而容易磨损。在如图 8-4 所示的结构中，轴承间隙量的保证是通过下述

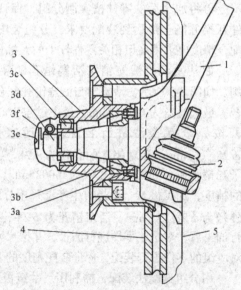

图 8-4　奔驰 123 型车的前轮毂部分装配图

1—转向节　2—球头节　3—前轮毂　3a—油封
3b—内轴承　3c—外轴承
3d—轮毂螺母（夹箍螺母）　3e—润滑盖
3f—触点弹簧　4—制动盘　5—后板

过程实现的：先从制动盘上撬下制动器的摩擦片，以便制动盘能自由转动；当制动盘在转动时，用手使劲拧紧夹箍螺母到制动盘不能制动为止，然后把螺母拧松1/3圈，以保证两端轴承有0.15mm左右的间隙。此时，用手转动制动盘，制动盘应能灵活旋转而无明显的轴向窜动。然后用内六方扳手拧紧夹箍螺栓将夹箍螺母锁紧，最后再装上圆盘卡尺、无线电干扰消除器的触点弹簧和轮毂罩。

可动调整法的优点是，零件都可按加工经济精度确定公差，并能获得很高的装配精度，而且可以随时调整由于磨损、热变形或弹性变形等原因所引起的误差。其缺点是，应用可动调整法装配时，往往要增大机构体积。

（2）固定调整法

固定调整法是在装配零件中选定一个零件作为调整环，并对该零件按照一定尺寸间隔加工成几组零件，装配时，根据其余零件装配后留下的空位大小，随后选择某一组中的一个零件来进行安装，以达到所要求的装配精度。通常使用的调整件有垫圈、垫片、轴套等。

图8-5所示为奔驰123型车的驱动桥与半轴装配图，驱动桥主动齿轮装在两个锥形滚动轴承中，两个轴承的预紧度是装配要满足的一个技术要求。装配后轴承要有一定的预紧度，即装配后封闭环的基本尺寸为零，上、下偏差均为负值。补偿垫片（45号零件）为调整环。补偿垫片的选取，根据在轴向留给它的空位尺寸而定。按尺寸链计算的结果，空位大则取对应的大尺寸组内的垫片，空位小则取对应的小尺寸组内的垫片，保证在装上补偿片后，两个推力轴承间有一定的预紧力，产生一定的过盈量。

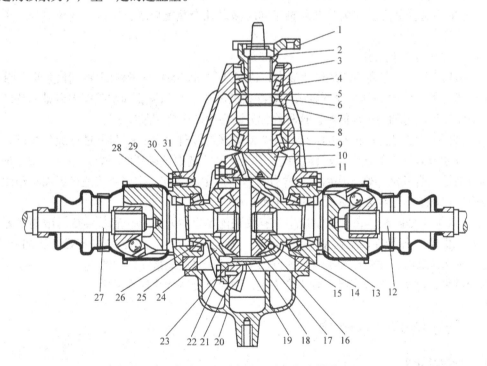

图8-5 奔驰123型车的驱动桥与半轴装配图

1—万向法兰 2—锁紧螺母 3、28—径向密封圈 4、9—锥形滚子轴承 5、7—挡圈 6—隔套
8、13、31—补偿垫片 10—主动齿轮 11—后桥支座 12、27—后桥半轴总成 14—推力垫圈 15—锁紧圈
16—半轴齿轮 17—差速器行星齿轮 18—球形垫片 19—差速器行星齿轮轴 20—后桥端盖 21—齿轮圈
22、29—六角螺栓 23—夹紧衬套 24—差速器支座 25—密封圈 26—锥形滚动轴承 30—轴承盖

应用固定调整装配法时，零件都可按加工经济精度制造，加工容易。但调整件需要准备几档不同的规格，增加了调整件的测量和分组工件量，调整工作复杂。

调整装配法主要用于成批或大量生产中，装配精度要求高、组成环数比较多的场合。

调整装配法在汽车制造中应用非常广泛。在各类汽车的离合器、变速器和分动器、传动轴、前/后桥、转向系统、制动系统中，都可以找到许多调整装配法的实例。

8.1.4 修配装配法的原理和方法

在单件小批量生产中，当装配精度要求很高且相关零件数很多时，各组成零件先按经济精度制造，对其中某一零件的尺寸（称为补偿环或修配环）预留一定的修配量，在装配时用钳工（或其他加工）方法修去修配量，从而达到装配精度要求。此为修配装配法。

修配装配法和调整装配法在原则上是相似的，都是通过调整件来补偿累积误差，仅仅是具体方法不同。

修配装配法一般适用于产量小的场合，如单件小批生产或产品的试制。当装配件数量不多但装配精度要求很高，或装配件数量多而装配精度要求也很高时，采用修配装配法，可较大幅度地降低零件制造精度要求。

采用修配装配法时，关键是正确选择补偿环和确定其尺寸及极限偏差。选择补偿环一般应满足以下要求。

1）要便于装拆、易于修配。选择形状比较简单、修配面较小的零件。

2）尽量不选公共环。因为公共环难于同时满足几个装配要求，所以应选择只与一项装配精度有关的环。

修配装配法有以下三种。

1）单件修配法。在多环装配尺寸链中，选定某一固定的零件做修配件（补偿环），装配时用去除金属层的方法改变其尺寸，以满足装配精度的要求。如齿轮和轴装配中以轴向垫圈为修配件，来保证齿轮与轴的轴向间隙。这种修配方法在生产中应用最广。

2）合并加工修配法。这种方法是将两个或更多的零件合并在一起再进行加工修配，合并后的尺寸可看成是一个组成环，这样就减少了装配尺寸链中组成环的环数，并可以相应地减少修配的劳动量。合并加工修配法由于零件合并后再加工和装配，需对号入座，因而给组织装配生产带来很多不便。这种方法多用于单件小批生产中。

3）自身加工修配法。在机床制造中，有些装配精度要求较高，若单纯依靠限制各零件的加工误差来保证，各零件加工精度势必都很高，甚至无法加工，而且不易选择适当的修配件。此时，在机床总装时，用自己加工自己的方法来保证这些装配精度更方便。

总的说来，汽车生产以大批大量生产为主，因此修配装配法较少采用。

8.2 尺寸链的基本概念

1. 尺寸链的定义

在设计加工汽车零件过程中可以发现，当改变零件的某一尺寸大小时，会引起其他尺寸的变化。同样，在汽车或汽车部件的装配图上也可发现，各个零件尺寸之间存在着密切联系。可以将相关的一些尺寸集中起来，根据其中一些尺寸来分析推导另外某个尺寸的情况。在分析推导时,相关的一些尺寸可以集合为一个封闭的形式。

将零件设计、加工或机器(部件)装配过程的一些相关尺寸集中组合起来,形成的封闭的尺寸组合,就称为尺寸链。

图 8-6 所示为轴套零件尺寸链,零件的三个尺寸可集合为一个尺寸链。

图 8-7 所示为轴装配轴承孔尺寸链。轴的直径、轴承孔的直径、轴与孔间的间隙尺寸形成尺寸链。

微课视频
尺寸链的
基本概念

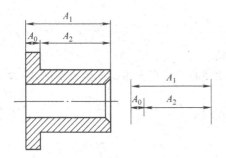

图 8-6 轴套零件尺寸链

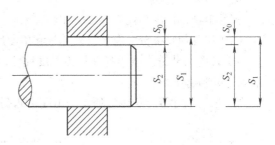

图 8-7 轴装配轴承孔尺寸链

2. 尺寸链的基本术语

尺寸链是由多个尺寸组成的,组成尺寸链的各个尺寸称为尺寸链的"环"。图 8-8 中 A_1、A_2、A_0 都是尺寸链的环。组成尺寸链的"环"按照它们在尺寸链中扮演的角色和起到的作用,又有以下区分。

(1) 封闭环

在加工、装配或测量等过程中最后得到,自然形成(间接获得或间接保证)的尺寸,称为封闭环。

如图 8-6 中的轴套零件,如果零件图上标注要求保证的尺寸为 A_1、A_2,那么 A_0 在 A_1、A_2 确定后随之而定,是间接保证的尺寸,因此 A_0 为封闭环。

再如图 8-7 所示,S_2 为轴的直径,S_1 为轴承孔的直径,两个尺寸在装配前就存在,而间隙 S_0 在装配完成后才得到,是自然形成的尺寸,因此 S_0 为封闭环。

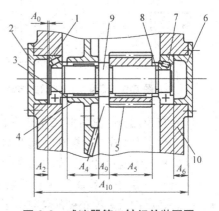

图 8-8 减速器第二轴组件装配图

1、7—滚子轴承 2—左轴承端盖 3、8—轴套
4—圆锥齿轮 5—直齿轮 6—右轴承端盖轴套
9—轴 10—减速器壳体

每个尺寸链必须有且仅能有一个封闭环,一般用下标 0 来表示,如 A_0、S_0。

(2) 组成环

一个尺寸链中,除封闭环外的其他尺寸称为组成环。组成环是在加工、装配或测量等过程中直接得到或直接保证的环。按组成环对封闭环的影响,将其分为增环和减环两种。

1) 增环。与封闭环变化方向相同的环的组成环称为增环。

当其余组成环不变时,某一组成环增大,封闭环随之增大,反之封闭环随之变小,则该组成环为增环,如图 8-6 中的 A_1,图 8-7 中的 S_1。

2) 减环。与封闭环变化方向相反的环的组成环称为减环。

其余组成环不变时,某一组成环增大,封闭环随之减小,反之封闭环随之增大,则该组成环为减环，如图 8-6 中的 A_2，图 8-7 中的 S_2。

3. 增、减环确定

对于简单的尺寸链，可直接根据定义确定增、减环。对于较复杂的尺寸链，直接根据定义确定增、减环可能比较麻烦，可能出错。这时可用箭头法来确定增、减环。

如图 8-9 所示，根据尺寸链的路径做出封闭的曲线，沿一个方向在每个尺寸旁标出一个箭头，凡是旁边箭头方向与封闭环旁边箭头方向相反的组成环即增环，旁边箭头方向与封闭环旁边箭头方向相同的组成环为减环，图中 A_0 为封闭环，A_1、A_4、A_5、A_7 为增环，A_3、A_6 为减环。

4. 尺寸链的分类

尺寸链从不同的角度有多种分类。

（1）按几何特征分，有长度尺寸链和角度尺寸链

1）长度尺寸链。链中各环均为长度尺寸，长度环的代号用大写斜体英文字母 A、B、C 等表示，如图 8-9 所示。

2）角度尺寸链。链中各环均为角度，如图 8-10 所示。

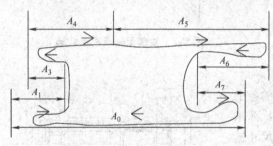

图 8-9 箭头法确定增、减环

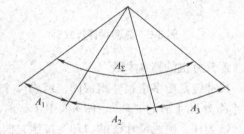

图 8-10 角度尺寸链

（2）按应用分，有装配尺寸链、工艺尺寸链，零件尺寸链

1）装配尺寸链。装配在一起并与某项装配精度指标有关的不同零件或部件的尺寸形成的尺寸链，称为装配尺寸链，如图 8-7 所示的尺寸链。

装配尺寸链中各环属于相互联系的不同零件或部件。装配尺寸链可用于正确分析装配精度，合理确定构成装配精度的各有关零部件的加工精度。

2）工艺尺寸链。工艺尺寸链是指在加工同一零件过程中的工艺尺寸所形成的尺寸链。工艺尺寸链用于零件工艺尺寸的分析计算。

3）零件尺寸链。零件尺寸链是指同一零件设计尺寸组成的尺寸链，可用于零件尺寸的设计和校核，如图 8-6 所示的尺寸链。

（3）按环在空间位置分，有直线尺寸链、平面尺寸链和空间尺寸链

1）直线尺寸链。链中各环均位于同一平面内且平行于封闭环的尺寸链，如图 8-11 所示。

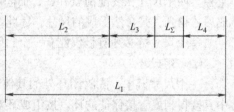

图 8-11 直线尺寸链

2）平面尺寸链。链中各环位于同一平面或平行的几个平面内，且某些组成环不平行于封闭环的尺寸链，如图 8-12 所示。

3）空间尺寸链。链中各环位于几个不平行的平面内，如图 8-13 所示。

项目 8 利用尺寸链分析装配精度

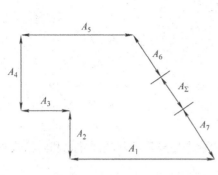

图 8-12 平面尺寸链

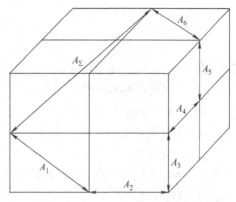

图 8-13 空间尺寸链

> **拓展学习**
>
> 我们可以注意到，尺寸链是一个整体，由若干个尺寸（环）组成，缺少其中的任意一个环，尺寸组合就不能封闭，就构不成尺寸链，也就不能够进行后面的分析计算。同时每个环在其中担当的角色不是完全一样的，在其中分别起不同的作用。这就像一个团队，有很多的成员，每个成员既有分工，承担不同的职责，又要相互协作交流，才能做好工作。尺寸链的概念和运用，体现了一种团队精神。
>
> 所谓团队精神是指团队成员在认同团队组织的前提下，自觉地以团队的利益和目标为重，并在各自承担的工作中尽职尽责，主动与其他团队成员相互配合、积极协作，共同完成团队任务的意愿和作风。团队精神产生于需要团队合作的生产方式在其本质意义上说这是一种职业精神、职业道德规范。无论是在班级中还是在企业里，都必须要有团队精神，既充分发挥自己的长处，又要团结他人，尊重个体差异，分工协作好工作。
>
> 有一个简单的故事充分说明了团队精神的重要性。
>
> 有两个人，把砖从后墙上只有窗户的屋子里搬到屋后。开初两人单干，各自抱着一摞砖，出前门绕屋子半圈到屋后。时间一长，他们发现这种干法太费劲，还有更便捷的办法。于是两人合作，一个人在屋里，一个人在窗外，把砖从屋后的窗户递出去，再放在屋后。于是效率大大提高，充分体现了一加一大于二的团队精神。

8.3 尺寸链的计算

尺寸链包含若干相关尺寸，可以利用尺寸链分析计算其中的一些未知尺寸。空间尺寸链和平面尺寸链一般应投影为直线尺寸链来计算。因此，直线尺寸链的计算方法是基本的尺寸链的计算方法。这里介绍直线尺寸链的计算方法。

微课视频
尺寸链计算之极值法

微课视频
尺寸链计算之概率法

8.3.1 基本尺寸计算公式

尺寸链各环的基本尺寸（公称尺寸）间有如下关系。

$$A_0 = \sum_{i=1}^{m} A_i - \sum_{j=m+1}^{n} A_j$$

式中 A_0——封闭环的基本尺寸；

        A_i——增环的基本尺寸；

        A_j——减环的基本尺寸；

        m——增环环数；

        n——组成环环数。

即封闭环的基本尺寸等于各增环的基本尺寸之和减去各减环的基本尺寸之和。该式对所有尺寸链的计算都是适用的。

8.3.2 偏差计算公式

尺寸链各环偏差的计算，根据不同的计算原理，有两种不同的计算方式。不同的计算方式有不同的计算公式和计算结果，应根据不同的情况选择相宜的计算公式。

1. 极值法（极限尺寸法）

极值法尺寸链计算是根据尺寸链各环的最大与最小极限尺寸和偏差进行尺寸链计算，不考虑各环实际尺寸的分布情况。

它从误差综合的最不利情况出发，即考虑各增环尺寸均为最大极限尺寸而各减环均为最小极限尺寸，或者各增环尺寸均为最小极限尺寸而各减环均为最大极限尺寸，来计算封闭环的极限尺寸和偏差。

由于各环同时出现极限值的概率并不大，所以极值法计算比较保守。但该办法简单易行。

计算公式如下。

（1）极值计算

$$A_{0\max} = \sum_{i=1}^{m} A_{i\max} - \sum_{j=m+1}^{n} A_{j\min}$$

$$A_{0\min} = \sum_{i=1}^{m} A_{i\min} - \sum_{j=m+1}^{n} A_{j\max}$$

式中 $A_{0\max}$——封闭环最大极限尺寸；

        $A_{0\min}$——封闭环的最小极限尺寸；

        $A_{i\max}$——增环的最大极限尺寸；

        $A_{i\min}$——增环的最小极限尺寸；

        $A_{j\max}$——减环的最大极限尺寸；

        $A_{j\min}$——减环的最小极限尺寸；

        m——增环环数；

        n——组成环环数。

即封闭环的最大极限尺寸等于各增环的最大极限尺寸之和减去各减环的最小极限尺寸之和；封闭环的最小极限尺寸等于各增环的最小极限尺寸之和减去各减环的最大极限尺寸之和。

（2）上偏差计算

$$ES_0 = \sum_{i=1}^{m} ES_i - \sum_{j=m+1}^{n} EI_j$$

式中　ES_0——封闭环的上偏差；
　　　ES_i——增环的上偏差；
　　　EI_j——减环的下偏差；
　　　m——增环环数；
　　　n——组成环环数。

即封闭环的上偏差等于各增环的上偏差之和减去各减环的下偏差之和。

（3）下偏差计算

$$EI_0 = \sum_{i=1}^{m} EI_i - \sum_{j=m+1}^{n} ES_j$$

式中　EI_0——封闭环的下偏差；
　　　EI_i——增环的下偏差；
　　　ES_j——减环的上偏差。

即封闭环的下偏差等于各增环的下偏差之和减去各减环的上偏差之和。

（4）公差计算

$$T_0 = \sum_{i=1}^{n} T_i$$

式中　T_0——封闭环公差；
　　　T_i——各组成环的公差。

即封闭环的公差等于各增环的公差和各减环的公差之和。

2. 概率法计算

概率法计算公式是将概率理论用于尺寸链计算得到计算公式。它考虑到大多数情况下各环不可能同时出现极限尺寸，各环尺寸的分布是有一定规律的。

按概率法计算，在相同的闭环公差条件下可使组成环的公差扩大，从而获得良好的技术经济效益，常用在大批量生产、组成环较多的情况。

概率法计算、基本尺寸计算与极值计算是一样的，不同的是尺寸链各环偏差的计算。

（1）公差计算

设各组成环的公差为 T_i，根据概率理论，可由如下公式计算封闭环公差 T_0。

$$T_0 = k\sqrt{\sum_{i=1}^{n} T_i^2}$$

k 为分布系数，它是与零件尺寸分布有关的系数。一般取 1.2～1.7，可取 $k=1.3$。表 8-2 列出几种不同分布曲线所对应的分布系数 k。

表 8-2 几种不同分布曲线所对应的分布系数 k

分布特征	分布曲线	k	分布特征		分布曲线	k
正态分布		1	平顶分布			1.1-1.5
三角分布		1.22	瑞利分布			1.14
均匀分布		1.73	偏态分布	外尺寸		1.17
				内尺寸		1.17

（2）平均偏差的计算

公差计算可以计算出公差，前面的基本尺寸公式可以计算出基本尺寸，但要确定一个尺寸，还必须确定其上、下偏差。为了确定其上、下偏差，先要计算平均偏差。

平均偏差是上、下偏差的平均值，用 Δ 表示。

$$\Delta = (ES+EI)/2$$

图 8-14 所示为平均偏差与上、下偏差及其他尺寸的关系。

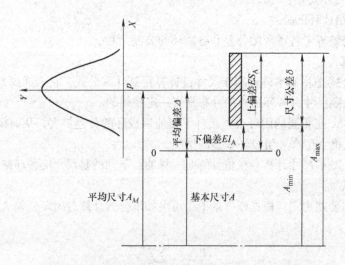

图 8-14 平均偏差与上、下偏差及其他尺寸的关系

设 Δ_0 为封闭环平均偏差。封闭环平均偏差与组成环平均偏差的关系是，封闭环平均偏差等于所有增环平均偏差之和减去所有减环平均偏差之和。

$$\Delta_0 = \sum_{i=1}^{m} \bar{\Delta}_I - \sum_{j=m+1}^{n} \bar{\Delta}_J$$

若要求一未知环平均偏差，可先求出其他环的平均偏差，然后按上式计算。

与平均偏差的计算公式相似的有平均尺寸的计算公式

$$A_{MO} = \sum A_{MZ} - \sum A_{MJ}$$

封闭环平均尺寸等于各增环平均尺寸之和减去各减环的平均尺寸之和。

（3）上、下偏差的计算

利用平均偏差，可得上、下偏差的计算公式

$$ES = \Delta + T/2$$

$$EI = \Delta - T/2$$

（4）最大与最小尺寸的计算

$$A_{max} = A_M + T/2$$

$$A_{min} = A_M - T/2$$

 拓展学习

　　在尺寸链计算中，每个尺寸担当不同角色，发挥自己的作用，共同协作完成计算的任务，得到正确的结果。一些国计民生的产品或工程，都有着复杂的设计制造过程。每一个环节都需要不同人员认真负责地工作，他们就像尺寸链的各个环一样，以杰出的智慧、高超的技艺，一丝不苟地履行自己的职责，最终成就优良产品和伟大工程。

　　长征系列运载火箭是我国自行研制的航天运载工具。长征火箭具备发射低、中、高不同地球轨道不同类型卫星及载人飞船的能力，并具备无人深空探测能力。截至2019年3月10日，我国长征系列运载火箭已飞行300次，发射成功率达到95.33%。

　　这样重大复杂工程的研制成功，离不开众多的院士、教授、高工的智慧和努力，同样也离不开许许多多的一线工作者的高超技艺。

　　高凤林是中国航天科技集团公司所属中国运载火箭技术研究院首都航天机械公司的一名焊接工人，中国航天科技集团第一研究院特种熔融焊接高级技师，全国十大能工巧匠，主要负责液体火箭发动机燃烧室、发动机喷管和发动机机架等发动机系列部组件的焊接工作。他在火箭发动机焊接工作岗位上，刻苦钻研，大胆创新，实现技术革新近百项。提出和创造多层快速连续焊接加机械导热等多项新工艺方法，攻克运载火箭发动机大喷管焊接难关，高标准地完成多种运载火箭重要部件的焊接任务。

　　高凤林刚进技工学校时，老师便告诉他和同学们："焊接这门技术，入门容易精通难。航天设备对焊接要求更高。如果有一天，你们中的哪一位能够成为火箭发动机的焊工，那就是我们当中的英雄了。"当时有调皮的学生问："老师，那您为什么不成为英雄呢？"老师微微一笑，指着自己的头说："我的大脑是'英雄'，但我的手却是'狗熊'，焊接除了需要用脑外还要有手上的功夫？就是要像外科医生那样精巧细致，要像钢琴家那样灵活准确，要像画家那样稳重和谐。你们说说看，你们当中有谁能达到这一步啊？"

> 高凤林看了看自己的手，狠狠地攥紧了拳头，把老师的话和自己学好焊接的信念牢牢地攥在了手心里。在后来的工作中，高凤林没有辜负老师的期望，实现了自己的心愿。
>
> 正是因为有了高凤林这样的高级技师和其他的专家，工作人员的通力协作，勇挑重担，在不同环节岗位上承担责任，才使我国的航天科技事业走在了世界的前列。

8.4 应用装配尺寸链分析装配精度

1. 装配尺寸链计算方法的选择

装配精度与装配方法有关，因此在利用装配尺寸链分析计算装配精度时，要根据装配方法来确定尺寸链的计算方法。

完全互换法是在满足各环经济精度的前提下，依靠控制零件的制造精度来保证产品装配精度的，其装配尺寸链按极值法计算，即封闭环公差等于各组成环公差之和。

微课视频
应用装配尺寸链
分析装配精度

不完全互换法（大数互换）装配时可降低零件尺寸精度要求。装配时少数的达不到装配要求的组件、部件或产品留待以后再分别进行处理，此时装配尺寸链用概率法计算。不完全互换法的基础就是概率理论。

分组装配法装配时零件按实际尺寸预先分组，装配时同组零件进行装配，装配尺寸链采用极值法计算，但各环尺寸必须是同一组别的零件尺寸。

固定调整法是在装配尺寸链中选定一个零件作为调整环，并对该零件按照一定尺寸间隔加工成几组零件，装配时，根据其余零件装配后留下的空位大小，选择某一组中的一个零件来进行安装，以达到所要求的装配精度。在固定调整法中，需要利用尺寸链的极值解法来确定调整环的分组数和各组零件的尺寸范围。

修配装配法对其中某一零件的尺寸（称为补偿环或修配环）预留一定的修配量，在装配时用钳工（或其他加工）方法修去修配量，达到装配精度要求。采用修配装配法时，须利用尺寸链的极值解法确定补偿环尺寸及极限偏差。

2. 装配尺寸链的正计算和反计算

装配尺寸链应用于以下两方面。

1）正计算。已知零件制造精度，计算装配精度。主要用于验算，即根据零件加工精度和不同的装配方法，验算能否满足装配精度要求。

2）反计算。根据要求的装配精度，计算零件需要的制造加工精度。

主要在产品设计阶段应用。另外，当制造过程发现问题，通过正计算验算装配精度不能满足要求时，也必须通过反计算重新确定零件制造加工精度。

3. 装配尺寸链的建立

要分析计算装配尺寸链，首先必须建立装配尺寸链。装配精度是建立装配尺寸链的依据，围绕装配精度来建立装配尺寸链。

建立装配尺寸链的步骤与原则如下。

1）确定封闭环。在装配过程中，要求保证的装配精度就是封闭环。首先确定需要保证的装配精度，以此为建立装配尺寸链的依据。

2)查明组成环,画链图。从封闭环任意一端开始,沿着装配精度要求的位置方向,将与装配精度有关的各零件尺寸依次首尾相连,直到与封闭环另一端相接为止,形成一个封闭的尺寸链,各零件尺寸是组成环。

3)判别组成环的性质。与封闭环变化方向相同的环的组成环为增环,与封闭环变化方向相反的环的组成环为减环。可以根据定义直接来判断增、减环。也可用沿封闭尺寸链画箭头,按照组成环与封闭环箭头的方向来判断增、减环。

4)要符合组成环数最少原则。一个零件原则上只有一个尺寸进入装配尺寸链,如图 8-15 所示。

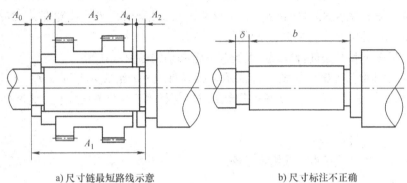

a)尺寸链最短路线示意　　　　　　b)尺寸标注不正确

图 8-15　组成环数最少原则

4. 实例

(1)完全互换法装配

【例 1】　图 8-16 所示为某汽车发动机曲轴轴向装配图局部。装配后得到一个曲轴轴向装配间隙 A_0,该轴向间隙要求必须在一定的范围内。已知各零件制造精度要求,$A_1 = 40_{\ 0}^{+0.10}$ mm,$A_2 = A_4 = 4_{-0.05}^{\ 0}$ mm,$A_3 = 32_{-0.10}^{\ 0}$ mm,采用完全互换法进行装配,试用装配尺寸链求冷态下的轴向装配间隙的大小。

【解】　1)首先建立装配尺寸链,如图 8-17 所示。A_0 为封闭环。组成环有 $A_1 = 40_{\ 0}^{+0.10}$ mm,$A_2 = A_4 = 4_{-0.05}^{\ 0}$ mm,$A_3 = 32_{-0.10}^{\ 0}$ mm。

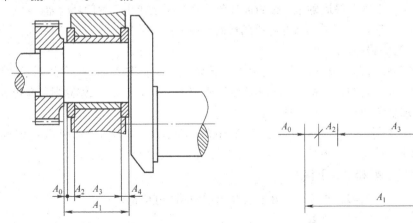

图 8-16　某汽车发动机曲轴轴向装配图局部　　　图 8-17　轴向间隙装配尺寸链

2)A_1 与 A_0 变化方向相同,为增环;其余组成环与封闭环变化方向相反,为减环。

3) 极值法计算。

封闭环基本尺寸：$A_0=A_1-A_2-A_3-A_4=40-4-32-4=0$

上偏差：$ES_0=ES_1-EI_2-EI_3-EI_4=0.10+0.05+0.05+0.10=0.3\text{mm}$

下偏差：$EI_0=EI_1-ES_2-ES_3-ES_4=0-0-0-0=0$

$A_{0\max}=A_0+ES_0=0.3\text{mm}$

$A_{0\min}=A_0+EI_0=0$

所以，轴向装配间隙范围为 $0\sim 0.3\text{mm}$。

【例2】 如上例，设装配精度即曲轴轴向装配间隙要求为 $A_0=0.05\sim 0.25\text{mm}$（基本尺寸为0）。已知曲轴主轴颈宽度 $A_1=43.5\text{mm}$，垫片厚度 $A_2=A_4=2.5\text{mm}$，轴承座宽度 $A_3=38.5\text{mm}$。试确定 A_1、A_2、A_3、A_4 各尺寸公差及上、下偏差。

【解】 采用完全互换法进行装配，装配尺寸链必须用极值法计算。

① 首先建立装配尺寸链，如图 8-17 所示。A_0 为封闭环。组成环有 A_1、A_2、A_3、A_4。

• A_1 与 A_0 变化方向相同，为增环；其余组成环与封闭环变化方向相反，为减环。

基本尺寸

$A_0=A_1-A_2-A_3-A_4=43.5-2.5-38.5-2.5=0$

可见，各零件尺寸的基本尺寸给定正确。

② 确定各零件尺寸的平均公差。

为满足装配精度要求，各零件尺寸的公差之和不得超过装配精度公差，即

$$\sum_{i=1}^{n}T_i\leq T_0$$

$$T_0=A_{0\max}-A_{0\min}=0.25-0.05=0.20\text{mm}$$

可分配到各项尺寸的平均公差值为

$$T_M=T_0/n=0.20/4=0.05\text{mm}$$

③ 选择协调环。

在组成环中选择一个协调环，它是用来协调各组成环上、下偏差和封闭环上、下偏差的关系的环。其公差和上、下偏差最后确定，使组成环公差之和等于或小于封闭环公差。

选择协调环时，一般选择容易制造并容易测量的非标准零件的尺寸。

这里选择 A_1 作为协调环。

④ 确定除协调环外的其余组成环的公差和上、下偏差。根据组成环基本尺寸和制造难易程度，先设定其余组成环的公差，再根据"入体原则"确定上、下偏差。"入体原则"即包容件取正公差，被包容件取负公差，中心尺寸取正负公差。

这里 A_2、A_4 尺寸较小，容易制造，故取 $T_2=T_4=0.04\text{mm}$；A_3 尺寸较大，故取 $T_3=0.07\text{mm}$。

根据"入体原则"确定上、下偏差：$A_2=A_4=2.5_{-0.04}^{\ 0}\text{mm}$，$A_3=38.5_{-0.07}^{\ 0}\text{mm}$

⑤ 计算协调环的公差和上、下偏差

$$T_1=T_0-T_2-T_3-T_4=0.2-0.04-0.07-0.04=0.05\text{mm}$$

$$ES_0=ES_1-(EI_2+EI_3+EI_4)$$

$$ES_1=0.25+(-0.04-0.07-0.04)=0.1\text{mm}$$

$$EI_0 = EI_1 - (ES_2 + ES_3 + ES_4)$$

$$EI_1 = 0.05 + 0 = 0.05\text{mm}$$

⑥ 验算

$$T_0 = 0.05 + 0.04 + 0.07 + 0.04 = 0.20\text{mm}$$

计算结果符合装配要求。如不符合，必须重新设定其余组成环的公差，再次计算结果，直至得到符合装配要求的零件尺寸精度。

（2）不完全互换法

【例3】 图8-18所示为齿轮部件装配的结构。已知各零件尺寸满足正态分布，要求 $A_1 = 30_{-0.13}^{0}$ mm，$A_2 = A_5 = 6_{-0.075}^{0}$ mm，$A_3 = 46_{+0.02}^{+0.18}$ mm，$A_4 = 4_{-0.04}^{0}$ mm，采用不完全互换法装配，要求装配后间隙 A_0 在 $0.1 \sim 0.45$mm 范围内。试分析能否达到装配精度要求。

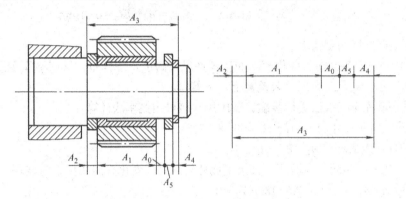

图8-18 装配图及轴向间隙装配尺寸链

【解】 采用不完全互换法进行装配，装配尺寸链可用概率法计算。

1）首先建立装配尺寸链（图8-18）。A_0 为封闭环。组成环有 A_1，A_2，A_3，A_4，A_5。
2）A_3 与 A_0 变化方向相同，为增环；其余组成环与封闭环变化方向相反，为减环。
3）概率法计算。

封闭环基本尺寸：$A_0 = A_3 - A_1 - A_2 - A_4 - A_5 = 46 - 6 - 30 - 4 - 6 = 0$

封闭环公差：

零件尺寸满足正态分布，因此分布系数 $k=1$

$$T_0 = \sqrt{T_1^2 + T_2^2 + T_3^2 + T_4^2 + T_5^2}$$

$$= \sqrt{0.13^2 + 0.075^2 + 0.16^2 + 0.04^2 + 0.075^2}$$

$$= 0.246\text{mm}$$

组成环平均偏差：

$\Delta_1 = -0.065$mm；$\Delta_2 = \Delta_5 = -0.0375$mm；$\Delta_3 = 0.1$mm；$\Delta_4 = -0.02$mm

封闭环平均偏差：

$$\Delta_0 = \sum_{i=1}^{m} \tilde{\Delta}_i - \sum_{j=m+1}^{n} \tilde{\Delta}_j$$

$$= 0.1-(-0.065-0.0375-0.0375-0.02)$$
$$= 0.26\text{mm}$$

上偏差：$ES_0 = \Delta_0 + T_0/2 = 0.38\text{mm}$

下偏差：$EI_0 = \Delta_0 - T_0/2 = 0.14\text{mm}$

$$A_{0\max} = A_0 + ES_0 = 0.38\text{mm}$$

$$A_{0\min} = A_0 + EI_0 = 0.14\text{mm}$$

所以，轴向装配间隙精度满足要求

假设零件尺寸不满足正态分布，分布系数取 $k=1.3$。

同样计算可得

$$A_{0\max} = A_0 + ES_0 = 0.41\text{mm} \qquad A_{0\min} = A_0 - EI_0 = 0.11\text{mm}$$

同样满足装配间隙精度要求。

【例4】 同例2，各已知条件相同。如各零件尺寸满足正态分布，采用不完全互换法装配，试设计确定 A_1、A_2、A_3、A_4 各尺寸公差及上、下偏差。

【解】 采用不完全互换法进行装配，装配尺寸链可用概率法计算。

1）首先建立装配尺寸链，同例2，如图8-17所示。

A_0 为封闭环，组成环有 A_1、A_2、A_3、A_4。

A_1 与 A_0 变化方向相同，为增环；其余组成环与封闭环变化方向相反，为减环。

2）$A_0 = A_1 - A_2 - A_3 - A_4 = 43.5 - 2.5 - 38.5 - 2.5 = 0$

3）同样选择 A_1 作为协调环。

4）确定除协调环外其余组成环的公差及上、下偏差。同样根据"入体原则"确定。

$$T_2 = T_4 = 0.08\text{mm} \quad T_3 = 0.12\text{mm}$$

$$A_2 = A_4 = 2.5_{-0.08}^{\ 0}\text{mm} \qquad A_3 = 38.5_{-0.12}^{\ 0}\text{mm}$$

和利用极值法计算相比，组成环公差可以取大一点。

5）计算协调环的公差及上、下偏差。

零件尺寸满足正态分布，所以分布系数 $k=1$。根据公差计算公式有

$$T_1^2 = T_0^2 - T_2^2 - T_3^2 - T_4^2$$
$$= 0.2^2 - (0.08^2 + 0.12^2 + 0.08^2)$$
$$= 0.04 - 0.0272 = 0.0128$$
$$T_1 = 0.11\text{mm}$$

平均偏差

$$\Delta_0 = \sum_{i=1}^{m}\bar{\Delta}_i - \sum_{j=m+1}^{n}\bar{\Delta}_j$$

$$(0.25+0.05)/2 = \Delta_1 - (-0.08+0)/2 - (-0.12+0)/2 - (0.08+0)/2$$

$$\Delta_1 = 0.15 - 0.04 - 0.06 - 0.04 = 0.01\text{mm}$$

上偏差：$ES_1 = \Delta_1 + T_1/2 = 0.01 + 0.11/2 = 0.065\text{mm}$

下偏差：$EI_1 = \Delta_1 - T_1/2 = 0.01 - 0.11/2 = -0.045$mm
所以
$$A_1 = 43.5^{+0.065}_{-0.045} \text{ mm}$$

从计算结果可以看出，采用不完全互换法进行装配，用概率法计算得到的零件公差较大，降低了零件制造难度。

（3）固定调整法装配确定调整环

【例5】 图8-19所示为某转臂与心轴的装配尺寸链，图中所有环均为长度方向尺寸，其封闭环尺寸 A_0 要求保证在 0.05～0.25mm，各组成环基本尺寸分别为 $A_1=111.5$mm，$A_2=18$mm，$A_3=91.5$mm。

【解】 采用固定调整装配法进行装配计算

1）将各组成环的制造公差放大到加工经济精度，使各组成环及其偏差分别为

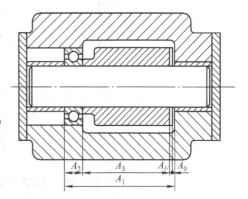

图 8-19 某转臂与心轴的装配尺寸链

$$A_1 = 111.5^{\ 0}_{-0.46} \text{mm} \qquad A_2 = 18^{\ 0}_{-0.20} \text{mm} \qquad A_3 = 91.5^{\ 0}_{-0.14} \text{mm}$$

2）另设一个组成环 A_F 为调整环，以补偿在装配过程中因各组成环公差值太大而形成的封闭环误差。此处该调整环为减环。设计时，根据补偿原理经过分析与计算确定出该调整环的分组数为五组，分别为

$$A_{F1} = 2.11^{\ 0}_{-0.02} \text{mm} \qquad A_{F2} = 1.93^{\ 0}_{-0.02} \text{mm} \qquad A_{F3} = 1.75^{\ 0}_{-0.02} \text{mm}$$

$$A_{F4} = 1.57^{\ 0}_{-0.02} \text{mm} \qquad A_{F5} = 1.39^{\ 0}_{-0.02} \text{mm}$$

3）装配时，组成环 A_1、A_2、A_3 的实测值分别为 111.25mm、17.92mm、91.40mm，按尺寸链的中间计算，可求得调整环的两个极限尺寸分别为

$$A_{F\max} = A_{1S} - (A_{2S} + A_{3S}) - A_{0\min}$$

$$= 111.25 - (17.92 + 91.40) - 0.05 = 1.88 \text{mm}$$

$$A_{F\min} = A_{1S} - (A_{2S} + A_{3S}) - A_{0\max}$$

$$= 111.25 - (17.92 + 91.40) - 0.25 = 1.68 \text{mm}$$

即调整环此时的尺寸范围应在 1.68～1.88mm，应选取尺寸为 $A_{F3} = 1.75^{\ 0}_{-0.02}$ mm 的调整环。

（4）修配法装配，用极值法计算修配量

【例6】 图8-20表示卧式车床前、后顶尖对床身导轨的等高度要求为 0.06mm。此尺寸链中组成环有三个：主轴箱主轴中心距面高度 $A_1=202$mm，尾座底板厚度 $A_2=46$mm，尾座顶尖中心距底面高度 $A_3=156$mm，封闭环 $A_0 = 0^{+0.06}_{\ 0}$ mm。求最大修配量 $K_{\max}$。

【解】 用修配法进行分析计算

1）选尾座底板为修配环。画尺寸链图（修配环为增环），验算基本尺寸。

$$A_0 = A_3 + A_2 - A_1 = 156 + 46 - 202 = 0$$

205

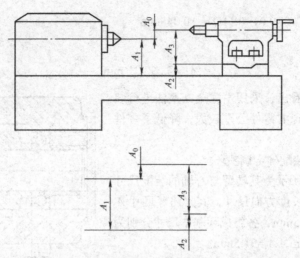

图 8-20 主轴箱主轴中心与尾座套筒中心等高示意图

2）尺寸 A_1 和 A_3 是部件尺寸，它们的公差是几个零件的累积误差，由镗孔的经济加工精度决定，取 $T_1=0.10$mm，$T_3=0.10$mm。A_1 和 A_3 是中心距尺寸，其公差采用"对称原则"分布。$A_1=(202\pm0.05)$mm，$A_3=(156\pm0.05)$mm，由半精刨的经济加工精度决定，$T_2=0.15$mm，A_2 的公差带分布要通过计算确定。

3）修配环 A_2 是增环。由公式

$$A_{0\min} = \sum_{z=1}^{m} A_{z\min} - \sum_{j=m+1}^{n-1} A_{j\max}$$

得

$$0 = A_{2\min} + (156-0.05) - (202+0.05),\ A_{2\min} = 46.10\text{mm}$$

考虑车床总装时，尾座底板与床身配合的导轨面还需配刮，取最小修刮量 $K_{\min}=0.05$mm，最后修配环的实际最小值为 46.10+0.05=46.15mm，最大值为 46.15+0.15=46.30mm，修配环的实际尺寸为 $46^{+0.30}_{+0.15}$ mm。

4）修配加工是为了补偿组成环累积误差与封闭环公差超差的部分，因此最大修配量为

$$\sum_{i=1}^{n-1} T_i - T_0$$

若有预留最小修配量，则应再加上预留的最小修配量，此时实际的最大修配量为

$$\sum_{i=1}^{n-1} T_i - T_0 + K_{\min}$$

式中　T_0——封闭环的公差；
　　　T_i——组成环的公差。

5）由上面分析情况知，最小修配量 $K_{\min}=0.05$mm。最大修配量由公式

$$\sum_{i=1}^{n-1} T_i - T_0 + K_{\min}$$

得出，最大修配量 $K_{\max}=0.10+0.10+0.15-0.06+0.05=0.34$mm

项目 9
工装夹具设计

任务描述

在汽车制造过程中,需要很多夹具、检具和辅助装备等工艺装备,都可以称作"工装"。在焊装车间,夹具、检具是主要的工装。汽车装配过程中也需要相应的装配工装。在编制工艺规程时,必须考虑装配过程需要哪些工艺装备,标准的、复杂的装备可以提出计划购买或提交设计任务书委托设计制造,但一些简单的装配工装则需要工艺技术人员自己设计,特别是一些辅助装备和简单检具。工装设计能力也是衡量工艺技术人员能力的一个重要方面。为此必须具备相应的机械设计基础知识,包括公差与配合、基准与定位、结构工艺性等知识。

学习目标

1. 掌握工件基准的概念
2. 掌握工件定位的方式
3. 熟悉零件结构工艺性的要求
4. 掌握装配工装的设计
5. 掌握机床夹具的设计
6. 掌握车身焊装夹具的设计

汽车制造
工艺设计

知识与技能点清单

序号	学习目标	知识点	技能点
1	掌握工件基准的概念	1. 设计基准 2. 工艺基准	能够看懂工件工程图样上的基准线
2	掌握工件定位的方式	1. 工件定位的六自由度规则 2. 工件定位方式和常用定位元件	掌握工件定位的方式
3	熟悉零件结构工艺性的要求	1. 零件机械加工的结构工艺性 2. 零件装配的结构工艺性	能够正确描述零件结构工艺性的要求
4	掌握装配工装的设计	1. 活塞环装配工装设计 2. 轴承盖油封压装工装设计 3. 磁电机装配定位夹具设计	掌握装配工装的设计
5	掌握机床夹具的设计	1. 专用机床夹具 2. 专用钻床夹具的设计	掌握机床夹具的设计
6	掌握车身焊装夹具的设计	1. 焊装夹具概述 2. 焊装件在夹具上的定位与夹紧 3. 车身焊装夹具	掌握车身焊装夹具设计

9.1 基准

众所周知，一个零件是由若干要素（点、线、面）组成的，各要素之间都有一定的尺寸和位置公差要求。用来确定工件（零件）上几何要素间的几何关系所依据的那些点、线、面就被称作基准。基准按其作用的不同可分为两大类，如图9-1所示。

微课视频
基准

图 9-1 基准的分类

9.1.1 设计基准

设计基准是设计图样上所采用的基准。如图 9-2 所示的阶梯轴,端面 1 是端面 3、4 的设计基准;轴线 2 是外圆面的设计基准。

另外,在设计图样上常标注有形位公差,如图 9-2 中,规定了端面 4 与 $\phi d1$ 轴线 2 的垂直度要求,轴线 2 是端面 4 形位公差的设计基准。

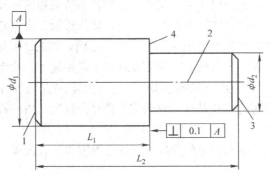

图 9-2 设计基准

1、3、4—端面 2—轴线

从上述实例的分析可知,设计基准就是设计图样上确定几何要素之间相互位置关系的那些点、线、面,它们既可以是实际存在的(如图 9-2 中的表面 1、3、4),也可以是假想的(如图中的轴线 2、对称面等);而且对那些有直接尺寸关系的表面之间,可以互称设计基准,如也可以说端面 3 是端面 1 的设计基准。即设计基准可以互称。

9.1.2 工艺基准

工艺基准是在工艺过程中采用的基准。它可分为工序基准、定位基准、测量基准、装配基准、对刀基准等。

1. 工序基准

在工序图上用来确定本工序被加工表面加工后的尺寸、位置和形状的基准,称为工序基准。图 9-3 所示为法兰盘车削加工的工序图。端面 F 为端面 1 和 2 的工序基准,法端面 1 和 2 通过尺寸 L_1、L_2 及平行度公差与工序基准 F 相联系。外圆 ϕd 和内孔 ϕD 的工序基准是轴线。联系被

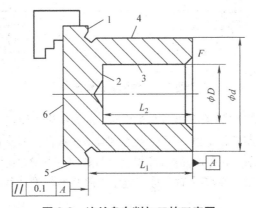

图 9-3 法兰盘车削加工的工序图

1、2、6、F—端面 3、4、5—圆柱面

加工表面与工序基准之间的尺寸，是这道工序应直接保证的尺寸，称为工序尺寸，如图 9-3 中的 L_1、L_2、ϕd、ϕD 等。因此，工序基准也就是工序图上工序尺寸、位置公差标注的起始点。

从上述分析可知，工序基准可以是实际存在的，也可以是假想的。零件加工时，应尽量使工序基准与设计基准重合，否则就要进行尺寸换算。

2. 定位基准

工件在机床上或夹具中装夹时，使工件占有正确位置所采用的基准，称为定位基准。作为定位基准的点、线、面，可以是实际存在的，也可以是假想的。假想的定位基准是由实际存在的表面来体现的，这些体现定位基准的表面称为定位基面。如图 9-3 所示，工件装夹在三爪自定心卡盘中，工件外圆面 5 与卡爪接触，端面 6 靠在卡盘端面上，从而实现了工件的定位。就是说，工件的定位基准是外圆面 5 的轴线和端面 6，而端面 6 是实际存在的定位基准，它确定工件轴向位置；轴线是假想的定位基准，它确定工件径向位置，由外圆柱面 5 来体现，外圆柱面 5 是定位基面。

在机械加工过程中，应尽量使定位基准、工序基准和设计基准重合，否则将产生基准不重合误差。

3. 测量基准

测量时所采用的基准，即用来确定被测量尺寸、形状和位置的基准，称为测量基准。如图 9-3 中，以端面 F 为基准，用深度卡尺测量端面 1、2 的尺寸 L_1、L_2，端面 F 就是端面 1、2 的测量基准。用卡尺测量外圆面 4 的直径尺寸，卡尺量爪与外圆面接触的两点就是测量基准。又如将阶梯轴两端中心孔支承在两顶尖上，测量各外圆面的径向圆跳动，两中心孔模拟（体现）轴的轴线，轴线即测量基准，而中心孔为测量基面。

4. 装配基准

装配时用来确定零件或部件在产品中相对位置所采用的基准，称为装配基准。如图 9-4 所示，轴承装在轴上，轴承的轴孔和端面就是轴承的装配基准（轴孔是径向装配基准，端面是轴向装配基准）。

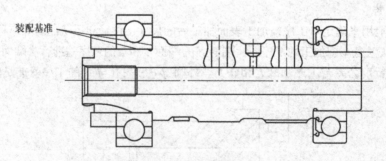

图 9-4 轴承装在轴上

工艺过程中常用的基准间的关系如图 9-5 所示。从图中可以看出，有些几何要素，由于其作用不同而给予不同的基准名称，这在工艺学上称为基准重合。基准重合是产品设计人员和工艺人员都应遵循的基本原则。如在产品设计时，应尽量把装配基准作为零件图样上的设计基准，以便直接保证装配精度要求。在零件加工时，应使工序基准与设计基准重合，以便能直接保证加工精度要求。

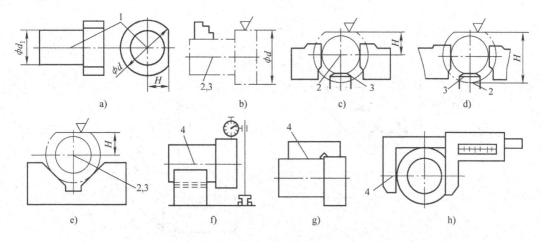

图 9-5 工艺过程中常用的基准间的关系
a）零件图 b）、c）、d）、e）定位简图 f）、g）、h）测量简图
1—设计基准 2—工序基准 3—定位基准 4—测量基准

9.2 工件的定位

在加工之前，使工件在机床或者夹具上占据某一正确位置的过程称为定位；工件定位后将其固定，使其在加工过程中保持定位位置不变的操作称为夹紧；工件定位、夹紧的过程合称为装夹。

9.2.1 工件定位的六自由度规则

微课视频
六点定位原理和
定位元件

在空间直角坐标系中的一个自由刚体，有六个方向活动的可能性，即沿三个坐标轴方向（水平面内由左向右为 x 轴方向，由后向前为 y 轴方向，垂直向上方向为 z 轴，在没有特别声明时，均采用该坐标系统）的移动，分别用符号 $\vec{x}$、$\vec{y}$、$\vec{z}$ 表示，和绕三个坐标轴方向的转动，分别用 $\tilde{x}$、$\tilde{y}$、$\tilde{z}$ 表示。自由刚体在空间的位置不同，这六个参数的值也不同，刚体在空间的位置与六个参数是一一对应的。习惯上，把刚体在空间坐标系中某个方向活动的可能性称为一个自由度，即空间的一个自由刚体，共有六个自由度。

工件可近似地看成处在空间的自由刚体，要使工件在某个方向有确定的位置，就必须限制该方向的自由度。反过来说，如果在三个相互垂直的平面上，按一定规律分布六个定位点（支承钉）就可以限制工件的全部自由度，如图 9-6 所示。上述用六个定位点就能确定工件唯一确切位置的规则，就称为六自由度（或六点定位）规则。

9.2.2 工件定位方式和常用定位元件

工件在工装夹具中定位时，不同结构的定位基准（或基面）与不同结构类型的定位元件相接触或配合，所能限制的自由度是不同的。定位元件到底有哪些类型呢？它们又是如何限制工件的自由度的呢？下面以定位基准（或基面）的不同类型为例来介绍工件定位方式和各种常用的定位元件及其所限制的自由度（数量和方向），表 9-1 为常见定位元件及所能限制的自由度。

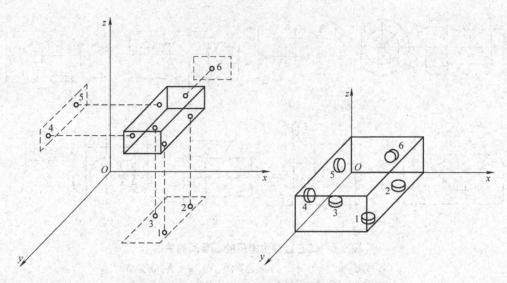

图 9-6 工件在空间的六点定位

表 9-1 常见定位元件及所能限制的自由度

工件的定位面	夹具的定位元件			
	定位元件	一个支承钉	两个支承钉	三个支承钉
平面	图示			
	限制的自由度	$\vec{x}$	$\vec{y}$、$\vec{z}$	$\vec{z}$、$\tilde{x}$、$\tilde{y}$
	定位元件	一块支承板	两块支承板	三块支承板（大平面）
支承板	图示			
	限制的自由度	$\vec{y}$、$\vec{z}$	$\vec{z}$、$\tilde{x}$、$\tilde{y}$	$\vec{z}$、$\tilde{x}$、$\tilde{y}$

（续）

工件的定位面	夹具的定位元件				
圆孔、内圆锥面	圆柱销	定位元件	短圆柱销	长圆柱销	两段圆柱销
		图示	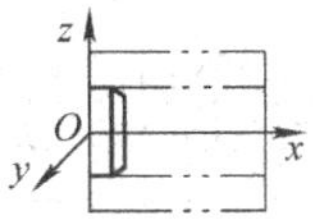	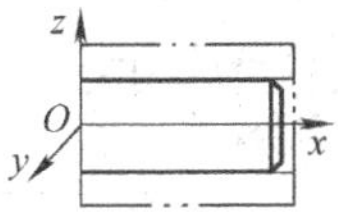	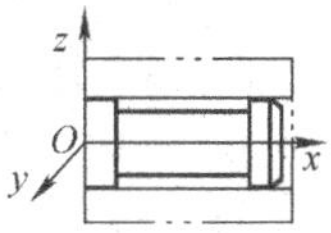
		限制的自由度	$\vec{y}$、$\vec{z}$	$\vec{y}$、$\vec{z}$、$\tilde{y}$、$\tilde{z}$	$\vec{y}$、$\vec{z}$、$\tilde{y}$、$\tilde{z}$
		定位元件	菱形销	长销小平面组合	短销大平面组合
		图示	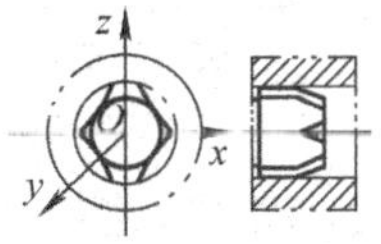	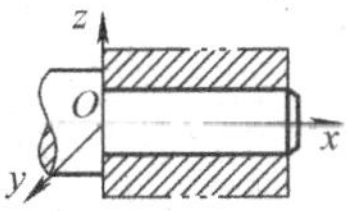	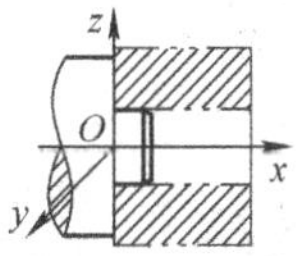
		限制的自由度	$\vec{z}$	$\vec{x}$、$\vec{y}$、$\vec{z}$、$\tilde{y}$、$\tilde{z}$	$\vec{x}$、$\vec{y}$、$\vec{z}$、$\tilde{y}$、$\tilde{z}$
	圆锥销	定位元件	固定圆锥销	浮动圆锥销	固定浮动锥销组合
		图示	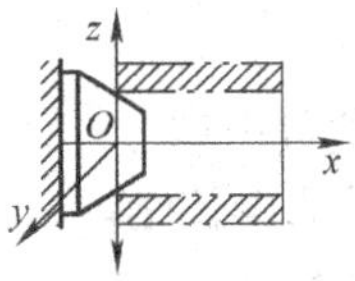	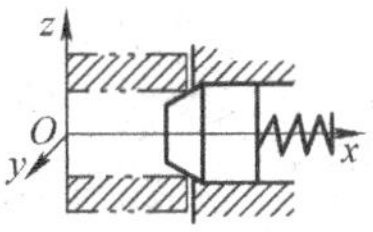	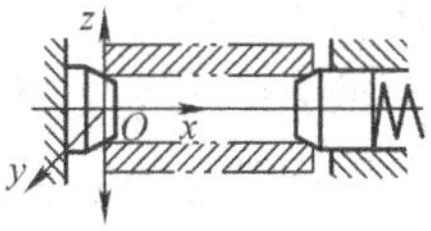
		限制的自由度	$\vec{x}$、$\vec{y}$、$\vec{z}$	$\vec{y}$、$\vec{z}$	$\vec{x}$、$\vec{y}$、$\vec{z}$
	心轴	定位元件	长圆柱心轴	短圆柱心轴	小锥度心轴
		图示	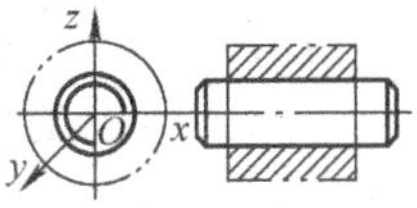	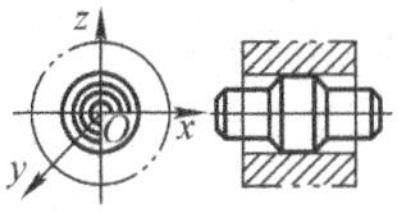	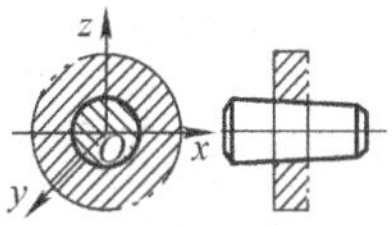
		限制的自由度	$\vec{x}$、$\vec{z}$、$\tilde{x}$、$\tilde{z}$	$\vec{x}$、$\vec{z}$	$\vec{x}$、$\vec{y}$、$\vec{z}$
	锥顶尖和锥度心轴	定位元件	前后顶尖	浮动前顶尖和后顶尖	锥形心轴
		图示	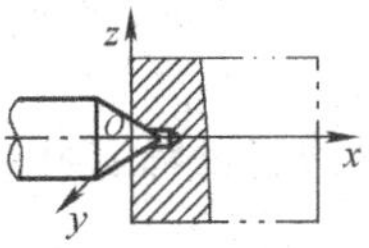	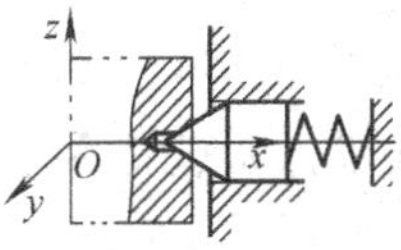	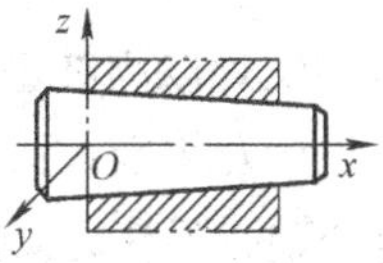
		限制的自由度	$\vec{x}$、$\vec{y}$、$\vec{z}$	$\vec{y}$、$\vec{z}$	$\vec{x}$、$\vec{y}$、$\vec{z}$、$\tilde{y}$、$\tilde{z}$

(续)

工件的定位面	夹具的定位元件				
外圆柱面	V形块	定位元件	一块短V形块	两块短V形块	一块长V形块
		图示			
		限制的自由度	$\vec{x}$、$\vec{z}$	$\vec{x}$、$\vec{z}$、$\hat{x}$、$\hat{z}$	$\vec{x}$、$\vec{z}$、$\hat{x}$、$\hat{z}$
	定位套	定位元件	一个短定位套	两个短定位套	一个长定位套
		图示			
		限制的自由度	$\vec{x}$、$\vec{z}$	$\vec{x}$、$\vec{z}$、$\hat{x}$、$\hat{z}$	$\vec{x}$、$\vec{z}$、$\hat{x}$、$\hat{z}$

1. 工件以平面定位

工件以平面作为定位基准的情况是非常多见的，这时工件的定位平面是与定位元件相接触而实现定位的。与其接触的定位元件主要有下列几种。

（1）支承钉

通常将一个支承钉视为一个支承点，能限制一个自由度（一个移动或转动），所限制自由度的方向随定位系统的情况而定。如图 9-7a 所示工件的定位情况，当工件的轴线平行于 x 轴放置时，支承钉限制了 x 移动，而图 9-7b 中的支承钉则限制 x 转动。

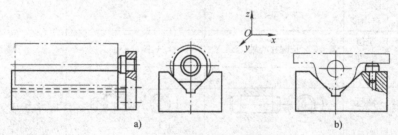

图 9-7　支承钉限制的自由度

（2）支承板

单个支承板限制二个自由度（一个移动，一个转动）。两个支承板限制三个自由度，相当于一个平面。

2. 工件以内孔定位

以内孔来定位的工件很多，如盘类零件、套类零件、齿轮、杆叉类零件等，定位元件常用的有心轴、圆柱定位销和圆锥销。

（1）心轴

实际应用中的心轴结构形式很多，但按其与孔的配合性质主要有下列三种典型结构。

1)锥形心轴。锥形心轴的锥度一般为 1/1000~1/5000，属于小锥度心轴。小锥度既可以防止工件在轴上倾斜，也可以提高定位精度。工件定位时，是依靠心轴的锥体定心和胀紧。锥形心轴能限制五个自由度，除绕心轴轴线转动的自由度不能限制外，其余的自由度都受到限制。

2)过盈配合圆柱心轴。心轴的定位部分与工件的定位孔是过盈配合，工件须经压力机将其压入心轴的定位部分。一般最大过盈量不超过 H7/r6，以免压入工件的压力过大使工件过分变形而遭受损坏。这类过盈配合心轴能限制五个自由度。除绕心轴轴线转动的自由度不能限制外，其余的自由度都受到限制。

3)间隙配合圆柱心轴。心轴定位部分与工件定位孔是间隙配合，其配合间隙可按 H7/h6 等设计。心轴轴肩作轴向定位。间隙配合心轴装卸工件较为方便，但定心精度较差。这种心轴能限制四个自由度，即限制除沿心轴轴线的移动和绕心轴轴线的转动以外的四个自由度。

（2）圆柱销

圆柱销与定位孔基本上都采用间隙配合。按圆柱定位销与夹具体的安装配合性质可将圆柱定位销分为两类：一类为固定式的，它直接以 H7/r6 过盈配合压入夹具体孔内；另一类为可换式的。在大批量生产中，圆柱定位销的磨损是不可避免的。为方便地更换磨损了的圆柱定位销，采用可换式的。

圆柱定位销与工件内圆柱面配合定位时，定位元件所能限制的自由度也可根据定位面与定位元件的有效接触长度 L 与定位孔直径 D 之比而定。当 $L/D \geqslant 1$ 时，可认为是长圆柱定位销与圆孔配合，它们限制了四个自由度（单指与孔配合的圆柱定位面），即限制除沿轴线的移动和转动以外的四个自由度；当 $L/D<1$ 时，可认为是短圆柱定位销与圆孔配合，它限制两个自由度（被限制自由度的方向视具体定位系统而定）。

（3）圆锥销

圆锥销也常用作孔的定位元件，用圆锥销定位时限制三个自由度（被限制自由度的方向视具体定位系统而定）。圆锥销与夹具体的连接方式也可以做成像圆柱销一样，有固定式和可换式两种。

3. 工件以外圆柱面定位

工件以外圆柱面定位也是一种非常普遍的定位方式。常用的定位元件有 V 形块、半圆定位块、定位套、自动定心机构、支承板、支承钉等。

V 形块、支承板和支承钉是与外圆柱面相接触而实现定位的。半圆定位块、定位套和自动定心机构则是通过与外圆柱面相配合而实现定位的。实际使用中以 V 形块应用最广，因为结构简单，定位精度适中，不仅适用于完整的外圆柱面定位，而且也适用于非完整的外圆柱面和多级台阶外圆面的定位。

4. 组合表面定位

以上所介绍的定位情况，都是以工件单一的几何表面（如平面、内圆柱面、外圆柱面）作为定位基准的，这都是一些非常典型的定位情况。一般工件不光是以单一几何要素作为定位基准，还有以两个以上的几何要素联合起来作为定位基准，即以组合表面定位，如用一个孔和一个端面、一个平面及其上的两个孔、一个外圆和一个端面、阶梯轴的两个外圆和一个端面定位等。

如果工件以一组几何要素作为定位基准来定位，定位元件也应当由多个联合成为一个定位系统。由于多个定位元件彼此之间还有一定的尺寸或位置联系，使得定位系统变得比较复杂。

在组合定位系统中，有下述几种定位情况。

1)完全定位。所谓完全定位，就是定位系统限制了工件的全部自由度（即六个自由度）。

2）部分定位。所谓部分定位，就是定位系统限制工件的自由度数少于六个。

3）欠定位。所谓欠定位，就是工件的第一类自由度（包括数量和方向）没有得到全部限制。这类定位系统在加工中是绝对不允许出现的。

4）重复定位。所谓重复定位，就是定位系统中出现一个自由度同时被两个以上的定位元件限制，也称为过定位或超定位。

9.3 零件的结构工艺性

在设计机械零件时，除了要满足零件的使用性能要求外，还应满足制造工艺的要求，即结构工艺性的要求。结构工艺性是指所设计的零件在满足使用要求的前提下，制造、维修的可行性和经济性。零件满足在一定的生产条件和保证使用性能的前提下，能以高的生产率和低的成本制造出来，这样的零件的结构工艺性就好。

零件结构工艺性贯穿于零件生产和使用的全过程，包括材料选择、毛坯生产、机械加工、热处理、机器装配、机器使用、维护，甚至报废、回收和再利用等。因此，零件结构工艺性的优劣对产品的设计、制造具有至关重要的影响。零件机械加工的结构工艺性还是一项重要的技术经济指标，其研究的内涵和影响因素涉及生产批量、工艺路线、加工精度、加工方法、工艺装备等许多方面。如果脱离具体生产规模和环境，脱离了材料、技术、设备、工艺，结构工艺性也就失去了研究的意义。结构工艺性与零件的生产类型和生产条件相关，同时随机械制造技术的发展而发展变化。

零件结构工艺性可以分为零件结构的机械加工工艺性和装配工艺性两个方面。

9.3.1 零件机械加工的结构工艺性

评价零件机械加工的结构工艺性优劣的条件很多，对具体的零件结构而言主要有加工精度和表面质量、标准化、加工效率等。在零件设计之初，设计人员要充分重视结构的优化，在满足零件使用要求的前提下，零件的结构设计应做到：

微课视频
零件机械加工的结构工艺性

1）有利于零件达到加工质量的要求。
2）有利于使用高效机床和先进加工工艺。
3）有利于减少零件的机动工时。
4）有利于减少加工过程中的辅助工时。
5）有利于使用标准刀具和量具。

评价零件结构工艺性，可以从以下几个方面进行。

1. 提高零件的标准化程度

标准化是组织现代化生产的重要手段之一。零件结构要素的标准化程度高，既可以简化零件的设计工作，又可以减少零件生产准备工作量，使零件的生产准备周期大大缩短，降低零件的生产成本。

零件结构要素的标准化主要包括如螺纹、中心孔、空刀槽、砂轮越程槽、锥度与锥角、莫氏锥度、零件倒圆与倒角、球面半径、T形槽、锯缝尺寸等，这些结构设计和尺寸标注应符合国家标准和行业标准。

2. 结构设计方便零件加工和检测

表 9-2 列出了一些方便零件加工的结构设计，表 9-3 列出了一些方便零件检测的结构设计，可供参考。

表 9-2 一些方便零件加工的结构设计

要点与说明	不合理的结构（A）	改进后的结构（B）
大直径锥孔加工困难，应避免大直径锥孔的加工	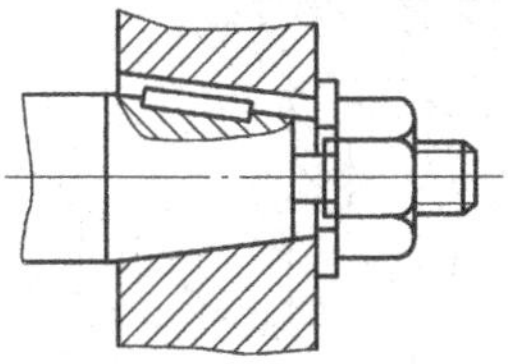	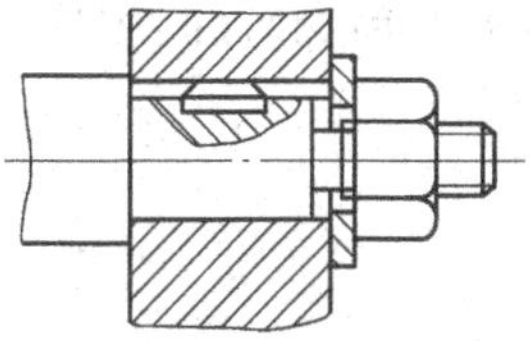
加工螺纹时应有退刀槽。退刀槽应符合相关标准，以方便加工，提高生产率	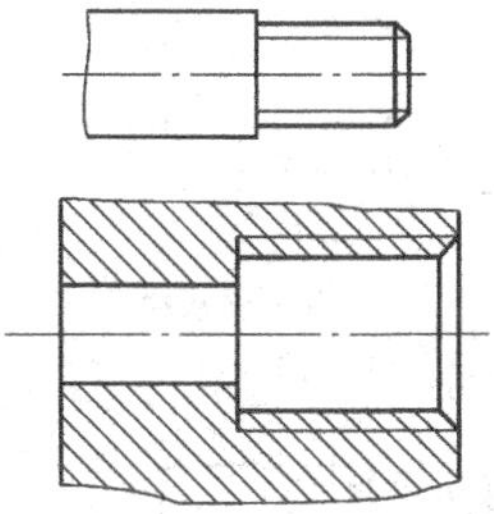	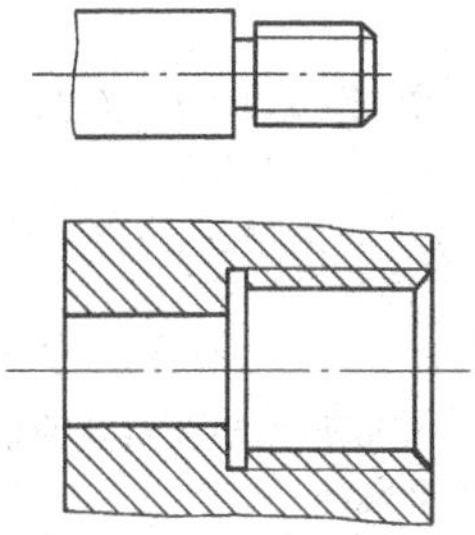
内螺纹在孔口应有倒角，便于正确引导螺纹刀具	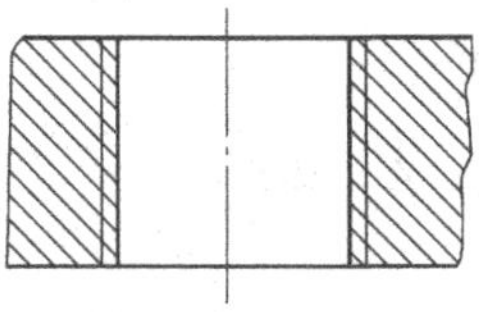	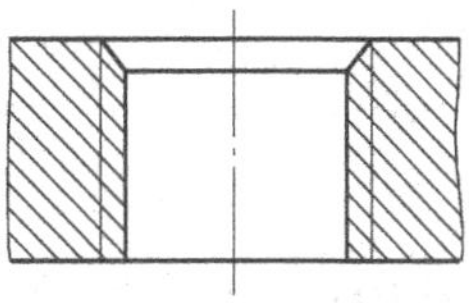
零件沟槽的表面不应与其他加工表面重合。B 结构的加工可改善刀具的工作条件，保护已加工表面不被破坏	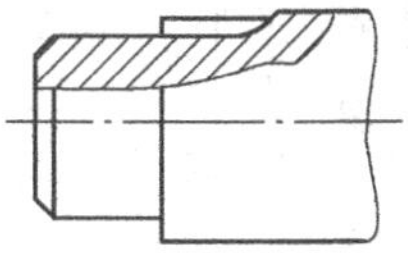	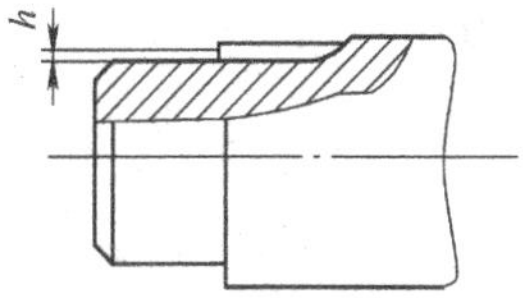 $h > 0.3 \sim 0.5$
在套筒上插销键槽时，应在键槽的顶端设置一孔，用于让刀	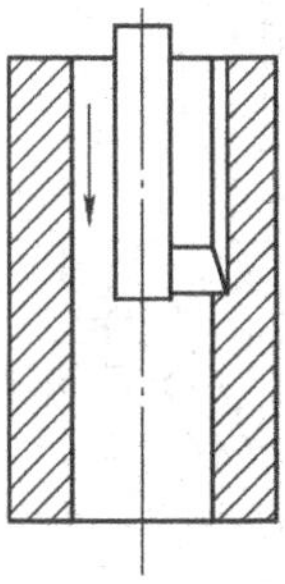	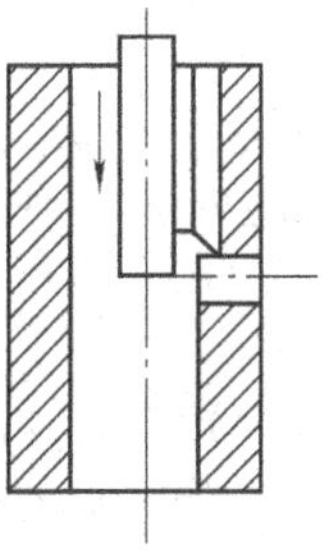

表 9-3 一些方便零件检测的结构设计

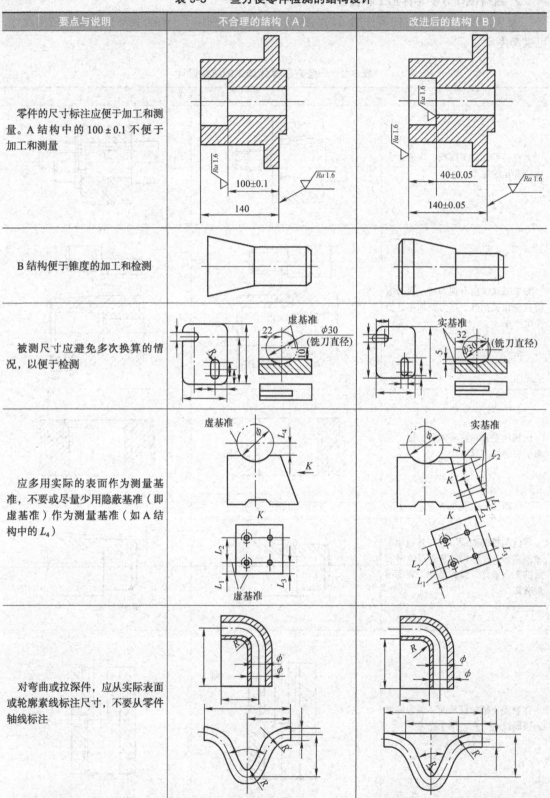

3. 结构设计方便零件定位和夹紧

方便零件在夹具中的定位和夹紧，见表9-4。

表9-4 方便零件在夹具中定位和夹紧的结构设计

要点与说明	不合理的结构（A）	改进后的结构（B）
以圆柱面定位和夹紧容易并且可靠。B结构在圆锥面前设一段圆柱面，方便工件的定位和夹紧	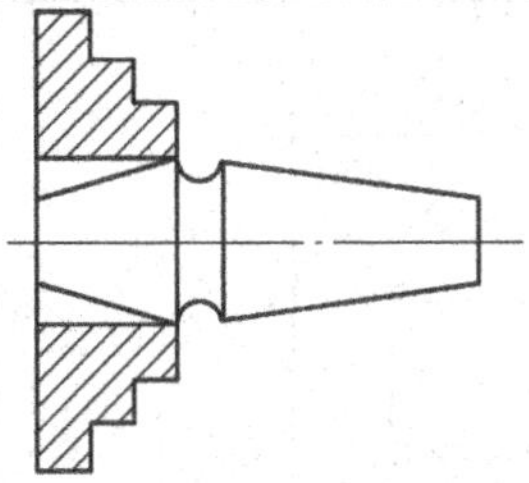	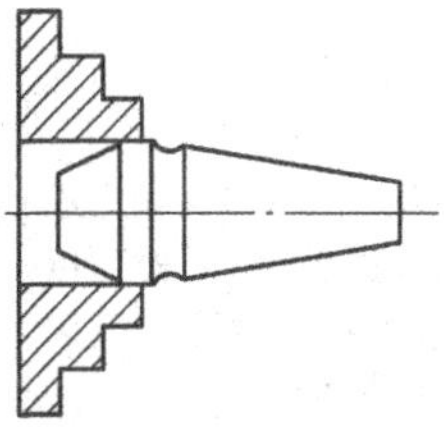
加工面应有支承面较大的基准，以便加工时定位、测量和夹紧。B结构设置了工艺凸台A，下方的大平面既可使定位可靠，又可作为电器箱箱盖面。加工后工艺凸台A若不要或影响美观，可将其去掉	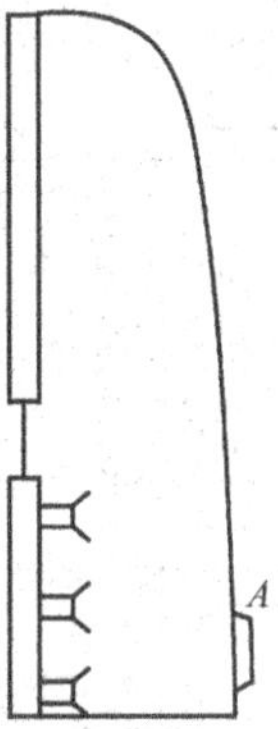	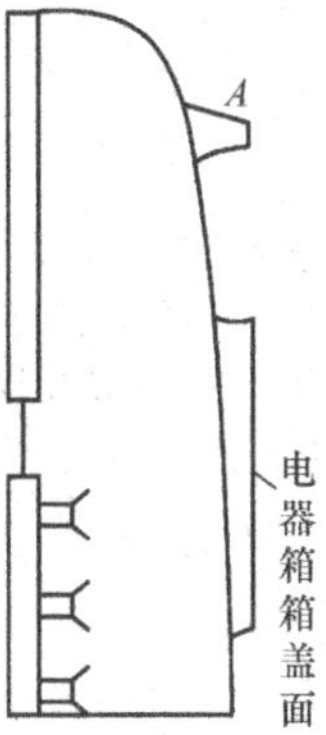
增加夹紧边缘或工艺孔，使工件加工时能可靠地夹紧	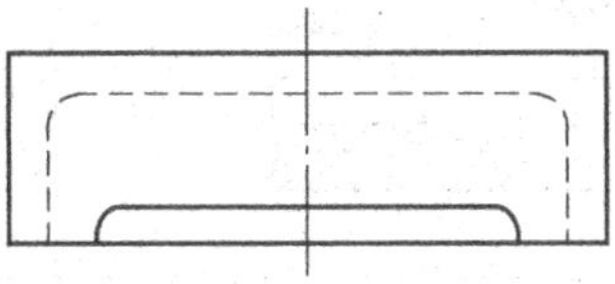	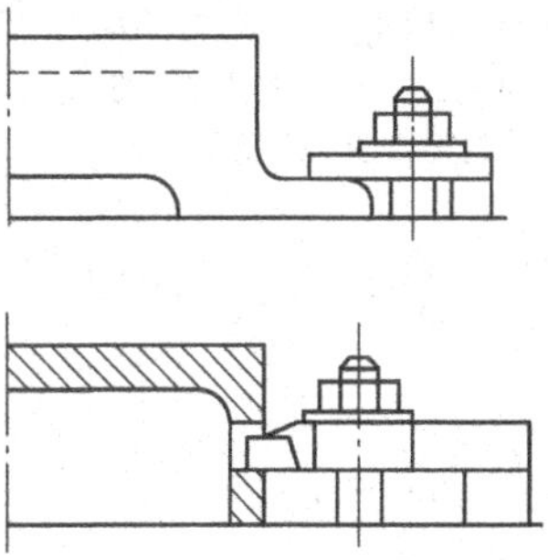
锥度心轴的外锥面需在车床和磨床上加工，应在工件上设置安装卡箍，以便在车床或磨床上定位	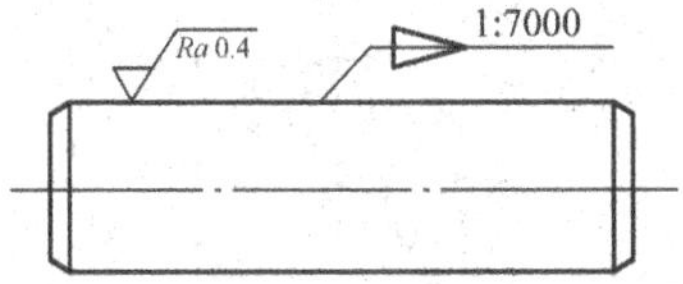	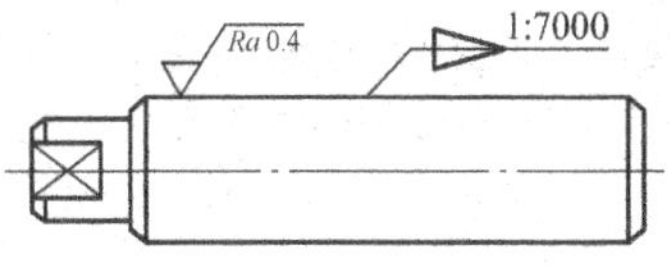
应使工件有可靠的主要定位基准面。B的结构a、b、c处于同一平面上	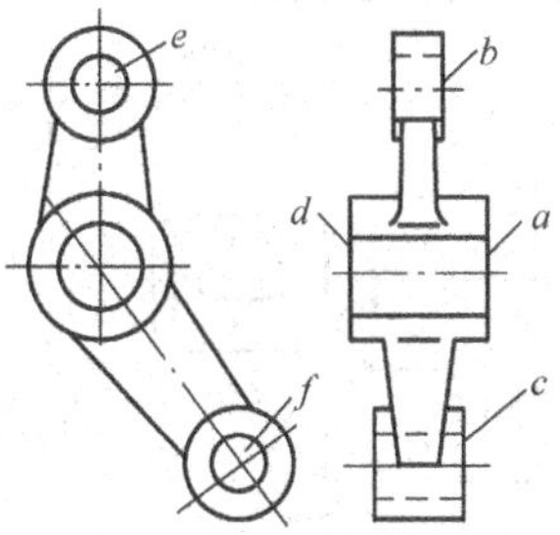	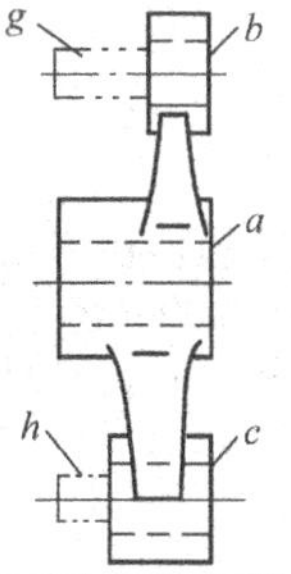

4. 结构设计尽量减少零件安装夹紧次数

尽量减少零件安装夹紧次数的结构设计见表 9-5。

表 9-5 尽量减少零件安装夹紧次数的结构设计

要点与说明	不合理的结构（A）	改进后的结构（B）
应尽可能在一次装夹中完成内、外圆柱面的加工，既可以减少装夹次数，又可以提高内外圆柱面的同轴度		
B 结构改为通孔后，既可以减少安装次数，又可以提高孔的同轴度。若需淬火，还可以改善热处理工艺		
合理采用组合件或组合表面，可大大降低零件的加工难度，提高零件的加工精度		
箱体上的螺纹孔种类应尽量少，以减少钻头和丝锥的种类		
对同一零件上的同一种结构要素，为了减少刀具的种类，减少换刀等辅助时间，应尽量使其一致		

9.3.2 零件装配的结构工艺性

1. 有正确的装配基准

有正确装配基准的结构设计见表 9-6。

微课视频
零件装配的
结构工艺性

表 9-6 有正确装配基准的结构设计

要点与说明	不合理的结构（A）	改进后的结构（B）
两个有同轴度要求的零件连接时，应有正确的装配基准。B 结构通过止口定位，简便合理	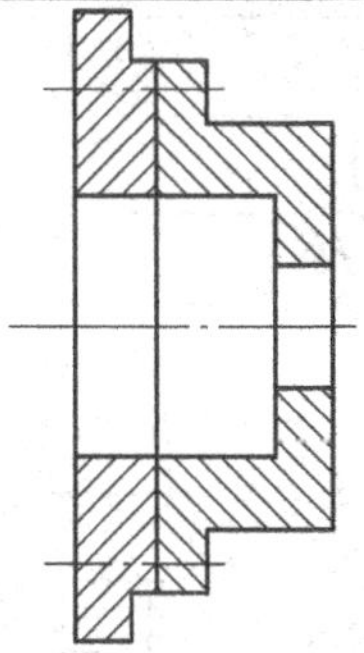	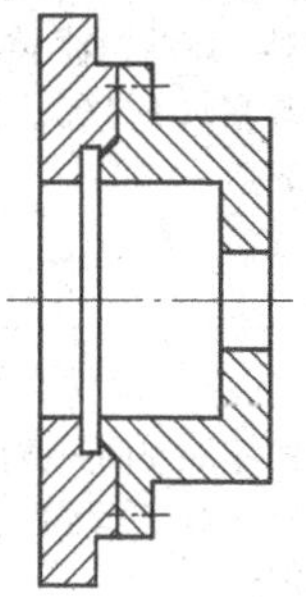
不能用螺纹联装作为装配基准。A 结构螺纹连接不能保证装配后的同轴度。B 结构用圆柱面作为装配基准面，加工方便，也减少了选配和调整的工作量	靠螺纹定位 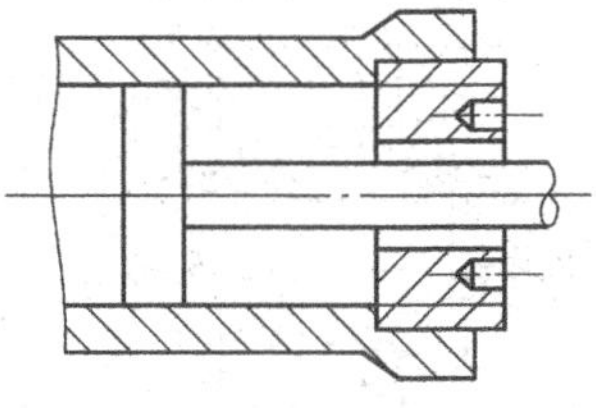	用圆柱面定位 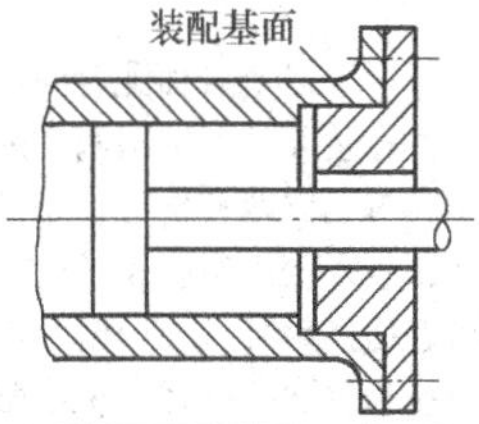 装配基面
A 结构中两锥齿轮轴 1 和 2 与箱体间有游隙，两齿轮不能正确地啮合。B 结构设置了正确的装配基准	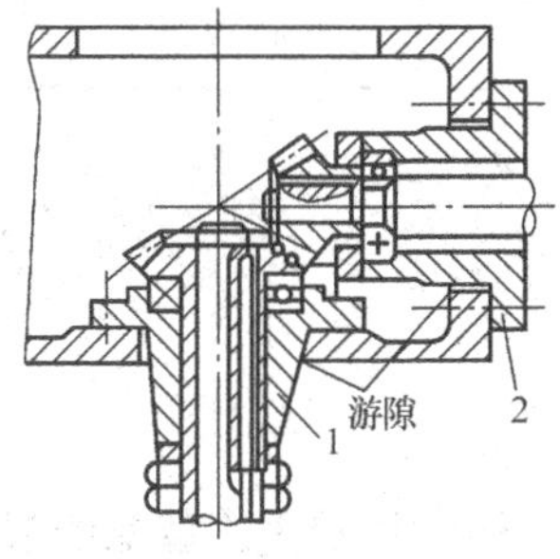 游隙 2	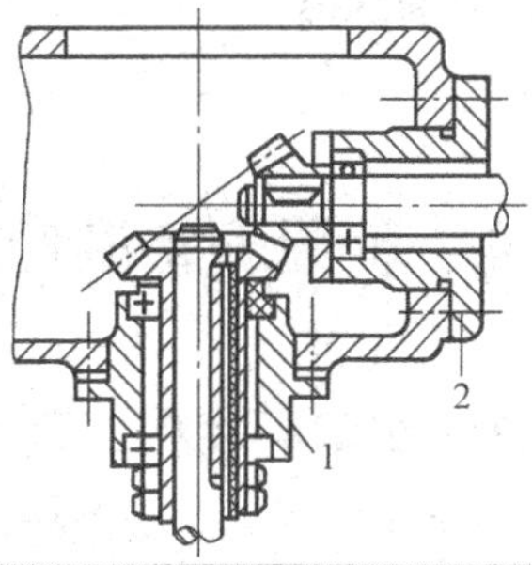 2 1

2. 便于装配

便于装配的结构设计见表 9-7。

表 9-7 便于装配的结构设计

要点与说明	不合理的结构（A）	改进后的结构（B）
有配合要求的零件端部应有倒角，以便于装配	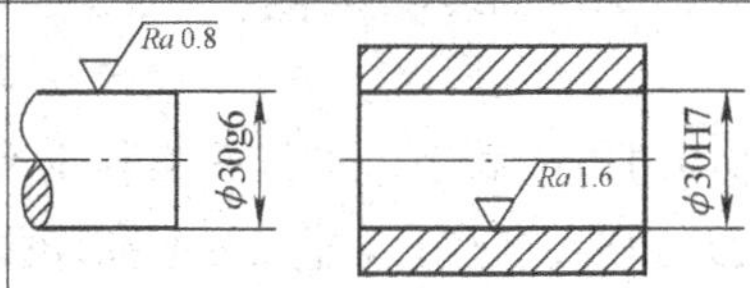	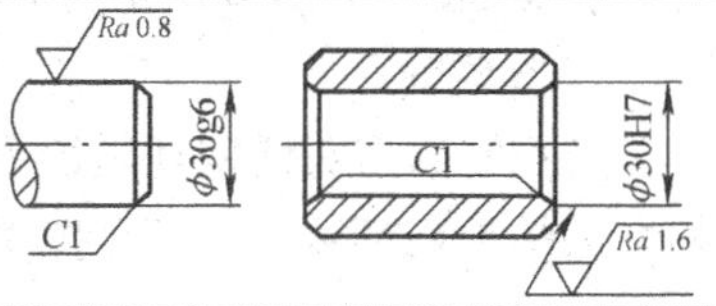

(续)

要点与说明	不合理的结构（A）	改进后的结构（B）
装配时形成密封腔处应有排气通道，使装配能顺利进行	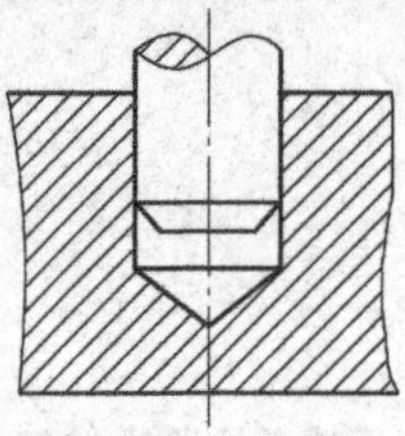	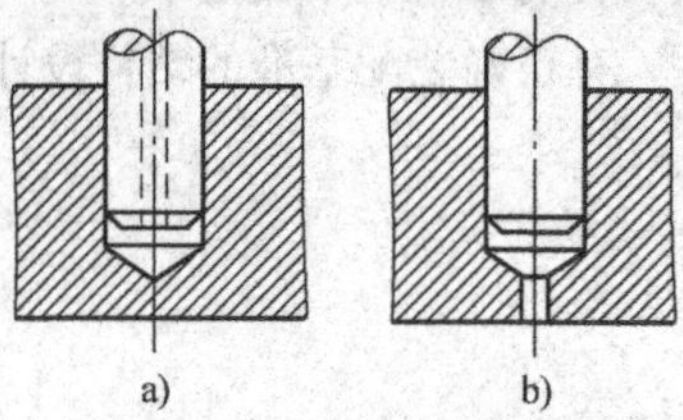 a)　　b)
与轴承孔配合的轴径不要太长，以免装配困难。B结构轴承右侧的轴径减小，既方便了装配，也降低了轴的加工成本	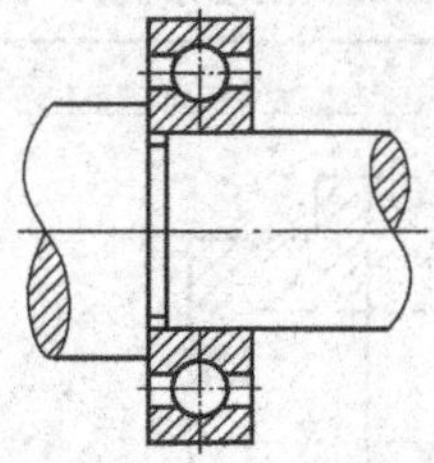	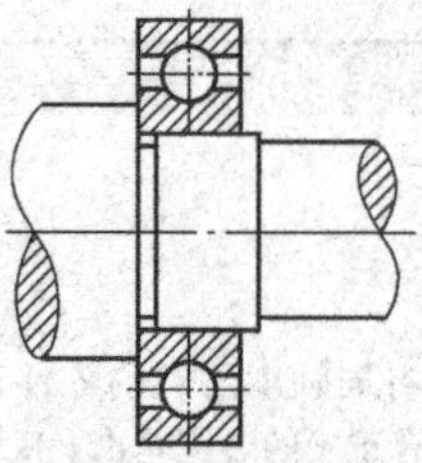
相互配合的零件在同一方向上的接触面只能有一对，即零件装配时应有明确的定位	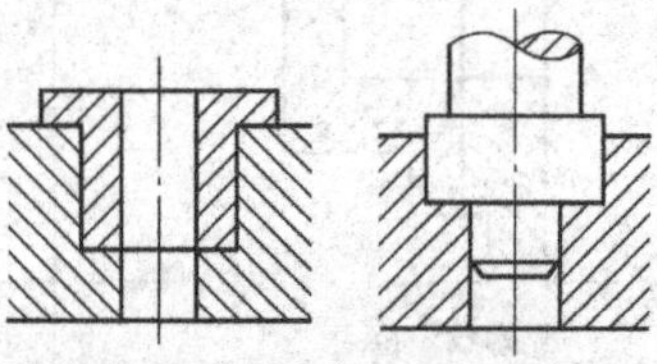	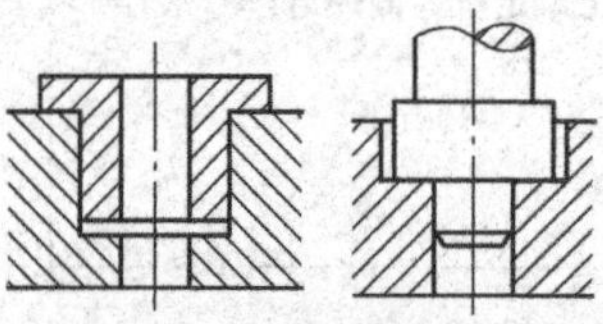
两个及两个以上表面配合时应避免同时入孔装配。A结构两段外圆表面同时与壳体两孔配合，不易同时对准，装入较困难。B结构使两段外圆表面先后装入，同时右圆柱外径略小于左圆柱外径，轴端倒角15°~30°，装配顺利	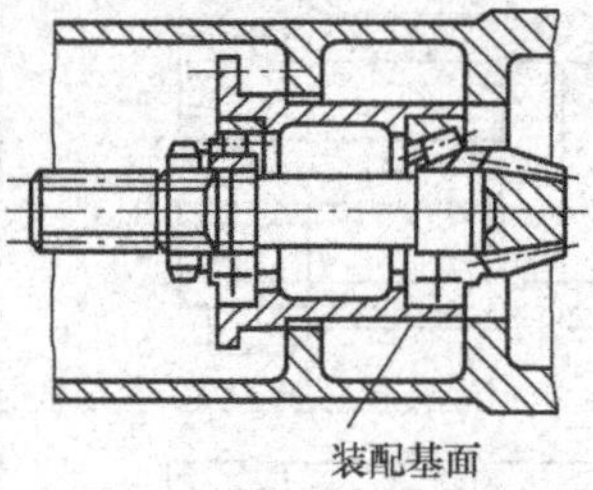 装配基面	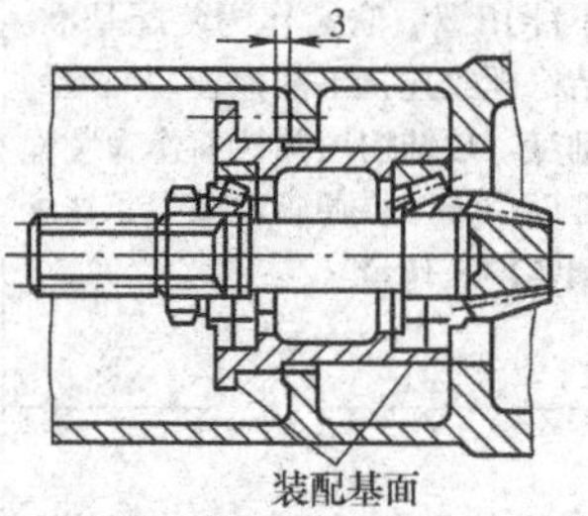 装配基面

9.4 装配工装设计案例

9.4.1 活塞环装配工装设计

在某小型发动机装配过程中，有一道工序是手工装配活塞环入槽。在装配一、二道气环入槽时，易造成活塞的环岸被活塞环切掉，切下铝屑卡在活塞的环槽内形成磨粒，影响整个发动机装配质量。同时，当用手将活塞环撑开装到环槽中时，易使活塞环由于扩张应力产生轴向扭曲发生永久变形，导致气密性变差，有时还会使活塞环折断。因此装配活塞环时，有必要设计专门的装配工装。图9-8所示为活塞与活塞环的装配要求。

微课视频
装配工装
设计案例

1. 方案确定

装配时为避免活塞环岸被活塞环切边或划伤，设计的工装应为能将活塞顶部罩住的套装工装；为使活塞环装入时不会撑得较开而造成应力值过大，活塞环张开直径应在允许范围内，即两活塞环工装的外圆直径应小于活塞环允许张开的最大直径值；考虑装配时的稳定，工装设计为实心结构，使其具有一定的自重；为使活塞环缓慢张开，工装设计有一定的锥度。活塞环装配工装如图 9-9 所示。

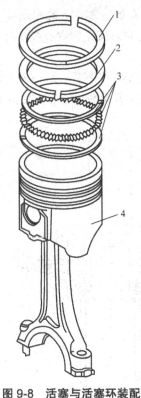

图 9-8　活塞与活塞环装配

1、2—气环　3—油环　4—活塞

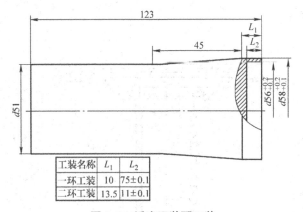

图 9-9　活塞环装配工装

装配活塞气环时应将一定数量的活塞二环套在活塞环工装外，并将工装竖起；再将装好组合油环的活塞置于工装上，此时活塞定位，工装的上端外就是相应的活塞环槽。用手向上平行扣动活塞环即可使二环到位入槽。接下来再将一定数量的活塞一环套在一环活塞环工装上，重复上述操作即可装好一环。

在装配活塞环时应首先装好衬环和刮片环。由于活塞衬环和刮片环弹性较好，对活塞不存在切边现象且易手工装配，故不采用工装装配。

2. 主要尺寸设计

活塞环岸直径最大为 55.9mm，与气缸间隙配合，公差带为负偏差。

故工装内孔直径取 56mm，正偏差，与活塞顶部间隙配合，便于装配。

根据弯曲应力的计算，活塞环允许张开的最大直径为 62.67mm。活塞环张开直径越小，其产生应力越小，结合内孔尺寸，活塞环工装外圆直径取 58mm。

9.4.2　轴承盖油封压装工装设计

图 9-10 所示为轴承盖油封装配图，要求将油封装到轴承盖孔内，轴承盖与油封有一定过盈量，装配时要加一定压力，油封装配后上端面与轴承盖端面平齐。

在装配过程中,必须使油封中心与轴承盖孔之间准确定位,不能偏移也不能倾斜,否则就装配不上或损伤油封。为了将油封装配到位并保证装配质量,必须要设计装配工装。

1. 确定总体方案

要完好地将油封装配到位,首先要有定位元件,另外必须要有加压零件。油封压装入孔前,油封中心与轴承盖孔定位对齐,在压装过程中,保证作用力的方向与孔的中心线重合,保证油封骨架在装配过程中不产生损伤变形而造成漏油现象。

为此设计总体方案,如图 9-11 所示。一套工装包括心轴和定位套两个零件,装配前油封先装在心轴上定位,定位套在轴承盖上定位,然后心轴在定位套导向下压装油封,油封上端面与轴承盖孔端面平齐后停止装配。

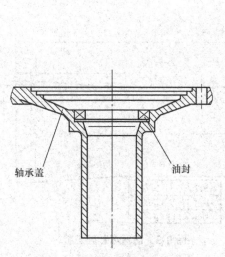

图 9-10 轴承盖油封装配图

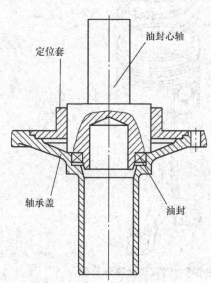

图 9-11 轴承盖油封装配工装图

心轴既是加压零件,同时又对油封装配定位。定位套起定位和导向的作用,装配前自身在轴承盖上定位,装配时对心轴导向定位,保证心轴作用力的方向与轴承盖孔的中心线完全重合。

2. 零件设计

装配油封心轴与油封刃口接触时不应划伤油封刃口,因此接触面应光滑,心轴末端倒角长度应足够长,保证油封能顺利进入心轴相应位置,以减少油封刃口与工装外圆的接触,从而保持油封刃口完好。轴承盖油封装配工装零件图如图 9-12 所示。

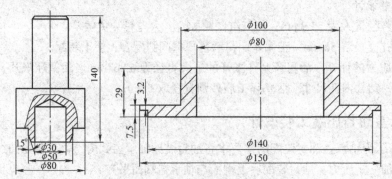

图 9-12 轴承盖油封装配工装零件图

定位套与心轴之间为间隙配合，可选 $\phi 80H7/h6$。定位套与轴承盖也必须配合定位，可选 $\phi 140$ 和 $\phi 150$ 其中的一个做配合尺寸。

9.4.3 磁电机装配定位夹具设计

如图 9-13 所示，磁电机外壳与超越离合器之间由三颗螺栓连接，由于磁电机外壳有磁性，装配时磁电机外壳与超越离合器螺栓孔不易对齐，因此需设计夹具时将磁电机外壳与超越离合器定位后才能顺利用螺栓连接装配，如图 9-14 所示。磁电机外壳与超越离合器最终装配效果如图 9-15 所示。

图 9-13 超越离合器及磁电机外壳实物图

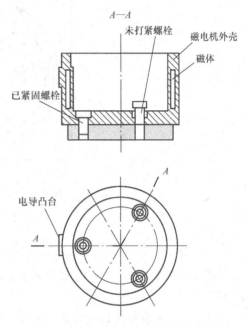

图 9-14 磁电机外壳与超越离合器装配连接

首先设计一个定位方案，如图 9-16 所示。超越离合器用外圆定位套、短销和底板定位，一共限制六个自由度；磁电机壳体用外圆定位套及周向定位槽进行定位。夹具底座上安放有多套的夹具，还可摆放工具和连接螺栓。

理论上这样的定位夹具可以在装配时对磁电机外壳与超越离合器进行良好的定位，使得三个螺栓孔对齐，很方便地拧紧螺栓。但实际上由于外圆定位套将磁电机外壳大部包裹住，手能握持的磁电机外壳面积很小，而磁力又较大，因此装配时存在操作和装卸不便，难以施力的问题。

图 9-15 磁电机外壳与超越离合器最终装配效果

因此这样设计的夹具并不完善，还不能使用，需要在此基础上改进，在保证正确定位的同时方便操作使用。

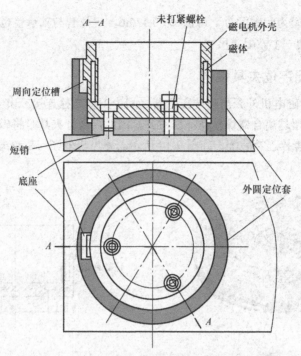

图 9-16　磁电机外壳与超越离合器装配定位方案

 拓展学习

在工装设计方面，我们国家有很多成就非凡的大国工匠，做出了突出的贡献，获得广泛的赞誉。

一个非常突出的成就，就是"群钻"的发明。群钻是将标准麻花钻的切削部分修磨成特殊形状的钻头，该刀具寿命可比标准麻花钻提高 2~3 倍，生产率提高 2 倍以上。群钻是我国的倪志福于 1953 年设计创造的，原名倪志福钻头，后经本人倡议改名为"群钻"，寓意群众参与改进和完善。

1953 年，年轻的倪志福是北京一家机械厂的装配钳工。他专注于本职工作，认真钻研，努力探索，打破一百年来麻花钻直线刃的传统，设计出内凹圆弧刃钻头，大大提高了使用性能和切削寿命，在国内外引起巨大反响，被称为"倪志福钻头"，1986 年获得了联合国知识产权组织颁发的金质奖章和证书。倪志福后来曾担任全国总工会主席、人大会常委会副委员长等重要职务。他为国争光，为国家建设做出了巨大的贡献。像这样的大国工匠值得我们后辈敬仰学习，要发扬光大他们所代表的认真钻研、努力创新的精神。

9.5　机床夹具设计

机床夹具是指在机械制造过程中，用来固定加工对象，使之占有正确位置以接受加工和检测，并保证其加工要求的机床附加装置，其主要作用是完成工件的装夹。机床夹具一般由定位元件、夹紧装置、对刀导向元件、连接元件、夹具体、其他装置或元件组成，如图 9-17 所示。

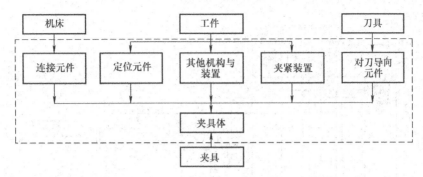

图 9-17 机床夹具的组成及其与工件、机床、刀具间的关系

1）定位元件。确定工件在机床夹具中正确位置的元件称为定位元件，如支承钉、支承板、V 形块、定位轴、定位销等。

2）对刀导向元件。用于确定夹具和刀具正确位置的元件或装置称为对刀导向元件，如对刀块、钻套、镗套、衬套等。

3）连接元件。确定夹具在机床中处于正确位置的定位元件称为连接元件，如定位键、定位销、过渡盘、衬套、螺钉、螺栓等。

微课视频
专用机床
夹具设计

4）夹紧装置。用于夹紧工件，并使其在加工时在外力作用下仍然保持工件在夹具中正确位置的元件称为夹紧装置。它一般由动力装置（如气缸、油缸等）、中间传力机构（如杠杆、螺纹传动副、斜楔、凸轮等）和夹紧元件（如卡爪、压板、压块等）组成。

5）夹具体。将夹具的元件或装置连接成一个具有装夹功能的整体的基础零件称为夹具体，如底座、本体等。夹具体与机床有关部位相连接，以确定夹具相对于机床的位置。

6）其他装置。由工具的某些特殊加工要求而设置的其他元件称为其他装置，如分度装置、靠模装置等。

9.5.1 典型的专用机床夹具

机床夹具的分类方法很多，按所用的机床可分为车床夹具、铣床夹具、刨床夹具、磨床夹具、镗床夹具、钻床夹具和组合机床夹具、数控和加工中心机床及柔性制造单元用夹具等，按夹具动力源可分为手动夹具、气动夹具、滚动夹具、气液联动夹具、真空夹具、磁力夹具、电动夹具、离心力夹具、切削力自紧夹具等。汽车制造专用的机床夹具一般为钻床夹具、铣床夹具、车床夹具等。

1. 专用钻床夹具

使用钻头、铰刀等孔加工刀具进行孔加工用的机床夹具称为钻床夹具，也称为钻模。钻床夹具的种类比较多，根据加工孔的分布情况和钻模板结构的特征，一般分为固定式夹具、移动式夹具、回转式夹具、翻转式夹具、覆盖式夹具等。在这些夹具类型中，部分钻床夹具已经形成标准化的结构，用户只需要设计专门的钻套和钻模板即可，这里着重介绍针对具体加工件而设计的专用钻床夹具。

（1）钻床夹具的类型

1）固定式钻床夹具。固定式钻床夹具是指钻模板与夹具体固定连接的，在加工过程中钻床夹具固定安装在钻床工作台上的钻床夹具，如图 9-18 所示。通常用于在立式钻床上加工直径较大的单孔或在摇臂钻床上加工平行的孔系。

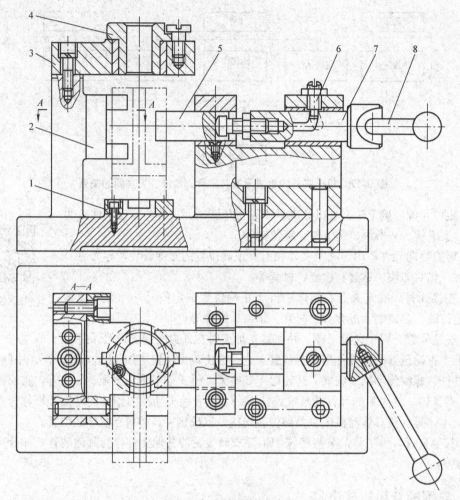

图 9-18 固定式钻床夹具

1—圆支承板 2—长V形块 3—钻模板 4—钻套 5—V形压块 6—止动螺钉 7—转轴 8—手柄

2) 回转式钻床夹具。在钻多孔的加工中,可在立式钻床上使用立轴多工位回转式钻床夹具加工同一圆周上的轴向平行孔系,或者使用水平轴多工位回转式钻床夹具加工分布在同一圆周上的径向孔系。如图 9-19、图 9-20 所示。回转式钻床夹具是应用最多的夹具,用于加工同一圆周上的平行孔系或分布在圆周上的径向孔系。此类夹具有立轴回转、卧轴回转和斜轴回转三种形式。回转式夹具也需要将其紧固在机床的工作台上,具体的固定方法与固定式夹具基本相同。回转式夹具非常适合于大规模生产,并且可以在任何种类的钻床上使用。

(2) 钻床夹具的结构

1) 钻套。钻套是用来引导钻头、铰刀等孔加工刀具用的导向元件。钻套在夹具中不仅决定着孔加工的准确性和精度,还影响着夹具使用的方便性、可维护性和生产效率。钻套一般有以下几种类型。

① 固定钻套。固定钻套结构简单,钻孔精度高,适用于单一钻孔工序和小批量生产使用。如图 9-21 所示,固定式钻套直接以过盈配合压入钻模板孔内,图 9-21a 所示为无肩式结构,图 9-21b 所示为有肩式结构。

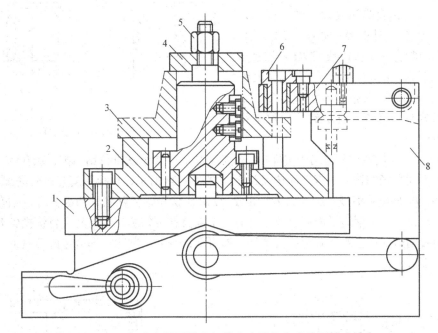

图 9-19 标准立轴回转台与钻床夹具组合成的回转式钻床

1—回转工作台　2—钻床夹具　3—工件　4—开口垫圈　5—夹紧螺母　6—钻套　7—钻模板　8—支架

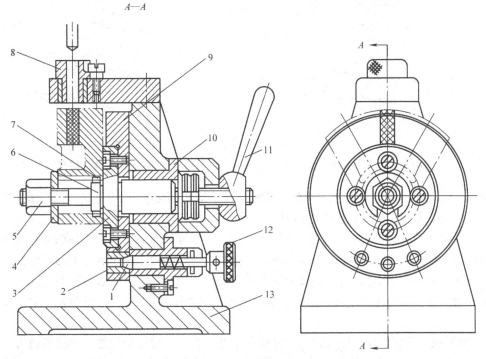

图 9-20 水平轴回转式钻床夹具

1—分度插销　2—等分锥套　3—圆支承板　4—开口垫圈　5—夹紧螺母　6—短定位销　7—键
8—钻套　9—分度盘　10—衬套　11—手柄螺母　12—把手　13—夹具

② 可换钻套。在大批量生产中，可选用可换钻套。可换钻套当钻套发生磨损或孔径有变化时，便于及时更换。如图 9-22 所示，钻套与衬套的配合为 $F7/m6$ 或 $F7/k6$，衬套与钻模板的配合为 $F7/r6$ 或 $F7/n6$，并用钻套螺钉固定，以防止加工时钻套转动及退刀时脱出。钻套磨损后，卸下钻套螺钉，便可更换新的可换钻套。

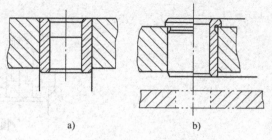

图 9-21 固定钻套

③ 快换钻套。快换钻套适用于工件在一次装夹中，需要依次进行钻、扩、铰孔的工序。为了快速更换不同孔径的钻套，应选用快换钻套。如图 9-23 所示，快换钻套与衬套的配合为 $F7/m6$ 或 $F7/k6$，衬套与钻模板的配合为 $H7/r6$ 或 $H7/n6$。快换钻套除在其凸缘上有供钻套螺钉压紧的肩台外，还有一个削边平面。更换钻套时，不需要拧下钻套螺钉，只要将快换钻套转过一定角度，使其削边平面正对钻套螺钉头部处，即可取出钻套。削边方向应考虑刀具的旋向，以免钻套自动脱出。

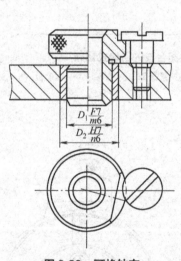

图 9-22 可换钻套

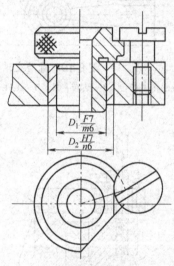

图 9-23 快换钻套

④ 特殊钻套。由于工件形状或被加工孔的位置需要而不能使用标准钻套时，则需要设计特殊结构的钻套。常用的特殊钻套结构如图 9-24 所示，图 9-24a 是加长钻套，用于加工凹面上的孔而钻模板又无法接近工件的加工平面时使用；图 9-24b 是斜面钻套，用于斜面或圆弧面上钻孔，排屑空间的高度 $h \leq 0.5mm$，可增加钻头刚度，避免钻头引偏或折断；图 9-24c 是小孔距钻套，用定位销确定钻套方向；图 9-24d 是带内锥定位、夹紧钻套，钻套与衬套之间一段为圆柱间隙配合，另一段为螺纹连接，钻套下端为内锥面，具有对工件定位、夹紧和引导刀具三种功能。

2）钻模板。钻模板用于安装钻套，并确保钻套在钻模上的正确位置，钻模板通常装配在夹具体或支架上，或与夹具体上的其他元件相连接。钻模板常见的类型有固定式、分离式、铰链式、悬挂式。

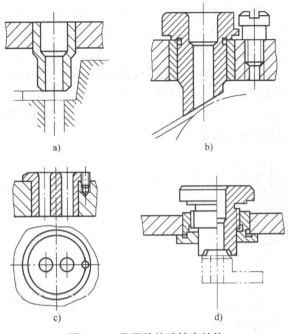

图 9-24　常用的特殊钻套结构

① 固定式钻模板。固定式钻模板直接固定在夹具体上，钻孔精度高，但拆装不太方便。如图 9-25 所示，钻模板与夹具体多采用圆锥销定位、螺钉紧固结构，也可采用整体铸造或焊接结构。

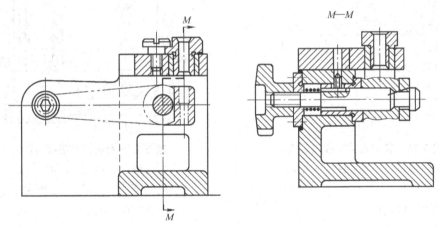

图 9-25　固定式钻模板的结构

② 分离式钻模板。分离式钻模板又称为可卸式钻模板，钻模板与夹具体是分离的，成为一个独立部分。当装卸工件必须将钻模板取下时，则应采用可卸式钻模板。这类钻模板的钻孔精度比铰链式钻模板高，但每装卸一次工件就需装卸一次模板，装卸时间较长，效率较低。

③ 铰链式钻模板。铰链式钻模板与夹具体用铰链连接，可绕轴翻转；加工时，钻模板需用螺母或其他方法固定；装卸工件比较方便，但由于铰链孔之间存在配合间隙，因此加工孔位置精度较低，如图 9-26 所示，结构较复杂。当钻模板妨碍工件装卸或钻孔后需扩孔、攻螺纹时常

采用这种类型。铰链销与钻模板的销孔配合为 $G7/h6$，与铰链座的销孔配合为 $N7/h6$，钻模板与铰链座之间的配合为 $H8/g7$。钻套导向孔与夹具安装面的垂直度可通过调整两个支承钉的高度加以保证。加工时，钻模板由菱形螺母锁紧。

④ 悬挂式钻模板。悬挂式钻模板是一种悬挂在机床主轴上，由机床主轴带动而与工件靠近或离开的钻模板。其结构如图 9-27 所示，大多与组合机床或多轴箱联合使用，随机床主轴向下移动至钻孔位置时，钻模板利用弹簧压紧工件上平面而实现工件的夹紧。这种钻模板生产率较高，适合大批生产中平行加工盘状等中等尺寸多孔零件。

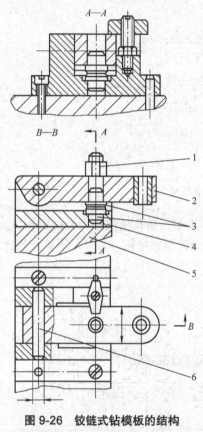

图 9-26　铰链式钻模板的结构
1—菱形螺母　2—钻模板　3—支承钉
4—铰链座　5—夹具体　6—铰链销

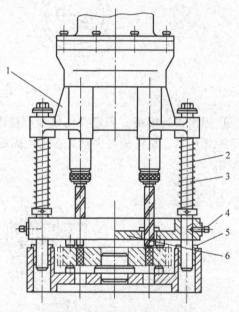

图 9-27　悬挂式钻模板的结构
1—横梁　2—弹簧　3—导向滑柱
4—螺钉　5—套　6—钻模板

2. 专用铣床夹具

铣床夹具主要用于加工平面、沟槽、缺口、花键、齿轮以及成形表面等，是应用较广的一种机床夹具，其特点是多数安装在机床工作台上，并和工作台一起做进给运动。按铣削时的进给方式不同，铣床夹具可分为直线进给夹具和圆周进给夹具。

（1）铣床夹具的类型

1）直线进给夹具。直线进给铣床夹具安装在铣床工作台上，加工中同工作台一起以直线进给方式运动。按一次装夹工件数目的多少，可分为单件铣床夹具和多件铣床夹具。

① 单件加工直线进给铣床夹具。如图 9-28 所示，夹具底面靠两个定位键保证夹具与工作台的正确位置，对刀块保证铣刀与夹具定位元件间的正确位置，夹紧靠两套螺旋压板完成。这

种铣床夹具具有生产率较低、劳动强度大的特点，适用于中、小批生产。

② 多件加工直线进给式铣床夹具。如图 9-29 所示，工件以小轴下端面和外圆面定位，靠薄膜气室的动作，使推杆推动多个 V 形块实现顺序夹紧，夹具底面靠两个定位键保证夹具与工作台的正确位置，对刀块保证铣刀与工件间的正确位置。这种铣床夹具具有生产率较高，适用于大批量加工小零件的特点。

③ 双向直线进给铣床夹具。双向直线进给铣床夹具又称为双工位铣床夹具，如图 9-30 所示，在铣床工作台上装有两个相同的夹具 1 和 3，每个夹具都可以分别装夹 5 个工件，铣刀 2 安放在两个夹具中间位置。当工作台向左直线进给时，铣刀便可铣削装在夹具 3 中的工件，与此同时，操作者便可在夹具 1 中装卸工件。待夹具 3 中的工件加工完后，工作台快速退至中间位置，然后向右直线进给，铣削装在夹具 3 中的工件，这时操作者便可装卸夹具 3 中的工件，如此不断进行。这种双向进给铣床夹具使辅助时间与机动时间重合，提高了生产率，在汽车制造工艺上常用于铣削主减速器的主动锥齿轮轴的两端面。

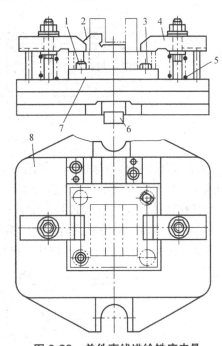

图 9-28　单件直线进给铣床夹具

1—圆柱销　2—对刀块　3—菱形销　4—压板
5—弹簧　6—定位键　7—支承板　8—夹具体

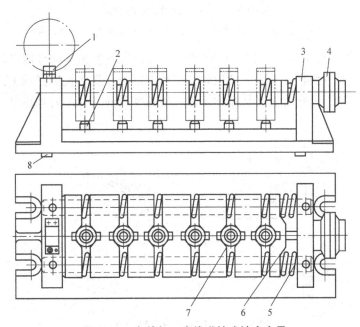

图 9-29　多件加工直线进给式铣床夹具

1—对刀块　2—支承钉　3—夹具体　4—薄膜气室　5—弹簧　6—推杆　7—V 形块　8—定位键

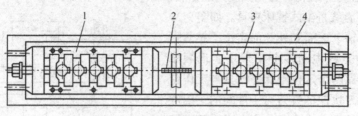

图 9-30 双向直线进给铣床夹具

1、3—夹具 2—铣刀 4—铣床工作台

2）直线进给靠模铣床夹具。如图 9-31 所示，靠模 3 与工件 1 分别装在夹具上，夹具安装在铣床工作台上，滚子滑座 5 与铣刀滑座 6 连为一体，且保持两者轴线间的距离 k 不变。该滑座组合件在重锤或弹簧拉力 F 的作用下，使滚子 4 压紧在靠模上，铣刀 2 则保持与工件接触。当工作台作纵向直线进给时，滑座得以横向辅助运动，使铣刀仿照靠模的轮廓在工件上铣出所需的形状，这种加工一般在靠模铣床上进行。

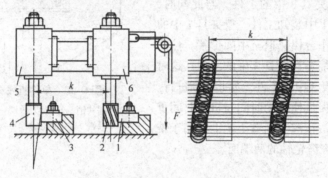

图 9-31 直线进给靠模铣床夹具

1—工件 2—铣刀 3—靠模 4—滚子 5—滚子滑座 6—铣刀滑座

3）圆周进给靠模铣床夹具。如图 9-32 所示，圆周进给铣床夹具多用在回转工作台或回转鼓轮的铣床上，通过回转台或鼓轮的旋转将工件按照顺序送入铣床的加工区域，实现连续切削。在切削的同时，可在装卸区域装卸工件，使辅助时间与机动时间重合，是一种高效率的铣床夹具。

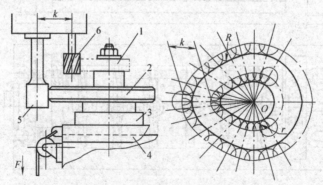

图 9-32 圆周进给靠模铣床夹具

1—工件 2—靠模 3—回转工作台 4—滑座 5—滚子 6—铣刀

夹具装在回转工作台3上，回转工作台3装在滑座4上。滑座4受重锤或弹簧拉力 F 的作用使靠模2与滚子5保持紧密接触。滚子5与铣刀6不同轴，两轴相距为 k。当转台带动工件回转时，滑座也带动工件沿导轨相对于刀具作径向辅助运动，从而加工出与靠模外形相仿的成形面。

（2）铣床夹具的结构

1）定位键。为确定夹具与机床工作台的相对位置，在夹具体底面上应设置定位键。铣床夹具通过定位键在铣床工作台上连接定位，如图9-33所示，定位键上部与夹具体底面纵向槽配合连接，下部与工作台T形槽配合，两定位键在夹具允许范围内应尽量布置得远些，以提高夹具的安装精度。

2）对刀装置。对刀装置是用于迅速确定刀具与夹具的相对位置，由对刀块及塞尺组成。塞尺的作用是检验调刀尺寸精度，保证刀具和对刀块表面之间应预留的间隙，以免加工中损坏对刀块。图9-34a是用于铣削平面的对刀装置，图9-34b是用于铣削直角平面的对刀装置，图9-34c、图9-34d是用于铣削成形面的对刀装置。

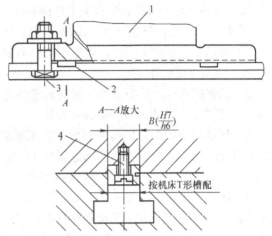

图9-33 定位键的安装位置

1—夹具体　2—定位键　3—T形螺钉　4—螺钉

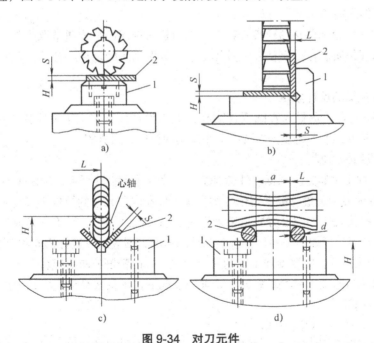

图9-34 对刀元件

1—对刀块　2—塞尺　S—与间隙值相等的塞尺厚度

对刀时，铣刀不能与对刀块工作表面直接接触，以免损坏切削刃或造成对刀块过早磨损，应通过塞尺来校准它们之间的相对位置，即将塞尺放在刀具与对刀块的工作表面之间，靠抽动塞尺的松紧感觉来判断铣刀的位置。调整铣刀位置时，使用塞尺塞入铣刀切削刃与对刀块工作表面的间隙内，靠与两者接触的松紧程度来判断铣刀的正确位置。

9.5.2 专用机床夹具设计步骤

设计专用机床夹具时，应根据工件的形状、尺寸、工序的加工要求、使用的设备及生产类型，经济、合理地选用机床夹具的结构形式。需要满足以下几点基本要求。

1）保证工件的加工精度。确定定位、夹紧方案、刀具的对刀、导向方式和合理制定专用机床夹具的技术要求等。

2）能够提高生产效率。采用机动夹紧装置，尽可能使夹具结构简单；在条件允许时，考虑采用可调夹具、成组夹具和组合夹具等。

3）尽量选用标准化夹具零部件。采用标准夹具元件、标准夹紧机构，减少非标准零件；提高夹具设计质量、降低夹具的制造周期及制造成本。

4）使用性能好。夹具应具有足够的刚度、强度和良好的稳定性。

5）保证使用方便和安全。操纵夹紧手柄或扳手在操作范围内应有足够的活动空间，操作需要顺手；防止夹紧机构的活动件与机床、刀具相碰撞；考虑清除切屑的方便性、安全性。

6）具有良好的工艺性。便于制造、装配、检测、调整和维修。

钻床夹具的种类比较多，根据加工孔的分布情况和钻模板结构的特征，一般分为固定式夹具、移动式夹具、回转式夹具、翻转式夹具、覆盖式夹具等。在这些夹具类型中，部分钻床夹具已经形成标准化的结构，用户只需要设计专门的钻套和钻模板即可。这里着重介绍针对汽车制造相关的专用钻床夹具。

钻床夹具中的关键元件是钻模板和钻套。钻模板所选用的形式通常取决于夹具的类型和加工孔的特点。钻套是安装在钻模板或夹具体上的，其作用是确定加工孔的位置和引导刀具准确地加工。

1. 专用钻床夹具的设计步骤

1）收集和研究有关资料。查阅零件图样、夹具设计任务书，了解零件功能、结构特点、材料、工序加工要求、生产类型，以及本工序使用的机床、刀具等。

2）确定夹具结构方案。

① 确定工件的定位装置。根据工件的特征、工序要求和设计任务，确定工件的定位基准。

② 确定工件的夹紧装置。根据定位方案，按工件和定位元件的结构及尺寸，设计出所有夹紧元件的模型，并按相应的配合方式组装到已完成的装配结构中。对于已完成的装配结构，要检查是否存在配合不当，如结构和尺寸有不匹配的情况，则应及时进行修改和调整。

③ 对于回转式夹具，应根据加工孔的分布状况、孔的精度要求、定位和夹紧方式，确定具体的分度方法和结构形式。在不影响加工要求的情况下，尽量选择最简单的分度方式，以减少元件的数量和制造难度。

④ 确定刀具的对刀、导向方式。

⑤ 确定夹具其他元件与装置。在完成定位、夹紧和分度机构的设计后，根据总体方案来确定钻模的具体结构按已完成设计和装配的结构，设计出钻模板、钻套及其固定元件。

⑥ 确定夹具体的形式和夹具的整体结构。根据总体结构方案以及完成设计的定位元件、夹紧元件、分度元件和钻模元件，设计出夹具体、支承体及全部紧固元件，如发现配合不当的地

方，要对前面所设计的元件进行修改更正，并调整装配结构完成全部装配后，要检验整个夹具结构是否能满足设计目标要求，如果有差错，要对相关元件进行修改编辑，并重新调整装配结构，直至实现设计目标。

3）绘制夹具的装配图纸。

① 绘图比例及主视图选择。一般均应按 1∶1 的比例绘制夹具总图，主视图应选择与操作者正对的位置。

② 将工件视为透明体，用双点画线画出工件轮廓、定位基准、夹紧面和加工表面。

③ 画出定位元件和导向元件，按夹紧状态画出夹紧装置和其他元件或机构，最后画出夹具体，并将各组成部分联结成一体，形成完整的夹具图。

④ 标注技术条件，对零件编序号，填写标题栏和零件明细表等。

4）规定夹具的制造精度。

① 夹具各定位元件本身的制造精度。

② 夹具定位元件之间的尺寸和位置精度。

③ 夹具定位元件与对刀元件、导向元件间的位置尺寸和位置精度。

④ 夹具定位元件相对于机床夹具安装基面间的位置精度。

⑤ 夹具对刀元件、导向元件相对于夹具安装基面间的位置精度。

⑥ 铣床夹具定位元件、对刀元件相对于夹具定位键侧面间的位置精度等。

5）绘制夹具零件图样。对装配图样上的非标准零件均要绘制零件图，视图尽可能与装配图样上的位置一致。

6）编写专用钻床夹具设计说明书。

2. 专用钻床夹具设计实例

下面以钻床夹具为例，介绍其设计工艺流程。

1）设计任务。设计杠杆臂零件上孔 $\phi 10mm$ 和 $\phi 13mm$ 的钻床夹具，如图 9-35 所示。

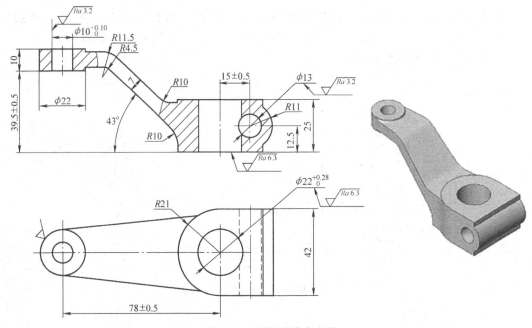

图 9-35　杠杆臂钻床夹具

2）加工工艺分析。该工件的结构形状比较不规则，臂部刚性不足，加工孔 $\phi 10$mm 位于悬臂结构处，且该孔精度和表面粗糙度要求高，故工艺规程中分钻、扩、铰多个工序。由于该工序中两个孔的位置关系为相互垂直，且不在同一个平面里，要钻完一个孔后翻转 90°，再钻削另一个孔，因此要设计成翻转式钻夹具。

3）选用定位元件、夹紧装置。如图 9-36 所示，选用定位销，插入 $\phi 22$m 的孔，用来限制 X、Y 方向的移动和转动，共四个自由度。之后用一辅助支承来提高工件的安装刚度和定位的稳定性。

如图 9-37 所示，选用夹紧装置，这里选用螺旋压板夹紧机构，选用 M10 螺纹满足强度要求。

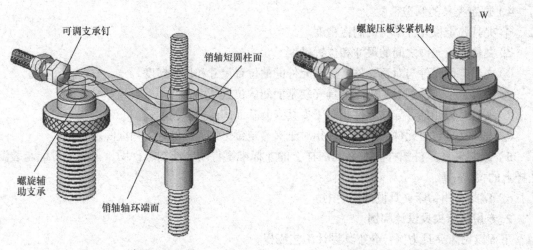

图 9-36 选用定位元件　　　　　图 9-37 选用夹紧装置

4）夹具结构设计。绘制定位装置中的销轴、可调支承钉（在六角头支承中选取 M8×40-S）、辅助螺旋支承、钻套、钻模板、夹具体图样，如图 9-38～图 9-42 所示。

整个夹具总图结构如图 9-43 所示。

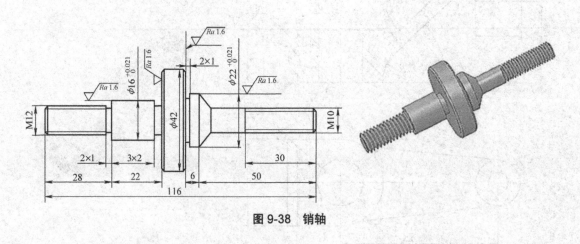

图 9-38 销轴

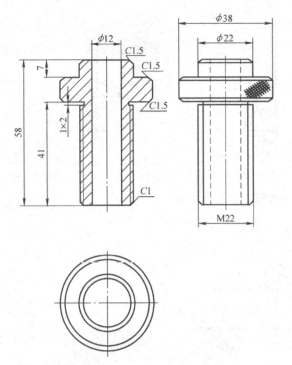
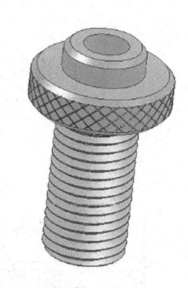

图 9-39 辅助螺旋支承

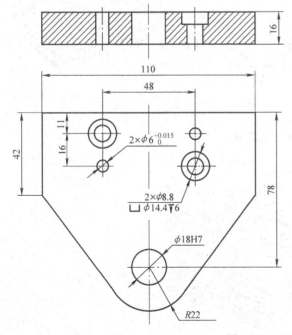
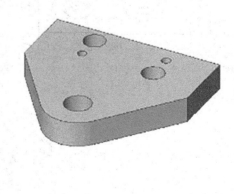

图 9-40 无肩钻套

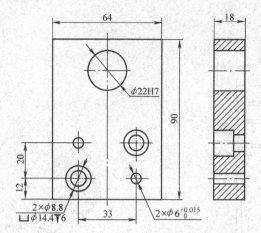

图 9-41 有肩钻套

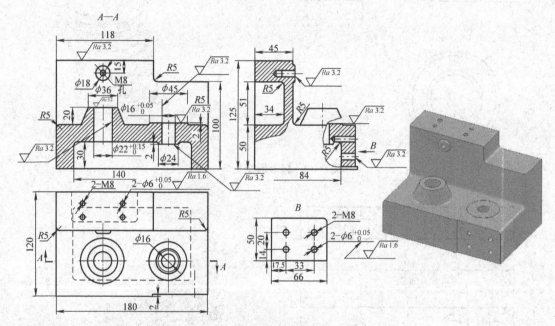

图 9-42 夹具体

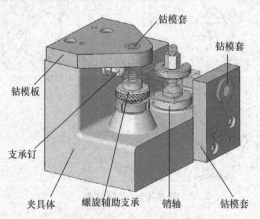

图 9-43 整个夹具总图结构

9.6 车身焊装夹具设计

车身焊装装备包括焊接设备和焊接工装，焊接工装主要包括焊装夹具、检具及各类工具等。焊装是汽车车身制造工艺中重要的组成部分之一，车身的质量、经济性和生产效率都和焊装工艺密切相关。汽车焊装夹具保证了车身焊接过程中的装配精度，提高了生产效率。

9.6.1 焊装夹具概述

众所周知，车身零件是薄钢板件，刚性差，因此在焊装过程中必须将工件固定到专用夹具上，以保证各零件相互之间搭接面贴合以及相对位置准确，在汽车车身的装配焊接过程中，必须将上件定位和夹紧，完成定位和夹紧的工位装置称为焊装夹具。

在汽车焊接流水线上，真正用于焊接操作的工作量仅占 30%～40%，而 60%～70% 为辅助和装夹工作。因为装夹是在焊接夹具上完成的，所以夹具在整个焊接流程中起着重要作用。在焊接过程中，合理的夹具结构有利于合理安排流水线生产，便于平衡工位时间，缩短非生产用时。对具有多种车型的企业，如能科学地考虑共用或混型夹具，还有利于建造混型流水线，提高生产效率。

1. 焊装夹具的作用

焊装夹具在车身生产中的作用是，通过夹具上的定位销（基准销）、S 面型块（基准面）、夹紧臂等组件的协调作用，将工件（冲压件或总成件）安装到工艺设定的位置上并夹紧，不让工件活动位移，保证车身焊接精度的一致性和稳定性。

2. 焊装夹具的分类

焊装夹具按工作原理主要分为手动工装夹具、气动工装夹具和电动工装夹具三大类。此外，在汽车车身制造过程中，为了便于装配和焊接，将车身划分为若干分总成，各分总成又划分为若干合件，各合件由若干个零件组成。在车身焊装时，先将零件焊装成合件，再将合件焊装成分总成，最后将分总成焊装成车身壳体总成。因此，车身焊装夹具也可分为合件焊装夹具、分总成焊装夹具和车身总成焊装夹具。

3. 焊装夹具的要求

1）夹具零件需要具有足够的刚度和强度，以承受因焊件变形所引起的各个方向的力。

2）保证焊接部件能获得正确的几何形状和尺寸，特别是车身关键部位，如门、窗孔洞的尺寸和形状。在装配时，夹具必须使部件获得正确的位置和可靠的夹紧，在焊接时能阻止焊件产生热变形。

3）夹具零部件尽量标准化，易于加工制作；易磨损的零件要便于更换。近年夹具普遍采用平板式结构，平板上有坐标原点和纵横刻度，平板下有支承。

4）夹具应使工件装卸方便，以保证装配焊接工艺的正常进行，采用焊枪的夹具，夹头间距应合适，以保证焊枪进出和移动有足够的空间。小型夹具可将夹具底板设计成倾斜式，便于多角度焊枪操作，夹头和活定位销应操作轻便，定位、夹紧和松开既省力又迅速。

5）与工件接触的夹头零件采用尼龙材料，避免压伤工件，焊接铜垫板，采用分离结构，一个铜垫板承担一个焊点。

4. 焊装夹具的组成

如图 9-44 所示，焊接夹具一般由夹具地板、台板、支座、定位装置、夹紧机构、测量系统及辅助系统等组成。

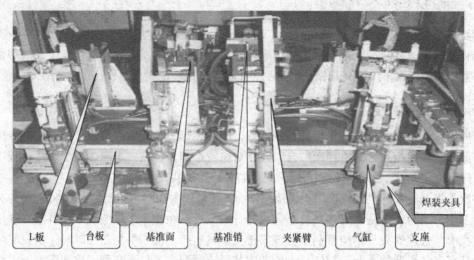

图 9-44 焊装夹具

（1）夹具地板

夹具地板是焊接夹具的基础，其精度直接影响定位机构的准确性，因此对工作平面的平面度和表面粗糙度均有严格的要求。

夹具自身测量装置的基准是建立在夹具地板上，因此在设计夹具地板时，应留有足够的位置来设立测量装置的基准座，以满足实际测量的需要。另外，在不影响定位机构装配和定位基准建立的情况下，应尽可能采用框架结构，这样可以节约材料、减轻夹具自重。

（2）定位装置

如图 9-45 所示，定位装置的零部件通常有定位销、定位面、挡铁、样板、插销、V 形块等，以及根据焊件实际形状确定的定位块等。定位件的作用是使得工件在夹具中具有准确的位置，在保证加工中要求的情况下，限制足够的自由度。

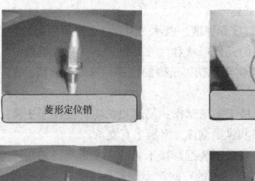

图 9-45 定位装置的零部件

定位销是通过圆柱面与工件的定位基准孔接触进行定位的，在汽车车身件焊装中，由于工件厚度不大，所以多用短定位销。如图 9-46 所示，A—A 为轿车纵梁夹紧器，采用气缸夹紧及圆销定位，B—B 为空气盒夹头，采用圆销定位铰链式夹紧器。

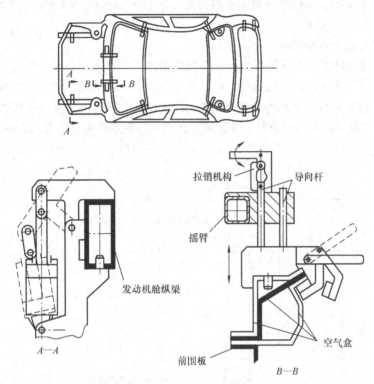

图 9-46　轿车纵梁和空气盒定位销

挡铁是应用最为普遍的一种定位元件，其结构简单，主要应用在车身骨架的焊装夹具中，如图 9-47 所示，其中图 9-47a 是固定挡铁，直接焊到钢制的夹具底座平台上；图 9-47b 是可换式挡铁，直接安装在支承件的锥孔上；图 9-47c 是用螺栓固定在支承件上，可以调整挡铁的位置；图 9-47d 是活动挡铁，将活动销拔出后，挡铁可以退出，方便了工件的装卸。

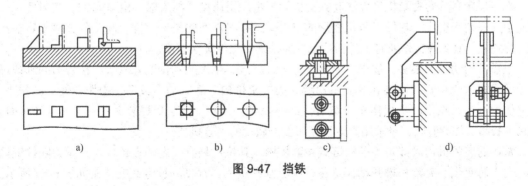

图 9-47　挡铁

如图 9-48 所示，样板是根据各零件的位置制作的，对于一些小批量生产的客车厂，通常将客车的几根主要轮廓线制成样板，在焊装车身骨架或覆盖件时，用这些样板确定其位置。

支承板起到辅助支承的作用,防止工件因重力的作用产生变形。它分为平面和曲面两种,其中平面支承板主要用于工件定位表面是平面的场合;曲面支承板主要用于工件定位表面是曲面的场合,其样板如图9-49所示。

图9-48 样板定位

由于焊接夹具使用频率极高,所以定位部件应具有足够的刚性和硬度,以保证在更换修整期的精度。为便于调整和更换主要定位元件及使夹具具备柔性的混型功能,定位机构应尽可能设计成组合可调式的,可达到修整夹具和适应不同车型的需要。定位元件可选用厚度为18mm、20mm尺寸的钢板,统一备料。另外,定位部件的热处理应在夹具调试合格后进行,并记录更改数据,且修整相应的夹具资料。

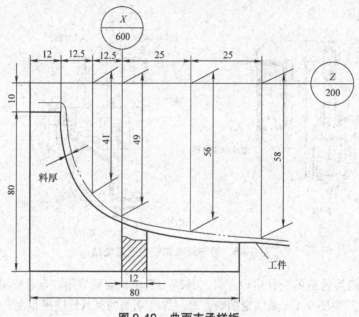

图9-49 曲面支承样板

(3)夹紧机构

汽车焊接夹具的夹紧机构以气动夹紧机构为主,快速夹紧器为辅,由U形块、夹紧臂、气缸或手夹等结构组成。它用于矫正变形的工件,缩小工件间的搭铁间隙,将工件夹紧固定在正确的位置上,避免焊接作业时工件错位或变形,确保工件焊接精度。

夹紧机构的种类很多,按作用原理可分为杠杆式、螺旋式和偏心轮式等,按外力的来源可分为手动式、气功式和液动式等,不论哪一类夹紧机构,都应动作灵活、操作方便、体积小、有足够的行程,夹紧时不损伤车身覆盖件的外表面。此外,当车身焊装夹具的夹紧点较多时,为减少装卸工件的时间,可采用高效快速或多点联动的夹紧机构。

常用的夹紧机构大都是各种铰链式夹紧机构,其特点是有一定的自锁性,夹紧力随铰链倾角的大小而变化,夹紧和松开动作迅速、压板张开量大。常见的铰链式夹紧钳如图9-50所示,具有压紧力大、装卸迅速的特点,常用于驾驶室总装夹具中与车门洞本体的固定,用于前、后围立柱上的夹紧点。

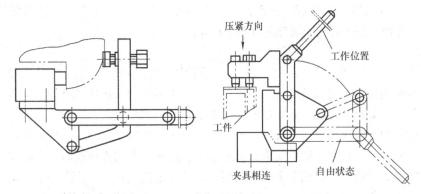

图 9-50 铰链式夹紧钳

螺旋夹紧器如图 9-51 所示，在车身总成的焊装夹具中可用来调整各分总成的位置，例如调整侧围间距。

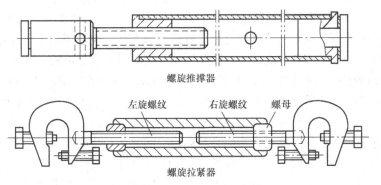

图 9-51 螺旋夹紧器

9.6.2 焊装件在夹具上的定位与夹紧

在夹具焊接装配时，需要进行定位、夹紧、点固三步工序。定位是指准确地确定被焊装的零件或部件相对夹具的位置；夹紧是指把定好位置的零部件压紧夹牢，以免产生位移；点固是指对已定好位置的每个零部件以一定间隔焊一段焊缝，把这零部件的相互位置固定。

1. 定位

车身覆盖件的定位需要遵循六点定位原则。由于车身覆盖件面积较大又易变形，所以车身焊装夹钳上出现过定位是经常性的，这些过定位不仅没有产生超出工件焊装要求的不良后果，而且增加了工件的刚性，减少了焊接变形。

焊装件要获得正确的定位，首要的问题是选择定位基准。不仅关系到工件的焊装精度，还影响到整个装配和焊接的工艺过程以及夹具的结构方案。一般来说，优先选择平面作为主要定位基准。尽量避免选择曲面，否则夹具制造困难、工件易变形。

如果有几个平面时，则应选择其中较大的平面作为主要定位基准。一般选择门洞、前/后悬置孔、窗框、纵梁、工件经拉深和折边形成的台阶作为定位基准，因为这些部位容易安装定位元件及夹头。需要注意的是，需要保证门洞的装配尺寸，保证前、后悬置孔的位置准确度，保证前、后风窗口的装配尺寸。

检验定位基准选择是否合理的标准是，能否保证焊装件的尺寸精度、位置精度和技术要求，焊装是否方便，是否有利于简化夹具的结构等。

2. 夹紧

在焊装夹具上对焊件夹紧有两个目的：一是使工件的定位面与定位元件紧密接触，工件与工件搭接处紧密接触；二是保持工件位置在焊接过程中不变动。影响工件焊装夹紧的因素有夹紧力的作用方向、夹紧力数目、夹紧力作用点和力的大小问题。

夹紧力的作用方向应垂直于主要定位基准面，以保证工件定位稳定，变形较小，当夹紧力的方向与重力的方向一致时，就可使夹紧力最小，选择夹紧力的作用点时，主要应当考虑工件夹紧时要稳定、变形最小。因此夹紧力的作用点应落在定位元件上，当工件刚性很好时，也可以落在几个定位元件所组成的平面内；夹紧力的作用点还应尽量选在工件刚性最好的部位上，以减少变形；由于焊接的热量会引起工件热胀冷缩，所以选择夹紧力的作用点时，还要考虑工件的自由伸缩。

夹紧力的数目要保证工件的定位基准面与定位元件紧密接触。对于每一个定位部位，一般都应有夹紧力。一般车身覆盖件是薄板零件，刚性很差，需要夹紧力的数目较多。

确定夹紧力大小时，夹紧力应能够克服零件的局部变形，使各焊装零部件都能达到要求的相对位置。另外，两个被焊零件之间的间隙是影响焊接质量的重要因素，对此有严格要求，例如对于车身薄板焊件，装配件之间的间隙应大于0.8mm，刚性较大的冲压件的间隙应不大于0.5mm。由于零件的制造误差和零部件在运输、储存过程中引起的变形，在装配中往往难以吻合而达不到要求。这就需要应用夹紧力，使零件产生局部变形而"靠拢"。对于严重的不吻合，必须经矫正后才能投入装配，这是因为强力焊装会引起很大的装配压力。夹紧力要足以应付焊接过程中热应力引起的约束反力。当工件在夹具上实现翻转、回转时，夹紧力应足以克服重力和惯性力，把工件牢牢地夹持在夹具上。当在夹具上实现焊件预反变形时，夹具就需要具有使焊件获得预反变形量所需要的夹紧力。

并不是每一套焊装夹具的每一个夹紧点都会有上述情况。但是从安全角度出发，应当全面考虑这些因素，把最不利的受力状态所需要的最大夹紧力确定下来，然后增加一定的安全余量，作为设计夹紧机构的基本数据。至于夹紧力大小的具体数值，一般根据经验和类比来确定。

9.6.3 车身焊装夹具

1. 合件夹具

图9-52所示为驾驶室的门前支柱和内板点焊用的焊装样板，样板是最简单的合件焊装夹具，样板用铝板制造，质量仅1.6kg，门支柱靠其外形及限位器固定座来定位，内盖板靠其三面翻边来定位。零件用手压紧，在固定式焊机上进行焊接。样板中部开有孔洞，以便进行点焊和减轻样板重量。

在中大型客车制造中，用来焊装前/后围、左/右围、顶盖、地板等几大片骨架总成的焊装夹具都属于分总成焊装夹具。这焊装夹具虽然比较大，但结构都较简单。夹具体几乎都是用型材焊制而成，上面布有许多螺旋夹紧器或快速铰链式夹紧器。工件大都用曲面外形定位，各梁在焊接部位需要夹紧。这类夹具有的装在两铰链支座上，整个夹具可以旋转并固定在任何角度上，以便使焊接部位处于最方便施焊的位置。

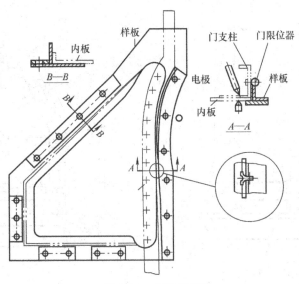

图 9-52 焊装样板

2. 车身总成夹具

车身总成焊装夹具直接影响车身总成的装配精度，其结构较复杂，精度较高，尺寸较大。

按定位方式，车身总成焊装夹具可以分为一次性装配定位夹具和多次性装配定位夹具。一次性定位的总装夹具是指车身总成的主要装配焊接作业，是在一台总装夹具上完成的。组成车身的零件、台件和分总成等依次装到总装夹具上进行定位和夹紧，直到车身总成的主要装配焊接工作完毕，才从夹具上取下来。这种夹具的特点是车身焊装时的定位和夹紧只进行一次，容易保持车身焊装质量。

（1）随行夹具

根据车身生产纲领，可设置一台或数台同样的夹具，单台夹具可采用固定式的。多台夹具可配置在车身焊装生产线上，随输送链移动，这种随输送链移动的夹具称为机动随行夹具，如图 9-53 所示。它包括底板及门框定位夹具，采用快速的气动及手动夹紧器，随行夹具制造复杂，成本高。每个装配台上都需要装有水、电和气路的快速插座或接头，使夹具行走到每一工位时，都能方便、迅速地接通。

EQ1090 驾驶室总成随行夹具如图 9-54 所示，用于完成底板、前围、后围、门上梁和顶盖的焊装。左、右门框夹具的底部可在 V 形导轨上沿 x 轴移动，并且导轨磨损后，能自动补偿，不会产生间隙，因此，导向性好。但是定位部分上部的摆差会使门洞尺寸精度受到一定的影响。

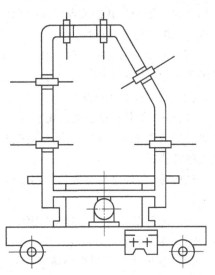

图 9-53 机动随行夹具

EQ1090 左、右门框夹具部分如图 9-55 所示，方箱本体 4 的两侧各装有 3 个定位块 3 和 11，顶部各装有 2 个定位块 6，侧面还有活动定位销 12。这样就构成了驾驶室的左、右门框定位体系。

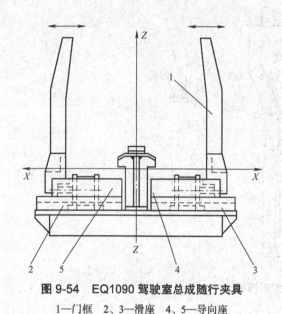

图 9-54 EQ1090 驾驶室总成随行夹具
1—门框 2、3—滑座 4、5—导向座

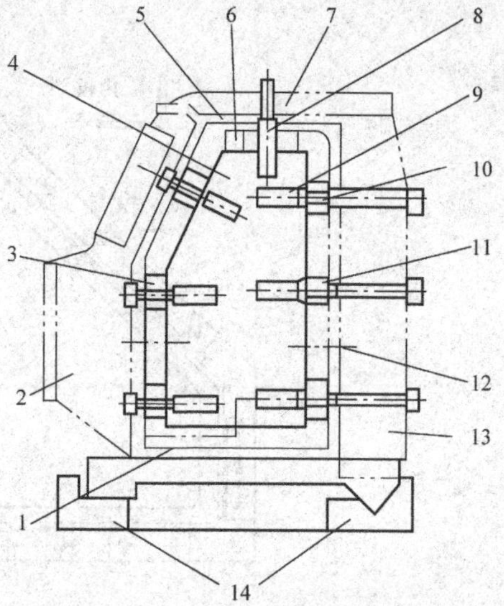

图 9-55 EQ1090 左、右门框夹具部分
1—底板 2—前围 3—前围定位块 4—方箱本体
5—门上梁 6—定位块 7—顶盖 8—手动夹紧器
9—气缸 10—气动夹钳 11—后围定位块
12—活动定位销 13—后围 14—导轨

底板定位夹具由中部一个圆柱定位销及几个平面、周边定位块组成。焊装顺序为先将底板装到底板定位夹具上，然后依次装上前围、后围和门上梁，使其分别紧靠定位块 3、11 和 6，再将活动定位销 12 插入前、后围定位孔中，并用气动夹紧钳夹紧前围和后围，用手动夹紧钳夹紧门上梁。采用台悬挂式点焊钳分别点焊后围、前围与底板、门上梁的连接部分，然后将顶盖与前、后围，门上梁点焊。

焊装完毕，松开夹紧钳，左、右方箱体沿 V 形导轨外移到位，驾驶室被吊到调整线上完成补焊及安装车门的工序。随行小车随末端升降台落地坑内进行下一个焊装循环。

（2）驾驶室总装夹具

CA1091 驾驶室总装夹具属于多次装配定位夹具。与 EQ1090 驾驶室总装夹具不同的是，该夹具只完成驾驶室的前、后围，地板及门上梁的焊装，而不焊装顶盖，最后形成的是没有顶盖的驾驶室总成。

CA1091 驾驶室总装夹具如图 9-56 所示，整套夹具安装在一个上面刻有坐标网线的铸铁底座上。

左、右门框夹具 4 可由气缸驱动在双圆柱导轨上沿 X 轴平稳运动，定位准确，左右对称性好。门框夹具采用箱体和安装在其下的定位块 2 对驾驶室门框进行定位。

门框支承架 1 用铝合金铸造，其上装有定位块和夹紧机构。底板上有两个圆柱销体供车身底上悬置孔定位用。后围在夹具 6 和 8 上定位夹紧，该夹具还设置了安装调整样架用的定位块 7。

（3）车身合装夹具

轿车车身由地板、侧围、后围、行李舱隔板、顶盖、发动机舱等组成，如图 9-57 所示。

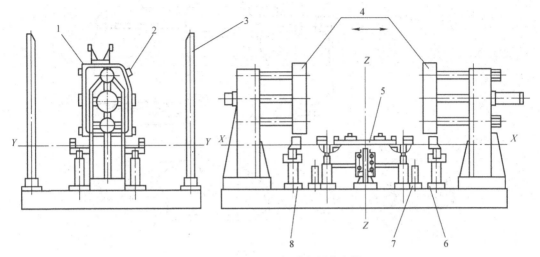

图 9-56 CA1091 驾驶室总装夹具

1—门框支承架 2—前围上支柱定位块 3—龙门支架 4—左、右门框夹具 5—底板升降夹具
6—后围夹具 7—调整样架定位块 8—夹具

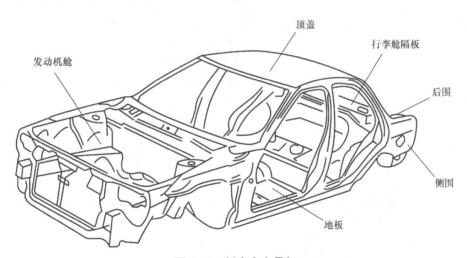

图 9-57 轿车车身骨架

  轿车车身夹具定位销布置如图 9-58 所示，定位销用于保证相邻零件之间正确的相对位置，每个总成有四个定位销，其中两个自用，其余与相邻件共用。这一点与刚性零件传统定位理论不同，地板总成中的前地板与中地板、中地板与后地板的定位销除自用两个定位销外，还与相邻件共用两个销。

  由于一定位销和夹头位于夹具中部附近，远离夹具立柱。考虑到零件装卸问题，定位销夹头不便固定，这种情况下可采用铰链式摆臂，夹头布置在摆臂上，如图 9-59 所示。为了保证摆臂到位后的位置精度，可采取几个措施，如摆臂转轴精度要高、定期润滑、设黄油嘴、设限位挡铁，摆臂到位后夹头可实现夹紧工件。

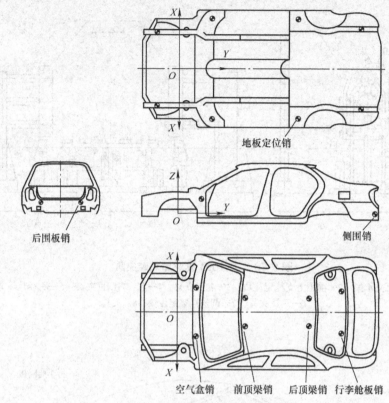

图 9-58　轿车车身夹具定位销布置

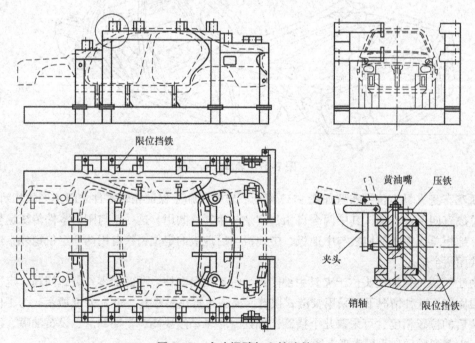

图 9-59　夹头摆臂与立柱连接

参 考 文 献

[1] 陈心赤，丁伟，罗永前，等．汽车装配工艺编制与质量控制 [M]．重庆：重庆大学出版社，2011．
[2] 曾东建，贺曙新，徐霶，等．汽车制造工艺学 [M]．北京：机械工业出版社，2006．
[3] 华健，赵晓昱．现代汽车制造工艺学 [M]．3 版．上海：上海交通大学出版社，2008．
[4] 丁柏群，王晓娟．汽车制造工艺技术 [M]．北京：国防工业出版社，2008．
[5] 邹平．汽车车身制造工艺学 [M]．3 版．北京：北京理工大学出版社，2017．
[6] 林忠钦．汽车车身制造质量控制技术 [M]．北京：机械工业出版社，2005．

技工教育和职业培训"十四五"规划教材
高职高专汽车制造类立体化创新教材

汽车制造工艺设计任务工单

主　编　陈心赤　李　慧
副主编　徐跃进　刘竞一　张书诚
参　编　刘阳勇　于志刚　黄再霖　杨　谋

机械工业出版社

目录

项目 1　绪论 ……………………………………………………… 1

项目 2　汽车零件制造工艺 …………………………………… 4

项目 3　车身冲压工艺 ………………………………………… 14

项目 4　车身焊装工艺 ………………………………………… 18

项目 5　车身涂装工艺 ………………………………………… 22

项目 6　汽车总装工艺 ………………………………………… 25

项目 7　汽车装配工艺规程制定 ……………………………… 31

项目 8　利用尺寸链分析装配精度 …………………………… 34

项目 9　工装夹具设计 ………………………………………… 39

项目 1
绪　论

学习任务

一、能够正确描述汽车设计制造基本体系

1. 用数字在下图右侧菱形框中标明汽车生产制造过程各阶段的先后顺序。

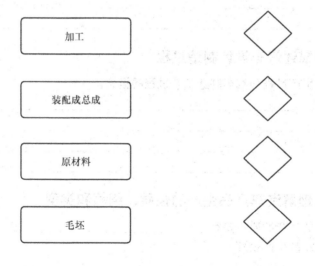

2. 简述汽车行业生产制造的特点。
_____
_____
_____

3. 查阅汽车生产制造的工厂分类，通过连线的方式标明下图为哪种汽车制造工厂的产品。

汽车的专业化部件生产厂

汽车附件及零配件加工厂

汽车制造总厂

4. 汽车制造总厂应具有以下自动化程度高、生产效率高的主体生产线：

1）_____
2）_____
3）_____
4）_____
5）_____

二、能够正确描述汽车设计制造过程

5. 简述汽车生产过程和汽车制造工艺过程的概念。
_____
_____
_____
_____

三、能够正确理解汽车产品生产的性质、纲领和类型

6. 汽车产品的生产性质主要有_____、_____、_____三类。

7. 什么是汽车的生产纲领？
_____
_____

8. 请在下表空白处填写对应的生产类型。

小轿车的产量	生产类型
< 10	
10～2000 以下	
2000～10000	
10000～50000	
> 50000	

四、了解汽车制造工艺技术的发展

9. 汽车制造技术的发展，按制造的自动化程度主要分为四个阶段，请按照时间的先后顺序进行连线。

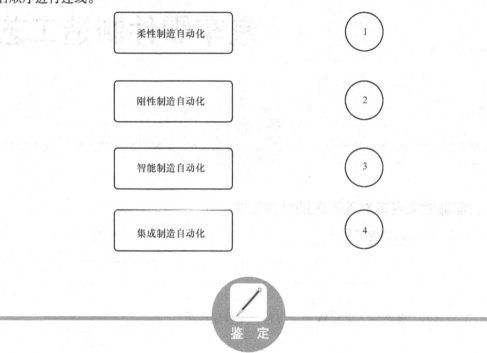

序号	学习目标	鉴定1	鉴定2	鉴定3	鉴定结论	鉴定教师签字
1	能够正确描述汽车设计制造基本体系				□通过 □不通过	
2	能够正确描述汽车设计制造过程				□通过 □不通过	
3	能够正确理解汽车产品生产性质、纲领和类型				□通过 □不通过	
4	了解汽车制造工艺技术的发展				□通过 □不通过	

注：任课老师可以通过平时教学过程中学习者学习态度、参与教学活动积极性、职场安全意识及终结性鉴定结果等确定其最后鉴定结果，每个学习者最多可以鉴定三次，鉴定老师可以把鉴定情况填写在上表中。

项目 2
汽车零件制造工艺

学习任务

一、能够掌握汽车零件毛坯的制造工艺

1. 简述什么是铸造工艺。
_____
_____

2. 查阅砂型铸造的工艺过程相关资料，完善流程图。

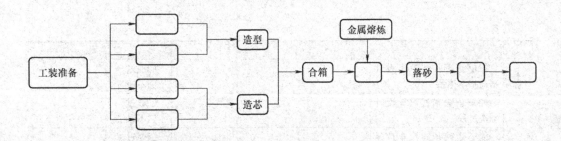

3. 什么是砂型铸造的制模，制模时应考虑哪些工艺参数？
_____
_____
_____
_____

4. 查阅相关砂型铸造手工造型的资料，判断下图为哪一种造型方式。

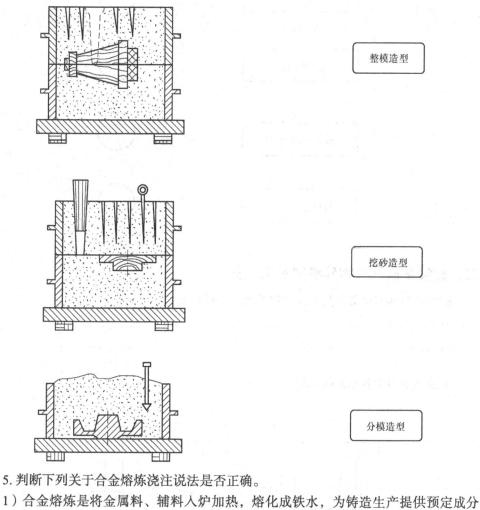

5. 判断下列关于合金熔炼浇注说法是否正确。

1）合金熔炼是将金属料、辅料入炉加热，熔化成铁水，为铸造生产提供预定成分和温度、非金属夹杂物和气体含量少的优质铁液的过程。（ ）

2）现在合金熔炼所用的设备主要为冲天炉。（ ）

3）金属液浇注温度的高低，应根据铸件材质、大小及形状来确定。浇注温度过低时，铸件收缩大，易产生缩孔、裂纹、晶粒粗大及粘砂等缺陷；而浇注温度偏高时，铁液的流动性差，易产生浇不足、冷隔、气孔等缺陷。（ ）

6. 简述锻造工艺的概念和分类。

_____

_____

7. 查阅模锻相关资料，确定模锻工艺流程的先后顺序。

计算坯料质量	○
绘制模锻件图	○
模锻工序的确定	○
修整工序的确定	○

二、能够掌握汽车零件机械加工工艺

8. 简述车削的定义及其主运动和进给运动指什么？

_____
_____

9. 简述下图中各车刀的名称。

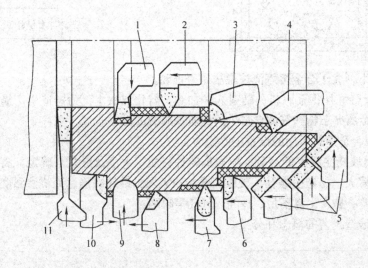

_____
_____
_____
_____

项目 2 汽车零件制造工艺

10. 查阅车削加工对象及范围的资料，确定表中图形的车削对象。

图示	车削加工表面	图示	车削加工表面
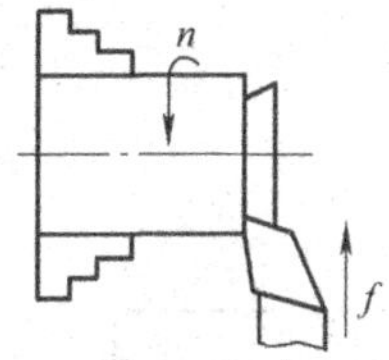 (外圆车削)		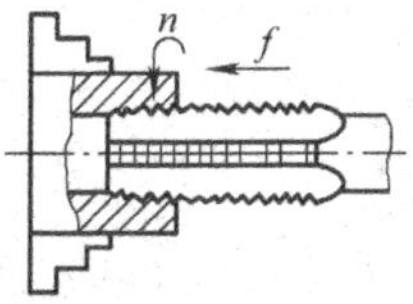 (内螺纹车削)	
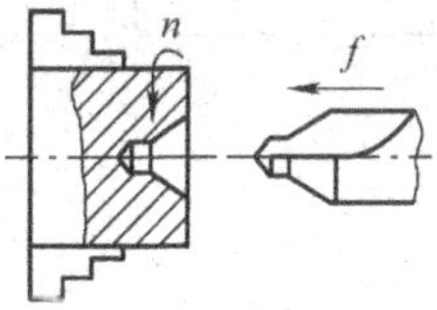 (端面车削)		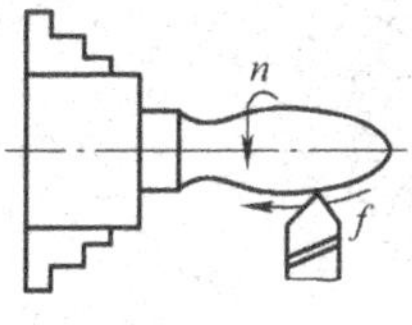 (成形面车削)	
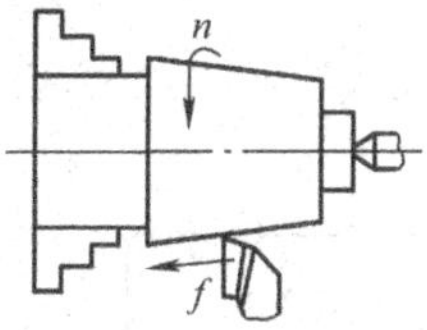 (外圆锥面车削)		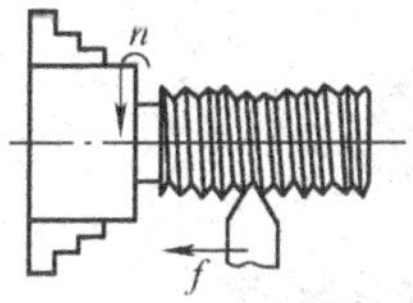 (外螺纹车削)	
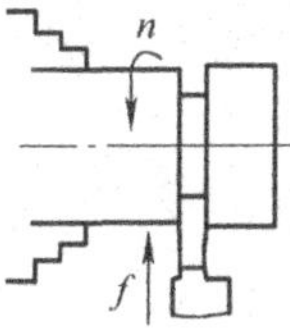 (切断/切槽)		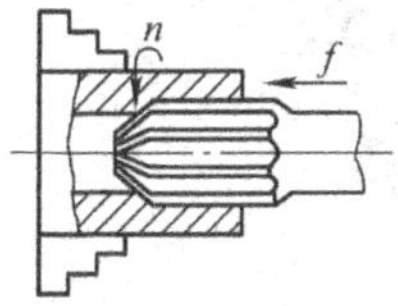 (内花键/铰孔)	
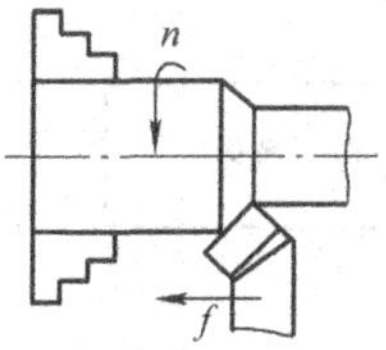 (外圆锥面车削)		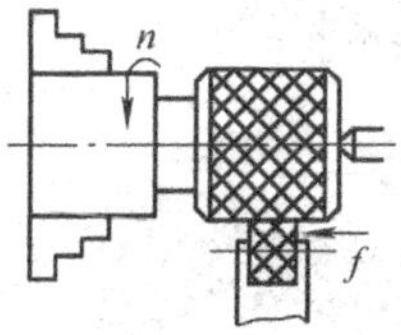 (滚花)	
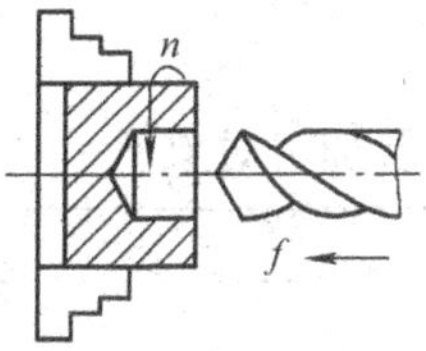 (钻孔)		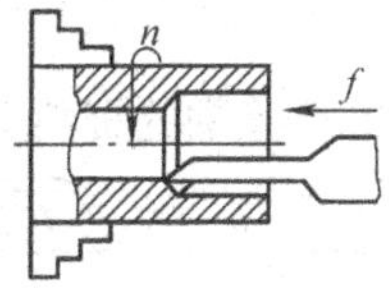 (内槽车削)	

11. 简述铣削的定义及其主运动和进给运动指什么？

_____

_____

_____

_____

12. 确定下图中铣床的类型。

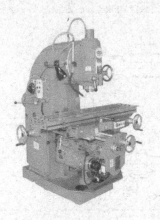

龙门铣床

立式铣床

卧式铣床

13. 查阅铣削加工对象及范围的资料，确定表中图形的铣削刀具及加工对象。

图示	车削加工表面	图示	车削加工表面
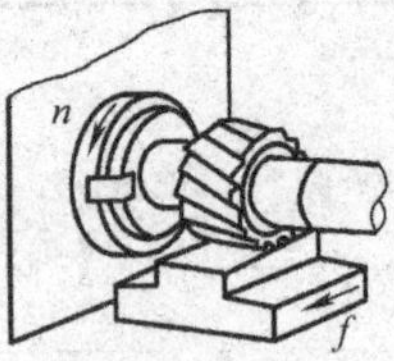		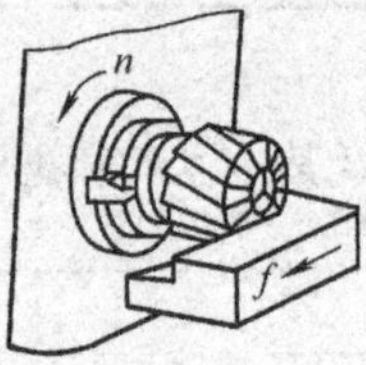	

（续）

图示	车削加工表面	图示	车削加工表面
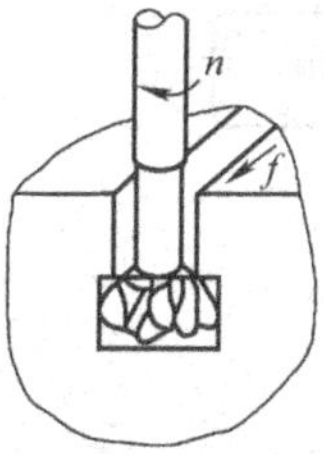		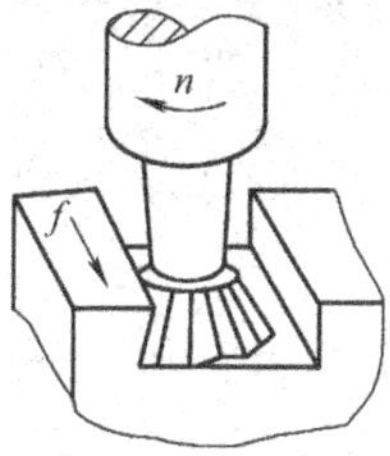	
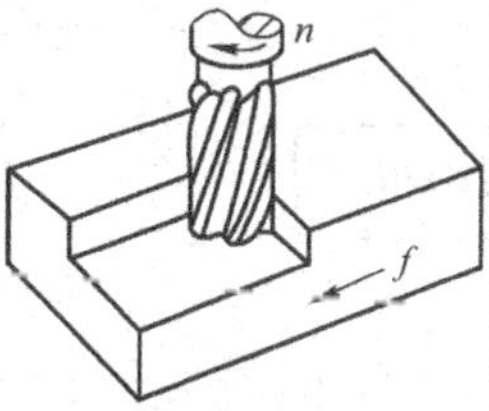		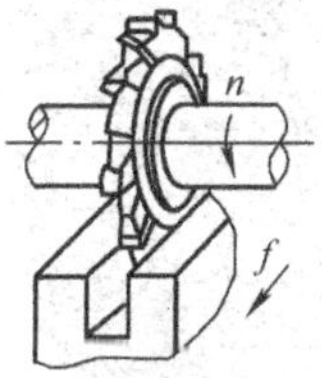	
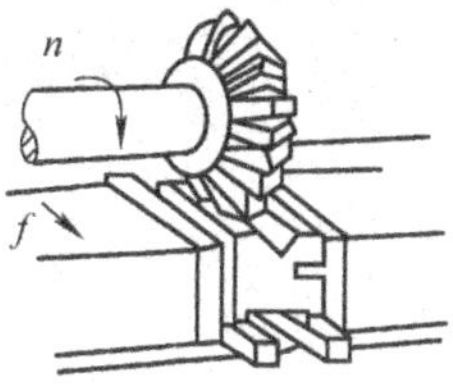		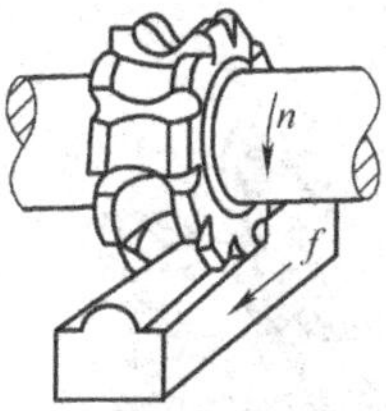	
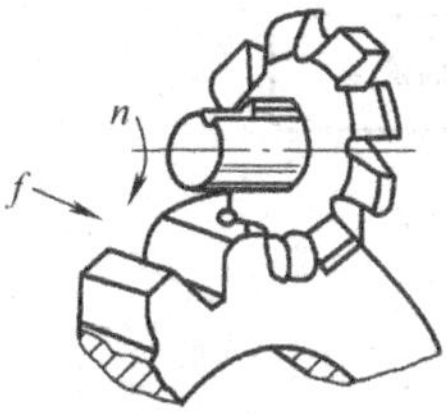		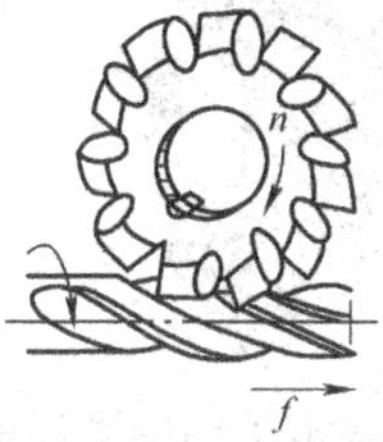	
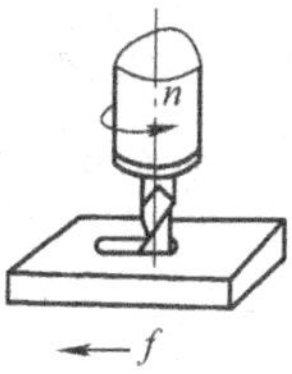		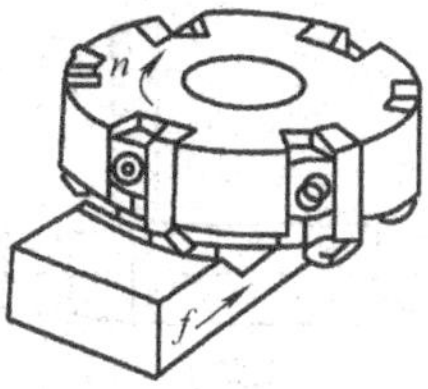	

14. 简述磨削的定义，说明什么是其主运动和进给运动？

15. 通过连线的方式确定下列磨床的类型。

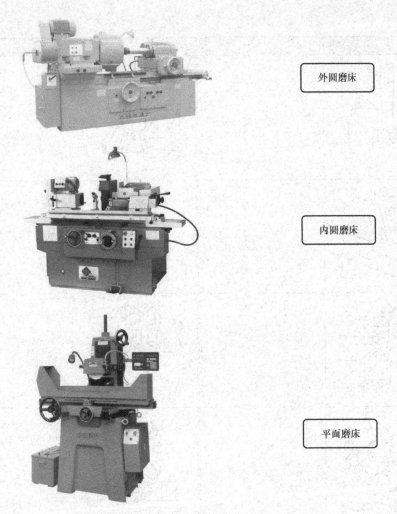

外圆磨床

内圆磨床

平面磨床

16. 通过连线的方式确定下图中磨床的磨削方式。

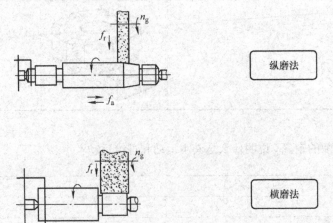

纵磨法

横磨法

17. 简述钻削和镗削的定义，说明什么是其主运动和进给运动？

18. 常见的钻床类型有_____、_____和_____。
19. 查阅钻削加工对象及范围的资料，确定表中图形的钻削加工对象。

图示	钻削加工对象	图示	钻削加工对象
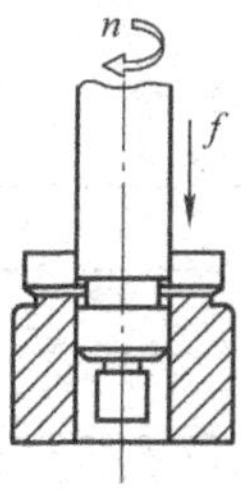		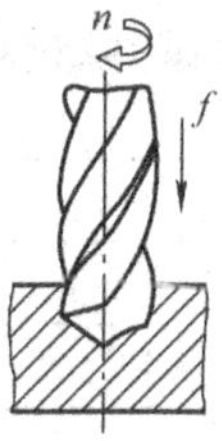	
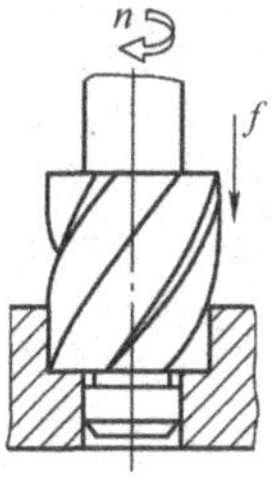		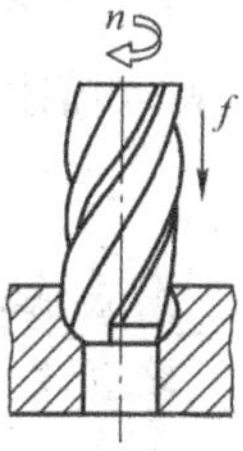	
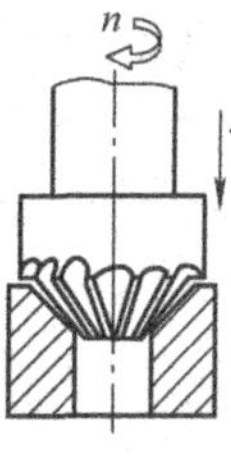		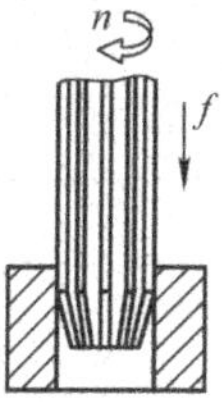	
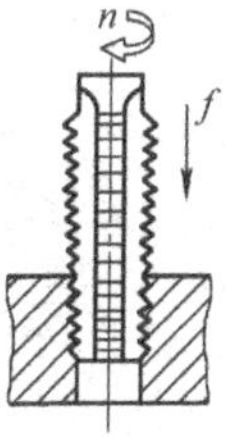			

三、能够掌握汽车零件热处理工艺

20. 简述整体热处理的概念以及退火、正火、淬火和回火的区别。

_____
_____
_____
_____
_____
_____

21. 简述渗碳、渗氮、氮碳共渗热处理工艺的区别。

_____
_____
_____
_____
_____

四、能够掌握典型汽车零件的制造工艺

22. 试着根据曲轴的结构特点描述曲轴的制造工艺过程。

_____
_____
_____
_____

23. 试根据连杆的特点描述连杆制造工艺过程。

项目 2
汽车零件制造工艺

鉴 定

序号	学习目标	鉴定1	鉴定2	鉴定3	鉴定结论	鉴定教师签字
1	能够掌握汽车零件毛坯的制造工艺				□通过 □不通过	
2	能够掌握汽车零件机械加工工艺				□通过 □不通过	
3	能够掌握汽车零件热处理工艺				□通过 □不通过	
4	能够掌握典型汽车零件的制造工艺				□通过 □不通过	

注：任课老师可以通过平时教学过程中学习者学习态度、参与教学活动积极性、职场安全意识及终结性鉴定结果等确定其最后鉴定结果，每个学习者最多可以鉴定三次，鉴定老师可以把鉴定情况填写在上表中。

项目 3
车身冲压工艺

学习任务

一、能够正确掌握冲压工艺的分类及其特点

1. 冲压生产的三要素是_____、_____和_____。

2. 简述冲压工艺的特点。
_____
_____
_____
_____

3. 在下表中正确填写冲压工序的名称。

工序名称	工序简图

（续）

工序名称	工序简图

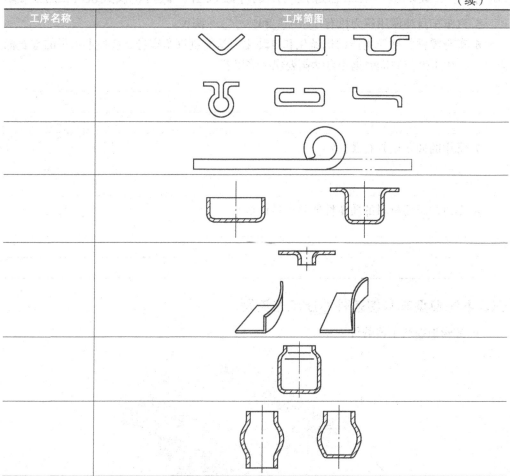

4.连线，正确定义零件冲压生产的四个基本工序。

冲裁 —— 使板料实现分离的冲压工序，包括冲孔、落料、修边等

弯曲 —— 将金属材料沿弯曲线弯成一定的角度和形状的冲压工序

拉深 —— 将平面板料变成各种开口空心件，或者把空心件的尺寸作进一步改变的冲压工序

局部成型 —— 用各种不同性质的局部变形来改变毛坯形状的冲压工序

二、能够正确认识冲压工艺过程所用的冲压设备、材料、模具及冲压生产线

5. 汽车车身冲压用压力机有_____和_____两种。

6. 车身零件的冲压生产的机械化和自动化，是衡量汽车车身制造技术水平的重要标志之一，冲压生产的机械化和自动化表现在哪里？
_____
_____
_____

7. 常用的冲压模具有哪些？
_____
_____

8. 车身冲压用材料的质量性能要求是什么？
_____
_____
_____

三、熟悉典型车身覆盖件冲压工艺流程

9. 准确识别汽车覆盖件

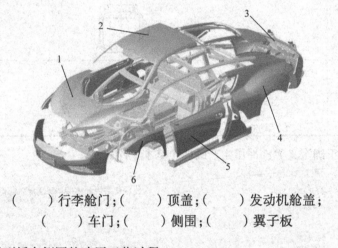

（　　）行李舱门；（　　）顶盖；（　　）发动机舱盖；
（　　）车门；（　　）侧围；（　　）翼子板

10. 正确排列轿车侧围的冲压工艺过程

拉深	修边冲孔	翻边整形冲孔	落料
（ ）	（ ）	（ ）	（ ）

修边冲孔整形	翻边整形冲孔	修边冲孔
（ ）	（ ）	（ ）

四、识读冲压工艺文件

11. 冲压工艺规程卡包括哪些内容。

12. 简述冲压工艺规程制定的步骤及原则。

序号	学习目标	鉴定1	鉴定2	鉴定3	鉴定结论	鉴定教师签字
1	能够正确掌握冲压工艺的分类及其特点				□通过 □不通过	
2	能够正确认识冲压工艺过程所用的冲压设备、材料、模具及冲压生产线				□通过 □不通过	
3	熟悉典型车身覆盖件冲压工艺流程				□通过 □不通过	
4	识读冲压工艺文件				□通过 □不通过	

注:任课老师可以通过平时教学过程中学习者学习态度、参与教学活动积极性、职场安全意识及终结性鉴定结果等确定其最后鉴定结果,每个学习者最多可以鉴定三次,鉴定老师可以把鉴定情况填写在上表中。

项目 4
车身焊装工艺

学习任务

一、能够正确了解焊接基础知识

1. 焊接的方法很多，按焊接过程的特点不同可分为：_____、_____ 和 _____ 三大类。

2. 焊接性受材料、焊接方法、构件类型及使用要求四个因素的影响，焊接性主要包括：使用焊接性、_____、冶金焊接性和 _____。

3. 焊接工艺的特点有哪些？
_____
_____
_____

4. 正确连接焊接符号与其示意图。

二、能够掌握车身的焊接工艺

5. 正确排列焊装的一般程序：总成、合件、零件、分总成、组件。
_____ → _____ → _____ → _____ → _____

6. 连线，正确分类车身制造中常用的焊接方法

项目 4
车身焊装工艺

| 电阻焊 | 电弧焊 | 气焊 | 钎焊 | 特种焊 |

| 激光焊 | 锡铅焊 | 氧—乙炔焊 | CO_2气体保护焊 | 点焊 | 缝焊 |

7. 什么是焊接工艺卡？
_____
_____
_____

8. 简述车身装焊的特点。
_____
_____
_____

9. 汽车焊装夹具通常由_____、_____、_____、_____、_____、五大部分组成。

10. 正确连接焊接机器人的组成与其定义。

| 执行部分 | 主要包括焊接电源、送丝、送气装置等 |

| 控制部分 | 是机器人为完成焊接任务而传递力或力矩并执行具体动作的机械结构，包括机器人的机身、臂、腕、手等 |

| 动力源及传递部分 | 负责控制机械结构按所规定的程序和所要求的轨迹，在规定的位置之间完成焊接作业的电子、电气元件和计算机系统 |

| 工艺保障部分 | 它可为执行部分提供和传递机械能的部件与装置，动力源多为电动或液压 |

11. 将机器人的组成部分序号进行正确填写。
（ ）机器人控制器；（ ）手臂；（ ）液压/电气动力装置；（   ）手腕

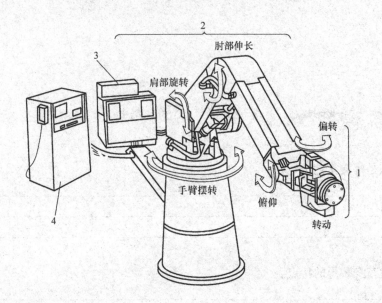

三、能够正确认识焊接质量

12. 正确填写影响点焊质量的主要因素。

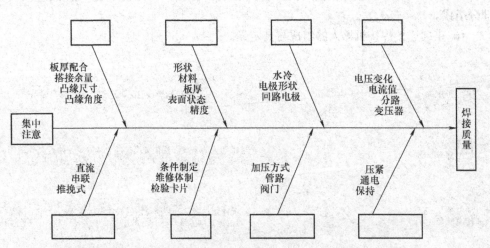

13. 为了减少焊接变形，稳定电弧焊焊接质量，所采取的措施有哪些：

_____

_____

_____

项目 4
车身焊装工艺

14. 连线，正确识别检验工具。

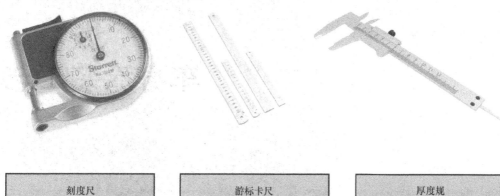

| 刻度尺 | 游标卡尺 | 厚度规 |

鉴　定

序号	学习目标	鉴定1	鉴定2	鉴定3	鉴定结论	鉴定教师签字
1	能够正确了解焊接基础知识				□通过 □不通过	
2	能够掌握车身的焊接工艺				□通过 □不通过	
3	能够正确认识焊接质量				□通过 □不通过	

注：任课老师可以通过平时教学过程中学习者学习态度、参与教学活动积极性、职场安全意识及终结性鉴定结果等确定其最后鉴定结果，每个学习者最多可以鉴定三次，鉴定老师可以把鉴定情况填写在上表中。

项目 5
车身涂装工艺

学习任务

一、能够掌握车身涂装的基本常识

1. 简述汽车涂装的概念和作用。
_____
_____

2. 汽车涂膜一般由_____、_____、_____三层组成。

3. 简述车身用底漆的作用及选用原则：
_____
_____

4. 底漆涂装有_____、_____、_____三种涂装方式。车身底漆采用_____工艺。根据涂装方式的不同，可以分为_____和_____。

5. 简述电泳涂装的概念。
_____
_____

6. 简述电泳涂料的特点和分类。
_____
_____

7. 车身用中间层涂料的特性和分类。
_____
_____
_____

8. 车身用面漆分类及选用原则。
_____
_____
_____

二、能够掌握车身涂装工艺流程

9. 简述车身涂饰工艺可以分为三个基本体系,并简要说明它们之间的区别。
_____
_____
_____

10. 下表为典型汽车涂装工艺流程,请完善下表内容。

序号	工艺过程	作用	方法
1	涂装前表面处理		
2	底涂		
3	PVC涂装		
4	中涂		
5	面漆涂装		
6	涂装后处理		

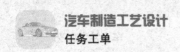

三、熟悉涂装工艺设备

11. 涂装生产线一般主要由_____、_____、_____、_____、_____组成。涂装车间的内部布置，分为_____、_____、_____三个工作区域。

12. 下表为汽车常用的涂装方法，请完善下表内容。

序号	工艺过程	概念	特点
1	刷涂法		
2	浸涂法		
3	电泳涂装法		
4	压缩空气喷涂		
5	静电喷涂		

鉴 定

序号	学习目标	鉴定1	鉴定2	鉴定3	鉴定结论	鉴定教师签字
1	能够掌握车身用涂料的基本常识				□通过 □不通过	
2	能够掌握车身涂装工艺流程				□通过 □不通过	
3	熟悉涂装工艺设备				□通过 □不通过	

注：任课老师可以通过平时教学过程中学习者学习态度、参与教学活动积极性、职场安全意识及终结性鉴定结果等确定其最后鉴定结果，每个学习者最多可以鉴定三次，鉴定老师可以把鉴定情况填写在上表中。

项目 6
汽车总装工艺

学习任务

一、能够正确了解汽车装配的基础知识

1. 根据所学,把下面汽车总装示意图空白处填写完整。

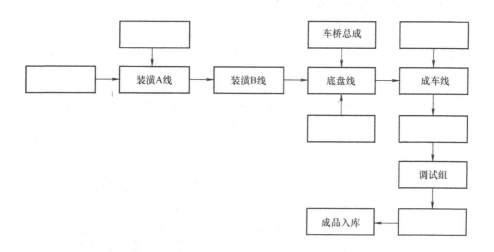

2. 汽车总装的工艺特点是什么?
_____
_____
_____

3. 汽车装配的常用方法:_____、_____、_____、_____、_____、_____、_____、_____、_____。

4. 汽车装配精度的内容主要包括零部件间的_____、_____、_____。

5. 汽车总装的注意事项?

25

_____
_____
_____

6. 汽车总装的操作要求是什么？
_____
_____
_____

二、能够正确了解汽车总装的技术要求

7. 汽车总装的技术要求主要包括：_____、_____、_____、_____、_____、_____、_____。

8. 请简述下汽车装配技术的发展趋势。
_____
_____
_____

9. 此图为底盘模块化示意图，根据所学把下列编号所代表的部件填写完成。

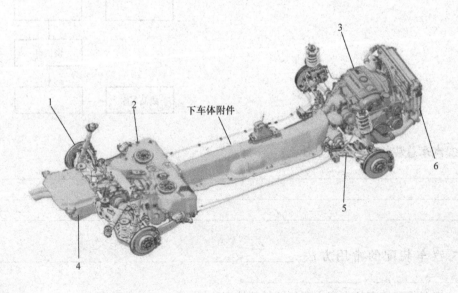

①_____ ②_____ ③_____ ④_____ ⑤_____ ⑥_____

三、能够正确认识汽车的装配设备

10. 根据所学，正确连线。

| 自行葫芦输送机 | 积放式悬挂输送 | 普通悬挂输送机 |

11. 下图是哪一种地面输送机，其特点是什么？

_____
_____
_____

12. 下图是什么设备，请简述介绍下此设备。

_____

_____

_____

13. 根据所学各种油液加注设备，把下列表格填写完整。

序号	油液名称	加液设备	加注方法
1	冷却液		
2	制动液		
3	空调制冷剂		
4	动力转向液压油		
5	发动机机油		
6	变速器齿轮油		
7	风窗玻璃洗涤液		
8	后桥齿轮油		
9	燃油		

14. 请把下列螺纹紧固设备归归类。

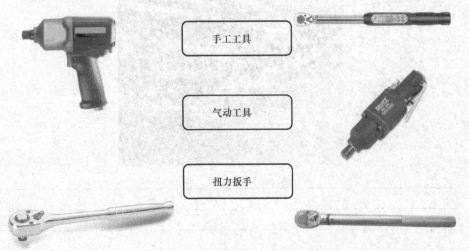

项目 6 汽车总装工艺

15. 在各总成分装线中，车轮分装线是自动化程度最高，一般由_____、自动装配机、_____、_____等组成。

16. 根据所学出厂检测设备，把下列表格填写完整。

序号	检测项目	检测设备	主要检测内容
1	前轮定位	前束试验台	
2	转向角	转向试验台	
3	制动	制动试验台	
4	灯光	前照灯检测仪	
5	侧滑	侧滑试验台	
6	车速表	车速表试验台	
7	排气分析	排气分析仪	
8	淋雨	淋雨试验室	
9	电器综合检测	整车电器综合检测台	

四、能够掌握汽车装配工艺并认识装配生产线及其相关检测与调整方法

17. 装配作业由_____和_____两部分组成。

18. 下图为总装过程中不同工序的装配情况，请正确连接。

总装检测

车身与动力总成合装

仪表板总成

车内线束装配

19. 汽车总装生产线包括什么？

20. 下图是在进行什么检测？简述其方法。

鉴　定

序号	学习目标	鉴定1	鉴定2	鉴定3	鉴定结论	鉴定教师签字
1	能够正确了解汽车装配的基础知识				□通过 □不通过	
2	能够正确了解汽车总装的技术要求				□通过 □不通过	
3	能够正确认识汽车的装配设备				□通过 □不通过	
4	能够掌握汽车装配工艺并认识装配生产线及其相关检测与调整方法				□通过 □不通过	

注：任课老师可以通过平时教学过程中学习者学习态度、参与教学活动积极性、职场安全意识及终结性鉴定结果等确定其最后鉴定结果，每个学习者最多可以鉴定三次，鉴定老师可以把鉴定情况填写在上表中。

项目 7
汽车装配工艺规程制定

学习任务

一、掌握装配单元的概念,初步具备制定装配工艺系统图的能力

1. 装配单元可能是_____,_____,_____或_____。

2. 在装配工艺系统图上,每一个单元用一个长方形框表示,标明零件、套件、组件和部件的_____、_____及_____。

3. 在基准件上装上若干个组件、套件和零件的装配工作称为_____。在基准件上,装上若干部件、组件。套件和零件的装配称为_____。

4. 如下图所示为某产品曲柄连杆组件的装配图。怎样用一定的方式将各个零件装配起来,得到需要的产品,并保证产品质量与成本。绘制曲柄连杆组件的装配系统图。

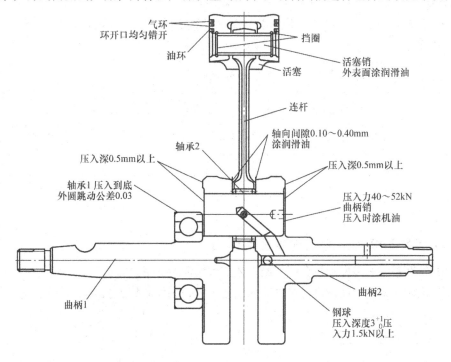

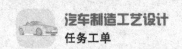

二、掌握汽车装配工艺规程制定原则和步骤

5. 简述装配工艺规程制定原则。
_____
_____
_____
_____

6. 简述装配工艺规程的一般步骤。
_____
_____
_____
_____
_____

三、掌握装配工艺卡和作业指导书的作用和内容

7. 装配组织形式有_____和_____两种。

8. 装配工艺文件主要有_____、_____和_____。

9. _____装配工艺过程可用装配工艺系统图代替工艺文件，或只编制出装配工艺过程卡片。

10. 汽车装配工艺要对各工序的重要性进行界定。对_____工序、_____工序，要进行标识。

11. 怎样确定装配顺序？
_____
_____
_____
_____
_____
_____

四、初步具备编制装配工艺规程的能力

12. 编写轿车总装发动机分线装配工艺卡和作业指导书。

13. 编制 4 题图中曲柄连杆组件装配工艺规程，制作装配工艺卡。

项目 7
汽车装配工艺规程制定

鉴 定

序号	学习目标	鉴定1	鉴定2	鉴定3	鉴定结论	鉴定教师签字
1	掌握装配单元的概念，初步具备制定装配工艺系统图的能力				☐通过 ☐不通过	
2	掌握汽车装配工艺规程制定原则和步骤				☐通过 ☐不通过	
3	掌握装配工艺卡和作业指导书的作用和内容				☐通过 ☐不通过	
4	初步具备编制装配工艺规程的能力				☐通过 ☐不通过	

注：任课老师可以通过平时教学过程中学习者学习态度、参与教学活动积极性、职场安全意识及终结性鉴定结果等确定其最后鉴定结果，每个学习者最多可以鉴定三次，鉴定老师可以把鉴定情况填写在上表中。

项目 8
利用尺寸链分析装配精度

学习任务

一、能够正确了解汽车装配的基础知识

1. 简述什么是装配精度。

_____

_____

2. 查阅装配法的相关资料,完成下表。

装配方法	分类	特点
互换装配法		
选择装配法		
调整装配法		
修配装配法		

二、能够正确认识尺寸链基本概念

3. 简述尺寸链的概念。

_____

_____

_____

项目 8
利用尺寸链分析装配精度

4. 查阅尺寸链基本术语相关资料，完善下表。

关键名称	定 义
封闭环	
组成环	
增环	
减环	

5. 查阅尺寸链分类的资料，完成以下连线。

按几何特征分类		长度尺寸链
		角度尺寸链
		平面尺寸链
按应用分类		直线尺寸链
		直线尺寸链
		空间尺寸链
		装配尺寸链
按环在空间位置分类		工艺尺寸链
		零件尺寸链

三、能够掌握尺寸链的计算方式方法

6. 尺寸链各环的基本尺寸（公称尺寸）间有如下关系：确定各参数所代表意义。

$$A_0 = \sum_{i=1}^{m} A_i - \sum_{j=m+1}^{n} A_j$$

式中　A_0——

　　　A_i——

　　　A_j——

　　　m——

　　　n——

7. 尺寸链偏差计算的公式方法主要有_____和_____。

四、能够根据装配精度或方法建立和解算尺寸链

8. 如图为一蜗杆装配图。为保证正常要求运转，设计要求：装配时保证圆锥滚子轴承 1 与端盖 2 之间的轴向间隙 $A_0 = 0.05 \sim 0.15$ mm。试建立验算装配精度的装配尺寸链。

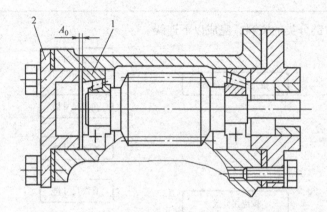

9. 如图所示，用完全互换法装配曲轴、连杆和衬套等零件，要求装配后轴向间隙为 $N = 0.05 \sim 0.20$ mm。假设各零件设计尺寸为：曲轴尺寸 $A_1 = 150^{+0.10}_{0}$ mm，衬套长度 $A_2 = A_3 = 75^{0}_{-0.06}$ mm，试分析装配后产品能否满足装配精度要求？

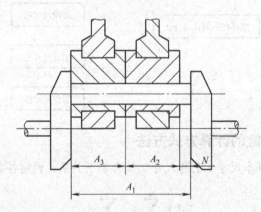

10. 如图所示为减速器第二轴组件装配图，采取不完全互换法装配。设计要求：装配后保证圆锥滚子轴承 1 与左轴承端盖 2 之间的轴向间隙 $A_0 = 0.05 \sim 0.20$ mm。各零件相关设计尺寸如下：减速器壳体宽度 $A_{10} = 182 \pm 0.025$ mm，左、右滚子轴承宽 $18^{0}_{-0.008}$ mm，轴套 3 宽 6 ± 0.007 mm，轴套 8 宽 10 ± 0.007 mm，圆锥齿轮宽度 $A_4 = 40 \pm 0.01$ mm，直齿轮宽度 $A_5 = 48 \pm 0.01$ mm，轴 9 尺寸 $A_9 = 11.9^{0}_{-0.01}$ mm，左轴承端盖 2 尺寸 $A_2 = 14^{0}_{-0.02}$ mm，右轴承端盖 6 尺寸 $A_6 = 16^{0}_{-0.02}$ mm。

试分析装配后产品能否满足装配精度要求。如果采用完全互换法装配能否满足装配精度要求?

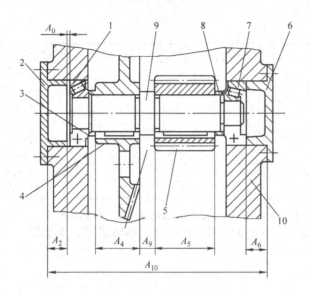

11. 如图所示,按图装配零件1,零件2,零件3,零件4,零件5。要求冷态下的轴向装配间隙为 0.05 ~ 0.15mm,各零件基本尺寸 $A_1 = 41$mm, $A_2 = A_4 = 17$mm, $A_3 = 7$mm。请设计确认各零件尺寸的制造精度要求。

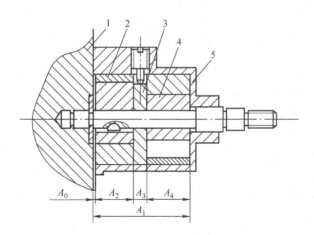

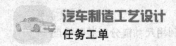

鉴定

序号	学习目标	鉴定1	鉴定2	鉴定3	鉴定结论	鉴定教师签字
1	能够正确认识保证装配精度的装配方法				□通过 □不通过	
2	能够正确认识尺寸链基本概念				□通过 □不通过	
3	能够掌握尺寸链的计算方式方法				□通过 □不通过	
4	能够根据装配精度或方法建立和计算尺寸链				□通过 □不通过	

注：任课老师可以通过平时教学过程中学习者学习态度、参与教学活动积极性、职场安全意识及终结性鉴定结果等确定其最后鉴定结果，每个学习者最多可以鉴定三次，鉴定老师可以把鉴定情况填写在上表中。

项目 9
工装夹具设计

一、掌握工件基准的概念

1. 设计基准是设计图样上所采用的基准，请简述下图中序号 1～4 设计基准之间的互称关系。

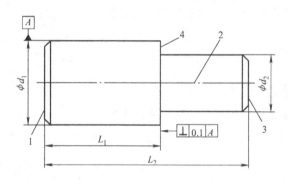

_____
_____

2. 工艺基准是在工艺过程中采用的基准，请简述工艺基准的分类。
_____
_____

二、掌握工件定位的方式

3. 请根据图中信息简述工件六点定位的规则。

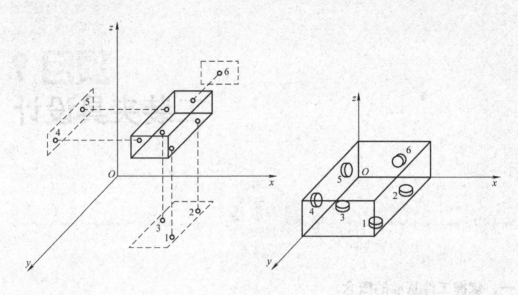

4. 请简述工件常用的定位元件有哪些?

三、熟悉零件结构工艺性的要求

5. 评价零件机械加工结构工艺性的要求有哪些?

6. 评价零件装配结构工艺性的要求有哪些?

四、掌握装配工装的设计

7. 请完成 9.4 装配工装设计案例中活塞环装配工装的零件图设计。

8. 下图为某公司生产的汽车变速器二轴后轴承盖油封装配图。二轴后轴承盖油封的装配工位在变速器装配过程中非常重要，装配不好，会造成变速器漏油，漏油严重造成烧死、抱轴，甚至是造成变速器总成报废。为了准确地将二轴后轴承盖油封装配到位，必须要有一套装配工装。请设计二轴后轴承盖油封的装配工装。绘制总体方案图和零件图。教师可根据需要给出轴承盖和油封的尺寸。轴承盖油封装配图如下。

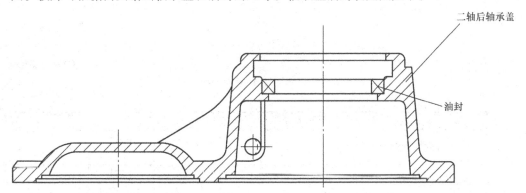

9. 请对 9.4.3 磁电机装配定位夹具设计中给出的设计方案进行完善。使得利用定位夹具装配时对磁电机外壳与超越离合器进行良好的定位，同时更方便操作使用。绘制出总体方案图。

五、掌握机床夹具的设计

10. 请简述机床夹具一般的结构组成。

11. 请完成图 9-35 所示杠杆臂零件上孔 $\phi 10mm$ 和 $\phi 13mm$ 的专用钻床夹具的结构总图。

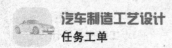

六、掌握车身焊装夹具的设计

12. 请实际观察汽车焊装夹具，简述汽车焊装夹具的结构组成。

_____

_____

序号	学习目标	鉴定1	鉴定2	鉴定3	鉴定结论	鉴定教师签字
1	掌握工件基准的概念				□通过 □不通过	
2	掌握工件定位的方式				□通过 □不通过	
3	熟悉零件结构工艺性的要求				□通过 □不通过	
4	掌握装配工装的设计				□通过 □不通过	
5	掌握机床夹具的设计				□通过 □不通过	
6	掌握车身焊装夹具的设计				□通过 □不通过	

注：任课老师可以通过平时教学过程中学习者学习态度、参与教学活动积极性、职场安全意识及终结性鉴定结果等确定其最后鉴定结果，每个学习者最多可以鉴定三次，鉴定老师可以把鉴定情况填写在上表中。